Über die Autorin:
Geboren 1972 in Nepal, kam Sabine Kuegler mit fünf Jahren in den Dschungel von West-Papua, wo ihre Eltern, deutsche Sprachwissenschaftler und Missionare, einen neuen Wirkungskreis gefunden hatten. Zusammen mit ihren beiden Geschwistern verlebte sie dort ihre Kindheit und Jugend fernab der Zivilisation. Mit 17 Jahren kehrte Sabine Kuegler nach Europa zurück. Die Sehnsucht nach dem Dschungel und seinen Menschen ließ sie seither nicht mehr los.

Sabine Kuegler
DSCHUNGELKIND

Sonderausgabe für GALERIA Kaufhof GmbH
© 2005 Droemer Verlag
Ein Unternehmen der Droemerschen Verlagsanstalt
Th. Knaur Nachf. GmbH & Co. KG, München
Alle Rechte vorbehalten. Das Werk darf – auch teilweise –
nur mit Genehmigung des Verlags wiedergegeben werden.
Umschlaggestaltung: ZERO Werbeagentur, München
Umschlagabbildung: FinePic®, München / Helmut Henkensiefken
Satz: Ventura Publisher im Verlag
Druck und Bindung: CPI – Clausen & Bosse, Leck
Printed in Germany
ISBN 978-3-426-78598-0

2 4 5 3 1

In liebender Erinnerung
für Ohri, meinen Fayu-Bruder.

Ich widme dieses Buch auch meinen Kindern
Sophia, Lawrence, Julian und Vanessa,
die mein ganzer Stolz und meine Freude sind.

Inhalt

Teil 1

Meine Geschichte 13
Das Verlorene Tal 20
Die erste Begegnung 29
Der Fayu-Stamm 39
Ein anderes Leben 47
Wo alles begann 54
West-Papua (Irian Jaya), Indonesien 59
Die Entdeckung der Fayu 66
Einladung in die Steinzeit 83

Teil 2

Ein Tag im Dschungel 93
Nächtliche Besucher 99
Der erste Krieg 105
Tiersammlung, Teil I 111
Pfeil und Bogen 121
Die Jahreszeiten des Dschungels 125
Die Spirale des Tötens 135
Nachrichten von der Außenwelt 141
Dschungelgefahren 144
Doris und Doriso Bosa 156
Nakire, die Frauen und die Liebe 159
Bootsfahrten 168
Mein Bruder Ohri 180

Fledermausflügel und gegrillte Würmer 184
Die Fayu-Sprache 195
Tarzan und Jane 201
Tiersammlung, Teil II 206
Malaria und andere Krankheiten 211
Vergeben lernen 219
Judith wird erwachsen 227
Meine Freundin Faisa 232
Die Uhr des Dschungels 238
Gute Geister, böse Geister 243
Der entscheidende Krieg............................ 246
Die Zeit vergeht................................... 252

Teil 3

Urlaub in der »Heimat« 257
Der Dschungel ruft 264
Das Baby ohne Namen 273
Die Schöne und das Biest 278
Bisa und Beisa 281
Rückwärtsgang 284
Es ist nicht gut, dass der Mensch allein sei 286
Ehebruch und andere Wirren des Lebens 290
Der Tag, als Ohri starb 295
Mein neuer Stamm................................. 301
Château Beau Cèdre 304
Allein 329
Wieder am Anfang................................. 336

Epilog 341
Danksagung 345

Teil 1

Teil I

Vor einigen Jahren fragte mich eine Bekannte, ob ich nicht Lust hätte, ein Buch über mein Leben zu veröffentlichen. Ich verstand damals nicht recht, was an meinem Leben denn so interessant sein sollte, dass irgendjemand darüber würde lesen wollen.
Ich hatte selten über meine Kindheit gesprochen oder woher ich eigentlich kam. Stattdessen versuchte ich jahrelang, mich anzupassen und so zu werden wie jeder normale Mensch in meinem Umfeld. Eine Kultur und ein Leben anzunehmen, die mir im Grunde fremd sind. Und obwohl es mir äußerlich gut gelingt, finde ich keinen inneren Frieden und nicht die Zugehörigkeit, nach der ich mich so sehne.
Ich bin unglücklich, fühle mich oft sehr verloren, wie ein Geist, der nie zur Ruhe kommt. Ich lebe das Leben eines Vagabunden, ziehe von einem Ort zum anderen und hoffe jedes Mal, an diesem neuen Ort mein Glück und den Frieden zu finden, den ich mir so sehr wünsche. Doch immer wieder werde ich enttäuscht.
Mein Leben vergeht, ich werde älter, und langsam frage ich mich, wohin ich eigentlich gehöre. Immer öfter denke ich an meine Kindheit zurück. Nach fünfzehn Jahren in der modernen Welt müsste ich mich doch perfekt angepasst haben. Kann die Kindheit einen Menschen so prägen? Dann wieder überlege ich mir, was wohl wäre, wenn man ein 17-jähriges deutsches Mädchen in der Welt aussetzen würde, in der ich aufgewachsen bin. Wäre es für sie anders?

All diese Fragen gehen mir durch den Kopf. Ich habe das Gefühl, nicht richtig zu leben, sondern nur zu existieren. In mir brennt eine Sehnsucht, die ich nicht genau beschreiben kann, ein Heimweh nach etwas, das verloren scheint. Es ist, als wäre ich irgendwann oder irgendwo stehen geblieben, als hätte ich irgendetwas nicht beendet.

So habe ich mich entschieden, meine Geschichte aufzuschreiben – in der Hoffnung, mich selbst zu finden und zu akzeptieren, dass ich anders bin, immer anders sein werde. Und um vielleicht zu erkennen, wo ich wirklich hingehöre.

Meine Geschichte

Ich möchte eine Geschichte erzählen, die Geschichte eines Mädchens, das in einem anderen Zeitalter aufwuchs … eine Geschichte von Liebe, Hass, Vergebung, Brutalität, und von der Schönheit des Lebens. Es ist eine wahre Geschichte … es ist meine Geschichte.

Es muss Anfang Oktober gewesen sein. Ich bin 17 Jahre alt, trage eine dunkle Hose, die mir zu groß ist, einen gestreiften Pullover und Halbschuhe, die überall drücken und mir das Gefühl geben, meine Füße werden zerquetscht. Sie tun weh, weil ich bis zu diesem Zeitpunkt in meinem Leben ganz selten Schuhe getragen habe. Meine Jacke sieht aus wie aus dem vorigen Jahrhundert (und das ist sie wahrscheinlich auch). Dunkelblau mit einer Kapuze, die mir, als ich sie aufsetze, über die Augen fällt. Es sind Kleider, die ich geschenkt bekommen habe.
Mir ist eiskalt, ich zittere, meine Hände und Ohren kann ich kaum noch spüren. Ich trage weder ein Unterhemd noch Handschuhe, Schal oder eine Mütze. Ich habe mich nicht mehr daran erinnert, wie man sich im Winter anzieht. Ich kenne den Winter kaum.
Ich stehe auf dem Hauptbahnhof in Hamburg. Eisiger Wind pfeift über den Bahnsteig. Es ist kurz nach neun oder zehn, ich weiß es nicht mehr genau. Man hatte mich am Bahnhof abgesetzt und mir erklärt, wie ich den richtigen Zug finde … alles mit vielen Zahlen verbunden. Nach einiger Zeit bin ich

Sabine Kuegler
2004

tatsächlich auf dem richtigen Bahnsteig angekommen; es ist die Nummer 14.

Ich trage eine Tasche bei mir, die ich ganz fest an mich drücke, und einen Koffer, der das Wenige enthält, das ich mitnehmen konnte. In meiner Hand der Fahrschein, auf den ich zum hundertsten Mal schaue, um mir noch einmal die Nummer meines Waggons einzuprägen.

Ich bin nervös, all meine Sinne sind auf Hochtouren. Ich beobachte misstrauisch die Menschen um mich herum und bin bereit zuzuschlagen, sollte mich jemand angreifen. Aber niemand scheint mich zu beachten.

Es ist alles so neu für mich, so fremd, dunkel und bedrohlich. Ich schaue die Gleise entlang, als ich eine Durchsage höre. Nur zum Teil verstehe ich, was gesagt wird, so viel Lärm ist

um mich herum! Ich beobachte, wie sich das Gefährt nähert, das mich in mein neues Leben bringen soll. Meine Augen werden immer größer, denn heute, mit 17 Jahren, sehe ich zum ersten Mal einen richtigen Zug.
Er kommt mit so hoher Geschwindigkeit auf mich zu, dass ich vor Schreck ein paar Schritte zurückweiche. Dieser Zug sieht anders aus als die Züge, die ich in Büchern gesehen habe. Er ist nicht mit Blumen geschmückt, es kommt kein Rauch aus einem Schornstein, und die Farbe ist auch anders. Dieser Zug ist so groß und unheimlich wie ein langer weißer Wurm, der aus einem schwarzen Loch hervorkriecht.
Als er schließlich zum Stehen kommt, beginnen die Menschen wie besessen einzusteigen. Ich verharre noch einige Sekunden unbeweglich, vergesse für einen Moment die Kälte und schaue dieses riesige Fahrzeug vor mir an. Neugier und Angst befallen mich gleichzeitig. Da bemerke ich eine Nummer an der Seite des Waggons vor mir. Ich vergleiche sie mit der auf meinem Fahrschein und sehe, dass sie nicht übereinstimmen. Ich wende mich nach rechts und nach links, der Zug scheint unendlich lang. Kopflos beginne ich zum hinteren Teil des Zuges zu laufen. Die Nummern der Waggons haben nichts mit denen auf meiner Fahrkarte zu tun. Plötzlich höre ich einen lauten Pfiff. Ich schrecke zusammen und schaue mich um. Ein Mann in Uniform hält einen eigenartigen Stab nach oben. Panik kommt in mir hoch, als ich merke, dass es etwas mit der Abfahrt zu tun hat, und schnell springe ich durch die nächste Tür ins Innere. Gerade rechtzeitig, denn schon beginnt der Zug sich zu bewegen.
Ich stehe einen Augenblick da und weiß nicht, was ich machen soll. Mein Herz klopft so stark, als wolle es zerspringen. Da bemerke ich, dass es Türen gibt, die es ermöglichen, durch die einzelnen Wagen zu gehen. Ich laufe los nach vorn. Ich fange an zu schwitzen und sorge dafür, dass ich bloß keinen

Augenkontakt mit Fremden aufnehme. Die Waggons scheinen niemals aufzuhören, es geht weiter und weiter. Plötzlich stehe ich in einem Abteil, das schöner aussieht als die, die ich gerade durchlaufen habe – es ist die Erste Klasse. Es gibt keinen Durchgang mehr. Ratlos bleibe ich stehen. Meine Augen füllen sich mit Tränen.

In diesem Moment taucht ein Mann aus einem Abteil auf und sieht mich. Ich wende mich schnell ab, aber er kommt auf mich zu. Er fragt, ob er mir helfen kann. Ich sehe ihn an, er scheint Ende dreißig zu sein, dunkler Anzug, braune Haare und hellblaue Augen. Ich zeige ihm meine Fahrkarte und frage ihn nach dem Waggon mit dieser Nummer. Gerade kommt auch ein Mann in Uniform den Gang herunter. Nach einem Blick auf meinen Fahrschein teilt er mir gleichgültig mit, dass ich im falschen Zug sei. Mein Herz steht still, ich werde ganz blass im Gesicht. Der Schaffner muss meine Angst gesehen haben, weil er mich schnell beruhigt und mir erklärt, dass es ausnahmsweise zwei Züge gibt, die beide zum selben Zielort fahren.

Ich frage ihn, was ich jetzt machen soll, während ich mit immer größerer Panik kämpfe. Er erklärt mir, dass wir bald anhalten werden und ich dann in den nächsten Zug auf demselben Gleis einsteigen kann.

Nachdem er die Fahrkarte des Mannes mit den blauen Augen kontrolliert hat, der noch immer neben uns steht, verabschiedet sich der Schaffner und geht weiter. Ich schaue ihm nach, spüre einen großen Knoten im Hals und fühle mich sofort wieder völlig hilflos und ausgeliefert. Ich stehe allein mit einem fremden weißen Mann in einem halbdunklen Waggon, in einem fremden Land. Der Gedanke, dass er mich vergewaltigen könnte oder sogar töten, um mich zu bestehlen, schießt durch meinen Kopf. All die Geschichten, die ich über die Gefahren der modernen Welt gehört habe, scheinen Realität zu

werden. Wie kann ich mich schützen? Ich habe weder Pfeil und Bogen noch ein Messer bei mir.
Der fremde Mann fragt mich mit einem mitleidigen Lächeln, ob ich nicht in sein Abteil kommen möchte, um dort auf meine Haltestelle zu warten. Ich schüttle den Kopf und antworte, dass ich lieber hier im Gang warte. Er versucht es noch einmal mit der Bemerkung, dass es im Abteil aber viel bequemer sei. Jetzt bin ich mir sicher, dass er mir etwas antun will. Ich sage nein, nehme meinen Koffer und fliehe in den kleinen Freiraum zwischen den Waggons. Er folgt mir und fragt, woher ich komme. Aus Hamburg, antworte ich mit zitternder Stimme.
Zu meiner großen Erleichterung verlangsamt der Zug in diesem Moment seine Geschwindigkeit. Ich stehe vor der Tür, der fremde Mann noch immer hinter mir. Ich bete, dass er wieder weggehen möge. Als der Zug zum Stehen kommt, will ich aussteigen, aber die Tür öffnet sich nicht. Was jetzt? Muss ich irgendwo drücken oder schieben? Ich rüttle an den Griffen, aber es passiert nichts. Da drängt sich der Fremde an mir vorbei, dreht einen roten Hebel, und die Zugtür öffnet sich. Was für eine Erleichterung, als ich endlich den Bahnsteig vor mir sehe! Noch ein Schritt, und ich bin außer Gefahr. Ich bedanke mich schnell und trete ins Freie.
Die Türen schließen sich hinter mir, und ich sehe noch die dunkle Gestalt des Fremden am Fenster des abfahrenden Zuges. Ich schaue mich um, ich bin allein, kein anderer Mensch auf dem Bahnsteig. Es ist dunkel außer ein paar vereinzelten Lichtern über mir. Die Kälte holt mich wieder ein. Ich fange zu zittern an, ein Schmerz, den ich vorher nicht kannte. Meine Zähne klappern, ich sehne mich nach der schwülen Hitze des Tropenwaldes und der heißen Sonne. Ich weiß nicht, wo ich bin oder was ich tun soll, wenn der nächste Zug nicht kommt. Werde ich hier erfrieren?

Es kommt mir wie eine Ewigkeit vor, doch dann hält er vor mir. Zu meiner Erleichterung finde ich diesmal sogar den richtigen Waggon. Ich steige ein, sehe einen freien Platz und vermute, dass ich meinen Koffer in dem großen Fach an der Seite des Ganges abstellen muss, wo auch alle anderen stehen. Ich lasse mein Hab und Gut zurück in der Gewissheit, dass es gestohlen wird, weil ich von meinem Sitz aus kein Auge darauf haben kann. Doch das ist mir in diesem Moment völlig egal. Meine Beine sind so schwach, meine Füße schmerzen, ich bin müde und verzweifelt.
Als ich endlich sitze, suche ich die Gurte, um mich anzuschnallen. Ich finde nichts und suche auf dem Sitz neben mir, aber auch dort ist nichts. Da bemerke ich, dass keiner der Fahrgäste einen Gurt trägt. Das scheint mir sehr unsicher und gefährlich, aber es muss wohl so sein. Dies hier ist ein fremdes Land ... ein Land, dem ich nur auf dem Papier angehöre.
Die Bewegung des Zuges wirkt beruhigend auf mich. Ich ziehe meine Schuhe aus und setze mich auf meine Füße, um sie zu wärmen. Die Jacke fest um mich geschlungen, schaue ich aus dem Fenster und betrachte den Mond, der hier so dunkel und klein wirkt, so ärmlich, als sei er am Ausblühen. Meine Augen füllen sich mit Tränen, die an meinen kalten Wangen herunterlaufen. Ich sehne mich nach dem Mond, den ich kenne, einem stolzen Mond voller Kraft und Leben, der mit so großer Helligkeit leuchtet, dass ich nachts meinen eigenen Schatten sehen kann. Ich lehne meinen Kopf zurück und schließe die Augen.
Der Zug fährt immer schneller, meine Gedanken rasen mit ihm. Im Geiste verlasse ich diesen dunklen, kalten Ort. Ich fliege zurück in die Vergangenheit. Blaue, weiße und grüne Farben ziehen vor meinem inneren Auge vorüber. Ich fliege in die Wärme, die Sonne lacht, ihre Strahlen fliegen mit mir, fangen mich ein, tanzen um mich herum und umhüllen

meinen Körper mit wohliger Glut. Ich sehe grüne Felder, bunte Städte voller Menschen, tiefe, dunkle Täler, durchschnitten von schmalen Flüssen, und gewaltige, dichte Wälder.
Dann das große Meer, das sich in seiner Unendlichkeit bis zum Horizont erstreckt. Jetzt sehe ich meinen über alles geliebten Urwald vor mir: grüne, stolze Bäume, so weit das Auge reicht; ein wunderschön ausgebreiteter smaragdfarbener Teppich, sanft und doch mächtig, grün und doch voll von Farben jeder Art. Ein Anblick, der sich mir schon Hunderte Male bot, der mich aber jedes Mal wieder mit Bewunderung und Staunen erfüllt. Der mächtige Dschungel von Irian Jaya ... mein Zuhause, das Verlorene Tal.

Das Verlorene Tal

Als Kind hatte ich immer davon geträumt, wie ein Vogel zu fliegen, der hoch über den Bäumen gleitet und sich mit dem Wind treiben lässt. Und dann, eines Tages, bin ich geflogen. Es war im Januar 1980, als wir uns auf eine Reise begaben, die mein Leben für immer verändern sollte.

Unsere Familie lebte schon seit zirka einem Jahr auf einer kleinen Dschungelbasis in West-Papua, dem westlichen Teil der Insel Neuguinea. Die Hauptbasis befand sich zwar in der Hauptstadt Jayapura an der Küste, um aber in das Innere der Insel zu gelangen, waren lange und kostspielige Flüge erforderlich, und so schlossen sich mehrere Familien zusammen und bauten gemeinsam eine kleine Siedlung mitten im Dschungel, die sie Danau Bira nannten.
Die Männer und Frauen der Gruppe waren Sprachforscher, Anthropologen, Piloten, Missionare und so weiter, die sich allesamt für Projekte im Dschungel rüsteten. Wir Kinder kümmerten uns nicht darum – für uns war Danau Bira schlicht und einfach das Paradies. Auf ungefähr drei Kilometern gerodeter Lichtung befanden sich etliche Wohnhäuser, ein winziger Flugplatz, ein kleines Postamt, ein Versammlungsgebäude, ein Gasthaus und eine sehr kleine Schule. Wir hatten sogar einen Generator, der uns für ein paar Stunden am Tag mit Elektrizität versorgte. Durch die ganze Siedlung lief ein schmaler Hauptpfad, der aus nichts als kleinen Steinen bestand.

Unser Holzhaus thronte auf einem Hügel mit einem wunderschönen Ausblick über den Danau Bira-See. Dort lebten wir, abgeschnitten von der Zivilisation, und schafften uns eine fast perfekte Welt. Ich war zu diesem Zeitpunkt gerade sieben Jahre alt, hatte kurze blonde Haare, blaue Augen und war spindeldürr. Als die Mittlere von uns drei Geschwistern war ich auch als die Wildeste bekannt, immer nur im Freien unterwegs und mit einer lebhaften Fantasie begabt. Meine Schwester Judith, zwei Jahre älter als ich, war die Ruhige, ein Künstlertyp. Sie saß lieber draußen auf einem Baum und malte, als mit den anderen herumzutoben. Mein Bruder Christian schließlich, zwei Jahre jünger als ich und mein treuester Anhänger, machte jede Verrücktheit mit und war als Werkzeug für all meine Ideen gut zu gebrauchen. Sein größter Vorteil war sein gutes Gedächtnis, was sich für mich allerdings oft nachteilig auswirkte – denn bei unseren häufigen Streitereien glaubte Mama ihm mehr als mir.
Und meine Eltern? Sie hatten dieses ungewöhnliche Leben auf sich genommen, weil sie sich als Sprachforscher und Missionare auf eine neue, nie dagewesene Aufgabe vorbereiteten: auf das Leben mit einem gerade erst entdeckten Eingeborenenstamm.
In unmittelbarer Umgebung von Danau Bira lebten zwei Stämme, die Dani und die Bauzi, die bereits seit längerer Zeit Kontakt zur so genannten Außenwelt hatten. Meinem Vater jedoch war es ein Jahr zuvor gelungen, auf einer seiner Expeditionen einen Stamm zu finden, den man bisher nur aus Legenden und Gerüchten kannte: die Fayu. Die Geschichte dieser Entdeckung ist unglaublich spannend – ich werde sie später ausführlicher erzählen. Mein Vater jedenfalls hielt sich seither immer wieder für einige Zeit bei den Fayu auf, in einer Gegend, die man nicht zu Unrecht das »Verlorene Tal« genannt hat.

Und nun, an jenem Morgen im Januar 1980, war es so weit: Heute sollten wir Kinder und unsere Mutter diesen neuen Stamm kennen lernen.

Schon am Morgen, als ich aufwachte, war es draußen heiß und stickig schwül. Die Sonne sandte ohne Mitleid ihre Strahlen auf uns herab. Keine Wolke war zu sehen, nur ein unendlicher hellblauer Himmel, der sich über den Horizont spannte. Die Vögel hatten sich im Buschwerk verkrochen, um der Hitze des Tages zu entgehen. Nur ein paar mutige Insekten zirpten Lieder aus ihren Verstecken im Wald.
Ich war aufgeregt und hatte meine persönlichen Sachen schon in einem Rucksack verstaut. Am Abend zuvor hatte meine Mutter uns eine ausführliche Liste gegeben, die in zwei Spalten gegliedert war: »Einzupacken« stand über der einen, »Darf nicht mitgenommen werden« über der anderen. Ich habe bis heute niemanden kennen gelernt, der praktischer packen kann als meine Mutter.
Nun fing Mama an, unsere Taschen noch einmal zu überprüfen. »Sabine«, fragte sie, »hast du auch alles so gepackt, wie wir es besprochen haben?«
Ich schaute sie mit großen, unschuldigen Kulleraugen an. »Aber natürlich, Mama!«
»Na, dann lass mal sehen«, sagte sie, und ich wusste schon, was dabei herauskommen würde.
Seufzend öffnete ich den Rucksack, und Mama zog kopfschüttelnd die zwei Gläser mit meinen Lieblingsspinnen heraus.
»Aber Mama«, sagte ich ganz verzweifelt, »die brauchen mich doch, ich bin doch ihre Mutter!«
»Dann müssen sie eben eine neue Mutter finden«, wurde mir mitleidslos entgegnet.
Wütend murrte ich: »Aber Judith hat auch Sachen eingepackt, die sie nicht mitnehmen darf!«

Judith schaute mich entsetzt an. Aus ihrem Rucksack quollen schließlich Kunstbücher und ihr neues Kleid aus Deutschland.

Minius, ein junger Mann vom Stamm der Dani, den wir aufgenommen hatten, half meiner Mutter, das Gepäck nach draußen zu schaffen. Mehrere Dani-Männer warteten darauf, unser Gepäck auf dem Boot zu verstauen, das uns zu dem kleinen Dschungelflughafen bringen sollte. Zu Fuß wäre der Weg zu beschwerlich gewesen. Ich trug eine lange Hose, ein kurzes Hemd und hatte, auf Befehl von Mama, auch eine Jacke dabei, verstand aber nicht, warum. Es war ja so heiß draußen! Kälte konnte ich mir in diesem Moment einfach nicht vorstellen.

»Möchtest du mit dem ersten oder mit dem zweiten Boot fahren?«, wollte Mama von mir wissen.

Ich entschied mich für das erste und ging nach draußen, wo Christian schon auf mich wartete. Judith wollte mit Mama im zweiten Boot nachkommen.

Wir sprangen den schmalen Steinpfad hinunter, bis wir zu einer kleinen Holzbrücke kamen. Dort fiel mein Blick nach unten, und ich sah unter der Brücke einen bunten Salamander. Auf der Stelle ließ ich meinen Rucksack und den Kanister auf den Boden fallen, um ihn zu fangen.

Christian, der mir vorausgeeilt war, rannte zurück und rief: »Sabine, beeil dich, sonst fährt das Boot ohne uns! Du darfst den Salamander sowieso nicht behalten!«

Schnell wandte ich mich um zum Haus und bemerkte Mamas warnenden Blick. Ich verstehe bis heute nicht, wie es ihr immer gelang, meine Pläne zu durchschauen. Enttäuscht, dass ich nun doch keinen Ersatz für meine Spinnen gefunden hatte, riss ich mich schließlich los, kletterte wieder auf die Brücke, hob meine Sachen auf und rannte hinter Christian her.

Nach ein paar Metern führte der Pfad nach unten zum Dock. Die Anlegestelle war aus Holzbrettern gebaut, die wie eine Plattform hinaus aufs Wasser liefen. Wir sprangen in das Boot und setzten uns auf kleine Bretter, die als Sitzplätze dienten. Ein Dani-Mann startete den Motor und fuhr auf den See hinaus. Der Wind fühlte sich herrlich an, ich tauchte meine Hand ins Wasser und bespritzte mein Gesicht und meine Haare, um noch mehr Abkühlung zu bekommen. Wir fuhren an einigen Holzhäusern und Docks vorbei, danach kam eine längere Strecke undurchdringlicher Urwald, bis wir auf eine Öffnung stießen, die wie ein langer, breiter Pfad aus Gras aussah: Die Landebahn ... Sie begann auf der Kuppe eines Hügels und endete im Wasser. Krass ausgedrückt, wenn der Pilot das Flugzeug nicht rechtzeitig in die Luft bekam, ging man baden.

Wir legten an, sprangen aus dem Boot, nahmen das, was wir tragen konnten, und machten uns auf den Weg zum Flugplatz. Als ich dort ankam, waren die Vorbereitungen für den Abflug bereits in vollem Gange. Der Pilot ging um den Hubschrauber herum und untersuchte noch einmal das Triebwerk, um sicherzustellen, dass alles in Ordnung war. Die Dani-Männer hielten Ausschau nach Wildschweinen oder Hühnern, die frei herumliefen und möglicherweise später den Abflug gefährden könnten.

Unser Gepäck lag im Gras, und mein Bruder saß auf einer Kiste und passte darauf auf. Aufgeregt betrachtete ich den Hubschrauber und konnte es kaum glauben, dass wir in Kürze damit fliegen würden. Es war ein Hubschrauber vom Modell Bell 47, mit einer Windschutzscheibe, die wie eine durchsichtige Halbkugel geformt war. Auf beiden Längsseiten befanden sich schmale Tragflächen, an denen das Gepäck befestigt wurde. Der Helikopter glich einer bepackten Libelle.

Der Pilot drehte sich zu mir und fragte mich auf Englisch: »Na, Sabine, bist du bereit für dein neues Zuhause?«

Ich strahlte ihn an und antwortete ihm, dass ich sehr wohl bereit wäre und mich riesig darauf freute.
»Hast du auch deine Jacke dabei?«
Schon wieder. Ich bejahte und fragte, warum ich denn eine brauchen würde. Er erklärte mir, dass es während des Fluges in der Höhe sehr kalt sei.
Plötzlich hörte ich Christian schreien. Ich lief hinüber zu ihm, und als ich ihn sah, fing ich an zu lachen. Er hatte den Dani-Männern helfen wollen, ein Schwein vom Landeplatz zu verjagen. Doch dabei war er in einen großen Haufen Schweinemist hineingerutscht, lag immer noch mittendrin und schrie: »Hilfe, ich tinke!«
»Nein, Christian«, lachte ich, »du tinkst nicht, du stinkst, und zwar ziemlich.«
»Nein«, erwiderte er wütend, »das tu ich nicht!«
»Doch, tust du, und weil du so stinkst, müssen wir dich jetzt an einem Seil unter den Helikopter binden, um dich mitzunehmen.«
»Nein!«, schrie er jetzt lauter. »Das stimmt nicht!« Er nahm eine Hand voll Schweinemist und bewarf mich damit. Ich schrie auf und warf mich auf ihn. Wir prügelten uns im Dreck, in der Mitte der Landebahn, umringt von amüsierten Dani-Männern. In diesem Moment kam Mama, gefolgt von Judith, um die Ecke gerannt. Sie hatte das Geschrei schon von weitem gehört. Der Pilot grinste sie an; er wusste, dass nur sie allein die Ordnung wiederherstellen konnte.
Judith schaute uns mitleidig an und sagte mit melodramatischer Stimme: »Ich habe schon immer gewusst, dass ich nicht zu dieser Familie gehöre.«
Mama schüttelte streng den Kopf. Da standen wir, von oben bis unten mit Schweinemist bedeckt, und die Fliegen fingen schon an, uns zu umschwärmen. Sie nahm uns mit zum See, wo wir uns ausziehen und unter ihrer Aufsicht waschen

mussten. Die verschmutzte Kleidung packte sie in eine leere Tasche, und Minius suchte uns frische Sachen aus unserem Gepäck.

Judith blieb zurück und erzählte einem sehr belustigten Piloten, wie es dazu kommen konnte, dass sie in dieser Familie lebte, obwohl sie ja eigentlich eine Prinzessin war.

Endlich war es dann so weit: Der Pilot forderte uns zum Einsteigen auf!
Die Sitzfläche im Hubschrauber bestand lediglich aus einer langen Bank. Christian durfte sich neben den Piloten setzen, der seine Geräte noch einmal überprüfte, dann stiegen Judith und Mama zu und zuletzt ich. Ich hatte Mama nämlich angefleht, ganz außen sitzen zu dürfen, und nach langem Überlegen und Absprache mit dem Piloten erlaubte sie es mir schließlich. Der Punkt war: Um Gewicht zu sparen, hatte man die Türen des Hubschraubers abgenommen, und so saß ich nun direkt an der Öffnung und konnte ungehindert nach unten schauen.
Ein amerikanischer Mechaniker kam zu uns, schnallte uns an und versicherte sich noch einmal, dass die Gurte auch wirklich fest saßen. Ich hatte zuvor noch meine Jacke angezogen und kämpfte mit dem Gefühl, gleich zu ersticken.
Der Mechaniker verabschiedete sich und gab dem Piloten ein Handzeichen. Plötzlich ein lautes Geräusch – und der große Propeller fing an, sich zu drehen. Er verursachte eine so starke Druckwelle, dass alles in der Nähe wegflog. Die Aufregung wuchs immer mehr in mir; ich schaute hinaus und spürte, wie wir langsam vom Boden abhoben.
Immer höher und höher stiegen wir, dann kippte das Vorderteil des Hubschraubers ein wenig nach vorne, und wir flogen geradeaus weiter, über den See hinaus, bis wir den Rand des Urwalds erreichten. Plötzlich, mit einem Schub, schwenkte

*Hubschrauberlandung
in Foida*

der Hubschrauber nach oben und flog knapp über die mächtigen Urwaldbäume hinweg. Ein grandioser Anblick: So weit das Auge reichte, breitete sich unter uns einer der größten Regenwälder der Welt aus!
Ich flog! Adrenalin überschwemmte mein Gehirn und verursachte ein unglaubliches Hochgefühl in meinem ganzen Körper. Die Bäume unter mir schienen so nah, ich hatte das Gefühl, ich bräuchte nur meine Hand auszustrecken und könnte sie berühren. Grün, Braun und Orange vermischten sich unter uns zu einer herrlichen Farbpalette.
Ich hielt den Atem an, schloss die Augen und spürte den kalten Wind, der wie eine große Welle über meinen Körper hereinbrach. So einen extremen Temperaturunterschied hatte ich mir nicht vorstellen können. Ich öffnete meine Augen wieder, schaute nach unten und sah zwei weiße Vögel unter uns fliegen. Ihnen schien der Lärm des Hubschraubers über-

haupt nichts auszumachen. Was für ein Erlebnis! Wie schön wäre es jetzt, die Arme auszubreiten und wie so ein Vogel hinaus in die Welt zu fliegen. Der Wind blies mit solcher Wucht an uns vorüber, dass ich mich fest an meinem Gurt hielt und das Gefühl hatte, wenn ich jetzt losließe, würde der Wind mich mit sich nehmen.

Der Flug dauerte ungefähr eine Stunde, doch es kam mir wie nur wenige atemberaubende Minuten vor, bis wir das Dorf Kordesi unter uns sahen. Wir flogen über die kleine Siedlung hinweg, ich sah die Eingeborenen vom Stamm der Dou, die unten auf der Erde standen und uns zuwinkten. Der Helikopter bog nach links und folgte einem gewaltigen Flusslauf, der in einem Farbgemisch von mattem Braun und glitzerndem Blau schillerte. Wir folgten ihm etwa eine halbe Stunde lang, bis der Fluss eine enge Kurve machte und wir eine Lichtung erreichten.
Unser Landeplatz war nichts anderes als eine breite Grasfläche. Links entdeckte ich mit Palmblättern ummantelte Holzhütten, die vereinzelt unter den Bäumen hervorlugten. Rechts von der Grasfläche sah ich ein helles Holzhaus schimmern, das zum Teil mit Aluminium bedeckt war. Das Holzhaus umringten mehrere große Bäume. Ich sah viele dunkle Gestalten in den Urwald laufen, bis keiner mehr zu sehen war. Nur einer blieb übrig: Mein Vater stand am Rande der Grasfläche und winkte uns zu. Der Hubschrauber verlangsamte sich und sank.
Es entstand ein Vakuum um uns herum, außerhalb wurde alles weggeblasen, die Sträucher und das Gras bogen sich unter dem Wind, den der Propeller verursachte. Dann fühlte ich einen Ruck. Wir waren gelandet.

Die erste Begegnung

Der Pilot schaltete den Motor ab. Es dauerte noch einige Zeit, bis der Propeller sich verlangsamte und schließlich zum Stehen kam. Dann war es plötzlich ganz still … kein Vogelgesang, keine Stimmen, kein Motorengeräusch. Sekunden später schlug uns die Hitze wie eine Faust ins Gesicht. Ich atmete vor Schreck tief ein und löste den Gurt, um meine Jacke auszuziehen. Neugierig schaute ich mich um – kein Mensch oder Tier war zu sehen, es sah alles ganz verlassen aus.
In diesem Moment kam Papa um den Hubschrauber herum und hob mich heraus, küsste mich und sagte, ich solle am Rand des Platzes warten. Meine Beine fühlten sich schwach und wackelig an. Mama kletterte als Nächste aus dem Hubschrauber. Judith streckte, in ihrer eleganten Art, ihre Hand nach Papa aus. Er küsste sie und half ihr auszusteigen.
»Papa, du stinkst, du brauchst ein Bad!«, rief sie. Papa lachte und hob Christian auf.
»Nein, Papa«, sagte der, »du riechst ganz gut, und ich bin happy, dass wir bei dir sind.«
»Na also«, erwiderte er, »endlich jemand, der sich freut, mich zu sehen!«
Daraufhin antwortete Mama diplomatisch, dass sie sich auch freue, ihn zu sehen, dass ihm ein Bad aber trotzdem nicht schaden würde. Papa sah wirklich etwas ungewöhnlich aus. Ich hatte ihn nie zuvor mit Bart gesehen, und seine Haare hingen ihm in wilden Locken ins Gesicht. Er trug ein schweißnasses Halstuch und einen großen Sonnenhut. Spaßeshalber

nannten wir ihn später »Moses«, wenn er sich wieder längere Zeit im Urwald aufgehalten hatte. Aber wir merkten schon jetzt: Im Urwald fühlte er sich wirklich wohl. Hier war er in seinem Element!
Ich torkelte hinter Judith her. Kurz danach kam auch Christian zu uns. Wir standen und warteten, wussten nicht so recht, was wir machen sollten. Da hörte ich Papa in einer unbekannten Sprache Richtung Urwald rufen. Wir Kinder hielten gespannt Ausschau, was nun kam.
Und kurze Zeit später sahen wir, wie mehrere Männer langsam aus dem Wald traten. Sie näherten sich uns leise, mit fast unhörbaren Schritten. Meine Geschwister und ich rückten vor Angst enger aneinander. Wir hatten noch nie solch wilde Menschen gesehen. Größer als die Eingeborenen der anderen Stämme, die wir bis jetzt kennen gelernt hatten, dunkelhäutig, mit krausem schwarzem Haar und vollkommen nackt. Teilweise bedeckten schwarze Straußenfedern ihren Kopf, lange, dünne Knochen zogen sich durch die Nasen; zwei davon zeigten nach oben, und einer ging quer durch die Nasenflügel. Über den Augenbrauen hatten sie zwei flache Knochen mit Baumrinde festgebunden. Sie trugen Pfeil und Bogen in einer Hand und Steinäxte in der anderen. Die Unbekannten umzingelten uns, starrten uns mit schwarzen, undurchdringlichen Augen an.
Ihre Gesichter kamen mir gespenstisch und finster vor. Judith drückte meine Hand ganz fest, Christian versteckte sich hinter uns. Ich fühlte, dass meine große Schwester bald in Panik geraten würde, ihr Atem ging immer schneller. Mit ihren langen hellblonden Haaren zog sie die ganze Aufmerksamkeit der Krieger auf sich. Sie zuckte zurück, als einer von ihnen ihr Haar anfassen wollte.
Ängstlich rief ich nach Papa. Als die Eingeborenen meine Stimme hörten, sprangen sie alle zurück. Da tauchte auch

*Fayu vom Iyarike-Stamm
kommen uns besuchen*

schon unser Retter auf. Papa redete mit den Männern wieder in jener Sprache, die ich nie zuvor gehört hatte. Danach wandte er sich zu uns und erklärte uns, dass dies Fayu-Männer seien, von der Stammesgruppe der Iyarike, und dass wir keine Angst zu haben brauchten. Sie seien nur neugierig, weil sie noch nie in ihrem Leben weiße Kinder gesehen hätten. Dann nahm Papa meine Hand und ging mit mir zu einem älteren Fayu-Mann. Er legte meine Hand in die des Fayu und sagte zu mir: »Das ist Häuptling Baou, der uns die Erlaubnis gegeben hat, hier zu wohnen.«
Häuptling Baou bückte sich plötzlich zu mir herunter, nahm mein Gesicht in seine Hände und kam mit seinem Kopf

immer näher. Ich erschrak, weil ich dachte, er wolle mich jetzt auf den Mund küssen. Aber stattdessen drückte er seine verschwitzte Stirn auf die meine und rieb sie mehrmals. Papa lachte, als er meinen verblüfften Gesichtsausdruck sah. Er erklärte uns, dass die Fayu die Stirnen aneinander reiben, um sich zu begrüßen – ungefähr so, wie wir Europäer einander die Hand schütteln.

Dasselbe taten die Fayu nun auch mit meinen Geschwistern. Wir hatten den Rest des Tages eine dunkle Stirn, einen Abdruck aus Schweiß und Schmutz in unserem Gesicht.

Nun begannen die Fayu-Männer, unsere Haare anzufassen, dann unsere Haut und unsere Gesichter. Sie fingen zu reden an, ihre Stimmen wurden immer lauter vor Aufregung. Die Angst vor ihnen verschwand und machte unserer kindlichen Neugier Platz.

Nach einigen Minuten kämpften wir uns aus der Menge heraus und liefen zum Hubschrauber. Da bemerkte ich, dass einige nackte Frauen am Rande des Urwalds standen. Sie hatten kleine Kinder auf dem Arm und sahen nicht so wild aus wie die Männer. Langsam ging ich auf sie zu. Doch als ich mich näherte, fingen die Kinder an zu schreien, und die Frauen rannten zurück in den dunklen Wald. Ich schaute ihnen einen Augenblick nach, ging dann aber zum Hubschrauber zurück, wo Papa und der Pilot unser Gepäck abluden. Die Stammeskrieger halfen ihnen, die Last zu unserem Holzhaus zu bringen.

Mein neues Zuhause lag auf einer kleinen Lichtung, gesäumt rechts vom Klihi-Fluss und links vom Urwald. Weil dieses Gebiet regelmäßig überschwemmt wurde, stand das Haus auf mehreren hohen Holzbalken.

Das ganze Gebäude war mit grünem Draht umwickelt, um Insekten und sonstiges Getier fern zu halten. Dies wäre eine

Ein geschmückter Fayu-Krieger

gute Idee gewesen, wenn sie denn funktioniert hätte. Wir hatten nämlich trotz allem immer wieder ungebetene nächtliche Besucher in unserem Haus. Mama ist die ganzen Jahre hindurch oft des Nachts aufgestanden, um auf Ratten- oder Insektenjagd zu gehen. Wer Freude daran hatte, waren die Fayu, weil sie die Beute am nächsten Morgen zum Frühstück essen konnten.

Das Innere des Hauses war in zwei große Zimmer aufgeteilt, eines zum Kochen, Essen und Wohnen, das andere zum Schlafen. An das Schlafzimmer grenzte ein kleines Bad. Es gab keine Türen, sondern Tücher, die wir an der Decke befestigt hatten. Wenn eines der Tücher aufgeschlagen war, bedeutete dies, dass wir den Raum betreten konnten, hing das Tuch vor der Öffnung, war der Raum besetzt.

Zu den wenigen »Luxus-Artikeln«, die Papa eingebaut hatte, gehörten zwei Waschbecken, eines im Bad, das andere in der Küche. Regenwasser wurde aus mehreren Metalltonnen ins

Innere des Hauses geleitet, und wir benutzten es zum Trinken und Kochen. Während der Trockenperiode wurde es aber oft problematisch. Dann mussten wir Wasser aus dem Fluss holen und abkochen.

In der Küche stand ein kleiner Kerosinofen mit zwei Brennern, auf dem wir kochten. Gegenüber an der Wand hatte Papa einfache Bretter befestigt, die als Regale für Pfannen, Töpfe, Teller, Becher und so weiter dienten. Ganz hinten an den Wohnraum grenzte noch ein kleines Zimmer mit einem Tisch und Regalen an der Wand, wo wir unsere Lebensmittel aufbewahrten.

Auf diesem kleinen Tisch stand ein Kurzwellenradio, und jeden Morgen, pünktlich um acht Uhr, mussten wir uns mit der Basis in Danau Bira in Verbindung setzen. Da wir keinen Strom hatten, sondern nur eine Batterie und Danau Bira auch nur begrenzt mit Elektrizität versorgt wurde, war dieser Zeitpunkt vereinbart worden, zu dem sich alle, die sich im Urwald aufhielten, täglich melden mussten – aus Sicherheitsgründen. Meldete sich eine Basis oder Station nicht innerhalb von drei Tagen, so wurde ein Hubschrauber losgeschickt, um nachzusehen, ob etwas passiert war.

Das Schlafzimmer war durch ein langes Tuch in zwei Hälften geteilt; eine Hälfte für meine Schwester und mich, die andere, in der meine Eltern gemeinsam mit meinem Bruder schliefen. Die Betten waren aus langen zusammengenagelten Brettern gebaut, auf denen dünne Schaumstoffmatratzen lagen. Über den Betten waren Moskitonetze befestigt, die wir nachts unter die Matratzen klemmten, um uns vor Mücken und anderen Insekten zu schützen.

Papa hatte mein Bett und das meiner Schwester Judith genau unter das Fenster genagelt. Er hatte sich wahrscheinlich dabei gedacht, dass es für uns so kühler sein würde, weil das Fenster nur aus grünem Draht bestand. Es war kühler … besonders

wenn es regnete. Denn wenn es in den Tropen regnet, dann in Strömen, und so wurden wir öfter nachts wach und waren bis auf die Haut durchnässt. Also standen wir auf, zogen unsere nassen Sachen aus und schlichen uns zur anderen Hälfte des Zimmers zu meinen Eltern. Die dann morgens oft mit drei Kindern in ihrem Bett erwachten anstatt mit nur einem.
Das »Bad« bestand lediglich aus einem kleinen Waschbecken, einer Fläche aus Zement, auf der wir vor dem Schlafengehen unsere Füße wuschen. Wir hatten auch eine Toilette, die wir wegen des hohen Wasserverbrauchs aber selten spülen durften. Stattdessen holte Papa einen Eimer Wasser vom Fluss, den er neben die Toilette stellte.

Als wir gerade dabei waren, unser neues Zuhause zu inspizieren, entdeckte Christian etwas Unheimliches an der Wand: eine riesige schwarze Spinne! Sie war so groß wie ein Steak. Wir starrten sie voller Faszination an. Papa rief, wir sollten uns nicht bewegen, und rannte, um ein Parang (ein langes Buschmesser) zu holen. Er kam zurück und ging auf die Spinne zu.
»Nein, Papa«, schrie ich entsetzt, »ich will die Spinne behalten!« Aber es war zu spät – mit einem Hieb traf er das Tier und zerquetschte es an der Wand.
»Oh, cool«, bemerkte Christian, »kuck mal, die Beine bewegen sich noch.«
Die anderen waren angeekelt von diesem Anblick, und ich vergoss inzwischen Tränen darüber, dass ein so schönes Exemplar für meine Sammlung verloren war. Mama nahm uns kurzerhand wieder mit nach draußen, um den Abflug des Hubschraubers zu beobachten. Papa blieb im Haus und reinigte die verschmierte Wand.
Die Sache mit der Spinne war schnell vergessen, es gab so viel Neues zu sehen und zu entdecken in dieser an Abenteuern

*Links Papas Arbeitshütte,
rechts das »Gästehaus«*

überreichen Welt, in der ich von nun an leben würde. Draußen machte sich der Helikopter auf den Rückflug nach Danau Bira. Ich stand dort, bis ich den Motor nicht mehr hören konnte. Dann sah ich mich um, sah den breiten, kühlen Fluss, der an mir vorbeiströmte, die einzelnen Hütten der Fayu, den dunklen, dichten Urwald und schließlich unser neues Zuhause. Ich sah mich nach den Fayu-Männern um, die mich noch immer mit der gleichen Neugierde betrachteten, die auch ich ihnen gegenüber empfand.

Ich weiß nicht mehr, was mir in diesem Moment durch den Kopf ging, aber es muss mit Sicherheit etwas Schönes gewesen sein. Wie könnte auch eine so wunderbare Umgebung, ein so atemberaubendes, aufregendes Leben in Geborgenheit und Freiheit etwas Schlechtes mit sich bringen? Ich fühlte mich hier wohl, es war mein neues Zuhause.

Noch Jahre danach hielt dieses Glücksgefühl an, auch in den schweren Zeiten, als ich mit dem Tod kämpfte. Es war das Leben, für das ich geboren war, ein Leben, das zu mir passte, ein Leben ohne Regeln und Stress, von dem ich heute noch träume.
Und hier, bei dem erst vor kurzem entdeckten Fayu-Stamm, der für Kannibalismus und eine unvorstellbare Brutalität stand, einem Stamm, der noch in der Steinzeit lebte und der eines Tages lernen würde zu lieben, statt zu hassen, zu vergeben, statt zu töten; bei diesem Stamm, der ein Teil von mir wurde, wie ich ein Teil von ihm – hier änderte sich mein Leben. Ich war keine Deutsche mehr, war nicht mehr das weiße Mädchen aus Europa. Ich wurde eine Eingeborene, ein Fayu-Mädchen vom Stamm der Iyarike.

An diesem Abend, als ich in meinem Bett lag, kam Papa zu mir, und zusammen sprachen wir ein Gebet, das ich noch heute gemeinsam mit meinen Kindern abends vor dem Schlafengehen bete. Ein Gebet, das mich durch all die Jahre begleitete und mir heute noch ein unvorstellbares Sicherheitsgefühl gibt:

»Denn wer unter dem Schirm des Höchsten sitzt und unter dem Schatten des Allmächtigen bleibt, der spricht zu dem HERRN: Meine Zuversicht und meine Burg, mein Gott, dem ich vertraue. Der mich errettet von der Schlinge des Jägers und von der verderblichen Pest. Er wird mich mit seinen Fittichen decken, und Zuflucht werde ich haben unter seinen Flügeln. Seine Wahrheit ist Schirm und Schild, dass ich nicht erschrecke vor dem Grauen der Nacht, vor den Pfeilen, die des Tages fliegen, vor der Pest, die im Finstern schleicht, vor der Seuche, die am Mittag Verderben bringt. Tausende fallen zu meiner

Linken und Zehntausende zu meiner Rechten, so wird es doch mich nicht treffen.
Es wird mir kein Übel begegnen, und keine Plage wird sich meinem Hause nähern. Denn er hat seinen Engeln befohlen, dass sie mich behüten auf all meinen Wegen.«
Psalm 91

Der Fayu-Stamm

Die erste Nacht verlief ruhig. Ich erwachte am nächsten Morgen in meinem Bett und konnte vom Fenster aus die Bäume am Rande des Urwalds sehen. Sie waren riesig und ragten weit über unser Haus hinaus. Ich lauschte den Vögeln, ihrem schönen Morgengesang, der geheimnisvoll klang und meiner Fantasie Flügel verlieh.
Judith schlief noch. Es war ganz still im Haus. Nach einiger Zeit wurde es mir zu langweilig, und ich sprang aus dem Bett und sah nach, ob meine Eltern schon wach waren. Natürlich war ich aufgeregt und wollte unbedingt nach draußen, um meinen neuen Wohnort zu erforschen. Da sich auch bei meinen Eltern noch nichts rührte, ging ich hinaus auf die kleine Veranda, die unsere Vordertür von der Treppe nach unten trennte, und ließ zum ersten Mal die Umgebung tief auf mich wirken.
Links sah ich den Klihi-Fluss, und schon jetzt sehnte ich mich danach hineinzuspringen! Die Hitze war bereits in vollem Anmarsch, und es würde nicht mehr lange dauern, bis die Sonne die Macht übernahm und auch ihre treuesten Freunde in den Schatten zwang. Direkt vor mir wuchsen vereinzelte Bäume aus braunem Lehm hervor. Ungefähr zehn Meter rechts von mir, am Rand des Urwalds, stand ein zweites Holzhaus, das, wie ich später erfuhr, für Gäste gebaut worden war – aber weil wir so gut wie nie Gäste hatten, stand es fast immer leer. Ein paar Meter weiter befand sich noch eine kleinere Hütte, die mein Vater als Arbeitszimmer benutzte. In

Fayu-Frauen

den nächsten Jahren sollte er viel Zeit dort verbringen, um die Fayu-Sprache zu lernen und zu analysieren.

Inzwischen hatte ich bemerkt, dass langsam Leben in das Dorf der Fayu kam. Man hatte mich gesehen, und die Bewohner schienen mindestens ebenso erpicht darauf, mich zu erforschen, wie umgekehrt. Schon bald kamen sie näher heran und beobachteten mich und jede meiner Bewegungen.

Zum ersten Mal traten jetzt auch Frauen und Kinder hinzu und versammelten sich in kleinen Gruppen. Die Kinder waren vollkommen nackt, manche hatten einen extrem dicken Bauch – es war Wurmbefall im Darm, wie ich später erfuhr. Andere hatten rötliche Haare, eine Krankheit, die durch Vitaminmangel verursacht wird. Was mich jedoch am meisten interessierte, waren die Frauen. Sie waren kleiner als die Männer, wirkten zum Teil aber sehr maskulin. Auch sie waren nackt, mit der einzigen Ausnahme, dass sie zwischen ihren Beinen eine aus Baumrinde geflochtene Bedeckung trugen.

Heute würde ich sagen, sie glich den modernen String-Tangas aufs Haar. Vor allem aber gaben mir ihre Brüste zu denken. Sie hingen extrem nach unten, teils bis zum Bauchnabel. So etwas hatte ich noch nie gesehen. Ich hoffte inständig, dass ich nicht eines Tages, wenn ich erwachsen war, auch solche Brüste haben würde.

Als ich diese Bedenken einmal Mama gegenüber äußerte, beruhigte sie mich mit der Erklärung, das sei nur deshalb so, weil die Fayu-Frauen keine BHs trügen …

Ich konnte natürlich nicht verstehen, was die Fayu sagten. Eines aber war gewiss: Ich war an diesem Morgen das Gesprächsthema Nummer eins. Die Sprache klang so ungewöhnlich, glich in keiner Weise dem europäischen Reden, sondern ähnelte eher einem geheimnisvollen Singsang. Ich war begeistert von diesem Klang, denn ich hatte vorher noch nie etwas Ähnliches gehört. So stand ich und schaute und lächelte, aber niemand lächelte zurück. Nach einiger Zeit ging ich wieder zurück ins Haus.

Meine Familie war von dem Lärm, den die Fayu in ihrer Aufregung verursacht hatten, endlich wach geworden. Mama war schon dabei, Kaffee zu kochen, während Papa sich zum hundertsten Mal über das Radio ärgerte, das wieder einmal streikte. Papas handwerkliche Begabung hatte sich stets in Grenzen gehalten, und heute versuchte er sein Glück, indem er das Gerät mit einem Hammer mal hier, mal dort bearbeitete. Plötzlich und ohne Vorwarnung funktionierte es wieder. Stolz drehte er sich zu uns: »Ich habe das Radio repariert!«

Lächelnd reichte ihm Mama einen Teller: »Na, nach so viel Anstrengung brauchst du sicherlich etwas zu essen …«

Und so begann unser erstes gemeinsames Frühstück in unserem neuen Zuhause.

Wie der Rest des Tages verlief, weiß ich nicht mehr genau. Ich kann mich nur noch an Bruchstücke erinnern. Sehr gut im

Gedächtnis geblieben ist mir allerdings, dass wir Kinder viel im Fluss spielten und dass wir nicht verstehen konnten, warum die Fayu-Kinder nur an einen Baum gelehnt dasaßen oder sich dicht an ihre Eltern drängten und nie lachten. Sie schienen Angst zu haben, wir wussten aber nicht, vor wem oder was. Es war doch alles so friedlich hier.
Wir versuchten sie mit Handzeichen zu überreden, mit uns zu spielen, aber niemand rührte sich. Schließlich gaben wir es auf und blieben unter uns.

Die ersten Tage vergingen wie im Flug. Wir standen mit der Sonne auf und gingen bei Einbruch der Dunkelheit zu Bett. Morgens frühstückten wir zusammen, meist Haferflocken, gemischt mit Milchpulver und Wasser, oder Pfannkuchen. Öfters entdeckten wir kleine Käfer oder Insekten in unserem Frühstück, die sich irgendwie durch die Verpackung geknabbert hatten. Nach einiger Zeit störte uns das nicht mehr – es gab ja doch nichts anderes zu essen. »Eure Extraportion Protein« nannte es Mama, und wir glaubten ihr.
Eines Morgens aber, kurz nach unserer Ankunft, brachten uns die Fayu ein paar riesige Eier. Es waren Königstaubeneier. Papa hatte ein Tauschsystem eingeführt: Wenn die Dorfbewohner uns Essen oder interessante Gegenstände anboten, tauschten wir sie gegen Messer, Fischhaken oder Seile. Und so waren wir an jenem Tag an sechs leckere, gigantische Eier gekommen, die Papa für irgendetwas eingehandelt hatte. Wir freuten uns riesig über die Abwechslung zum Frühstück. Pfannkuchen und Haferflocken werden nach einiger Zeit langweilig.
Am nächsten Morgen, wir saßen schon alle am Tisch, erhitzte Mama ein wenig Öl und nahm eines der Eier. Es war so groß, dass sie es mit beiden Händen halten musste. Dann zerbrach sie es über der Pfanne. Aber anstatt des lang ersehnten Weiß

und Gelb flutschte ein kleines angebrütetes Küken heraus, fiel ins Öl und fing an zu brutzeln. Uns wurde bei diesem Anblick sofort schlecht. Der Hunger war wie weggeblasen. Mein Herz sank, als ich das kleine Küken in der Pfanne sah: Wie traumhaft wäre es gewesen, ihm beim Schlüpfen zuzuschauen und es großzuziehen!
Von diesem Tag an öffnete Mama jedes Ei vorsichtig erst einmal draußen, und wenn es bereits mit einem Küken belegt war, gab sie es den Fayu, die es mit Begeisterung verspeisten und nicht verstanden, warum wir es weggegeben hatten. Wir aber brauchten eine ganze Weile, bis wir wieder mit »Genuss« Königstaubeneier essen konnten.
Ein paar Tage später, ich spielte gerade mit Christian vor dem Haus, bemerkte ich einen kleinen Jungen, der uns schon mehrere Tage lang aus sicherer Distanz beobachtet hatte und alles aufmerksam verfolgte, was wir taten. Er schien weniger Angst vor uns zu haben als die anderen Kinder. Ich schätzte, dass wir im gleichen Alter waren.
Heute aber interessierte mich vor allem, was er in der Hand hielt: einen kleinen Bogen mit mehreren Pfeilen. Ich ging langsam auf ihn zu, und o Wunder, er rannte nicht weg und fing auch nicht an zu weinen, wie die meisten anderen Kinder es getan hätten. Als ich dann vor ihm stand, streckte ich meine Hand nach dem Bogen aus. Zu meiner Freude gab er ihn mir sofort.
Christian sah das und gesellte sich zu uns, und gemeinsam untersuchten wir dieses handwerkliche Meisterwerk. Nach einigen Minuten wollte ich dem Fayu-Jungen Pfeile und Bogen zurückgeben. Aber er schüttelte nur den Kopf und schob mir alles wieder zu. Christian verstand als Erster, dass er es mir schenken wollte – und ich war überglücklich. Mit Handzeichen gab ich dem Fayu-Jungen zu verstehen, er solle kurz warten. Ich rannte ins Haus und kippte meinen Rucksack auf

dem Bett aus, auf der Suche nach einer Gegengabe. Da sah ich einen kleinen roten Spiegel, den ich in der Hauptstadt Jayapura geschenkt bekommen hatte. Zufrieden sauste ich wieder nach draußen und reichte ihn dem Jungen.
Mit solch einer Reaktion aber hatten wir nicht gerechnet: Als der Junge sich selbst im Spiegel sah, schrie er auf und ließ ihn sofort fallen. Wir lachten, und Christian hob das kleine Ding vom Boden auf und zeigte dem erschrockenen Jungen sein eigenes Spiegelbild. Dann hielt er den Spiegel wieder dem Jungen entgegen. Inzwischen hatten sich auch andere Fayu genähert, um zu sehen, was vorging.
Der Junge nahm den Spiegel vorsichtig zurück. Seine Augen wurden immer größer. Er bewegte seinen Kopf hin und her, schnitt Grimassen, berührte sein eigenes gespiegeltes Ich mit den Fingern. Bald entstand große Aufregung unter den versammelten Fayu: Alle wollten einmal ihr Gesicht betrachten. Christian und ich amüsierten uns köstlich bei dem Anblick und konnten damals noch nicht nachfühlen, wie es sein musste, zum ersten Mal im Leben das eigene Spiegelbild zu sehen. Wir verließen die Menschenmenge, um uns Interessanterem zu widmen: dem neuen Pfeil und Bogen.
Nach einiger Zeit kam der Fayu-Junge, der den Spiegel wie eine Trophäe in seiner Hand hielt, wieder auf uns zu. Er zeigte mit dem Finger auf sich selbst und sagte: »Tuare.«
Ich zeigte auf mich und sagte: »Sabine.«
Er wiederholte meinen Namen mühelos.
Dann zeigte Christian auf sich und sagte: »Christian.« Tuare versuchte, auch seinen Namen auszusprechen, aber diesmal gelang es ihm nicht. Der Grund dafür war, dass Wörter in der Fayu-Sprache immer mit einem Vokal enden.
Da zeigte mein Bruder wieder auf sich und sagte: »Babu.« So hatten wir ihn früher immer genannt, als wir noch in Nepal lebten. Ohne Schwierigkeiten wiederholte Tuare den

Ein Fayu betrachtet sich im Spiegel

Namen, und von diesem Tage an hieß mein Bruder nur noch »Babu«.
Tuare wurde mein engster Spielkamerad, mein bester Freund, mein kindlicher Vertrauter, der mich bis heute als seine Schwester Sabine bezeichnet. Durch Tuare verloren auch die anderen Kinder ihre Angst vor uns. Sie kamen nach und nach: Bebe, Abusai, Atara, Ohri, Ailakokeri, Dihida und Esori.

Wir bemerkten schnell, dass die Fayu-Kinder nicht nur ängstlich waren, sondern auch gar keine Spiele kannten. Der Grund dafür kümmerte uns damals noch nicht – wir zeigten ihnen einfach unsere Spiele. Jeden Tag gingen wir mit ihnen schwimmen, spielten im Wasser Krokodile jagen, brachten ihnen Fußball oder Verstecken bei. Dafür lehrten sie uns mit Pfeil und Bogen schießen und die Kunst, wie man sie baut. Sie erklärten uns, welche Tiere man essen kann und welche nicht, welche Pflanzen giftig sind und welche genießbar. Wie man ohne Streichholz Feuer macht oder ein Messer aus Bambus herstellt – Fähigkeiten, die uns mit großem Stolz erfüllten.
Am meisten aber liebten wir Pfeil und Bogen. Wir stellten uns vor, wir hätten uns im Dschungel verirrt und müssten auf uns selbst gestellt zurechtkommen – was ja gar nicht so abwegig

war. Tuare und die anderen hatten uns auch gezeigt, wie man kleine Hütten baut, um uns vor dem häufigen Regen zu schützen. Zum Überleben müssten wir Tiere jagen und dann ein Feuer anzünden, um das Erlegte zu braten. Wenn Mama gewusst hätte, was wir in dieser Zeit so alles gegessen haben, hätte sie, die gelernte Krankenschwester, bestimmt einen Herzanfall bekommen. Wir haben von Spinnen über Käfer und Würmer bis hin zu ganz kleinen Fischen alles verschlungen.

Viel später habe ich einmal eine Bemerkung gemacht, die ich heute noch zutreffend finde: Hätte man mich als Zehnjährige allein inmitten des Dschungels ausgesetzt, so wäre ich durchgekommen. Hätte man mich aber mitten in einer Großstadt ausgesetzt, ich wäre sicherlich gestorben.
Im Dschungel lernte ich die Kunst des Überlebens, lernte mit ihm zu leben, lernte seine Gefahren kennen und auch den Schutz, den er bot. Ich lernte den Dschungel zu respektieren und ihn auch zu beherrschen, soweit das einem Menschen möglich ist. In den Wochen und Monaten nach unserer Ankunft wurde ich wie Tuare: ein Kind des Dschungels.

Ein anderes Leben

So gewöhnten wir uns langsam an unser neues Leben, oder besser gesagt, an das tägliche Überleben. An ein Dasein im Urwald, das sich grundlegend von dem Leben in Europa unterscheidet. Heute weiß ich, dass es vollkommen unterschiedliche Welten sind, zwei Planeten, mehr noch, zwei verschiedene Galaxien.
Natürlich leben hier wie dort Menschen, die essen, trinken und schlafen müssen. Wir alle sehen, riechen, fühlen, schmecken, lieben und hassen, zeugen Kinder und sterben. Doch da, so scheint mir, enden die Gemeinsamkeiten. Hoffentlich gelingt es mir im Laufe meines Buches, meine persönliche Erfahrung dieser Welten auch für den Leser fühlbar zu machen – indem ich erzähle, was mich geprägt hat. Vielleicht aber gelingt es mir schon jetzt, den Sinn dafür zu schärfen und das für mich Wesentliche beider Welten auf den Punkt zu bringen.

Das Leben hier ist für mich wie ein Tornado, es kommt und saugt mich auf, nimmt mich mit, wirbelt mich voller Hast und Hektik herum, bis ich den Eindruck habe: Die Zeit dreht sich schneller, als ich selbst mich drehen kann.
Die großen Menschenmengen, die ständig um mich herum sind und denen ich nicht entfliehen kann. Lärm von der Straße oder von einer Baustelle, die sich direkt vor meinem Fenster befindet. Streit mit der Familie um Geld, Untreue, Lieblosigkeit. Streit mit den Nachbarn – um Nichtigkeiten. Keine Zeit, vor allem das: niemals genug Zeit.

Mir ist bewusst, dass meine Urteile vielleicht zu pauschal und nicht unbedingt neu sind, aber immer mehr bekam ich das Gefühl: Die Menschen in unserer westlichen Welt leben im Großen und Ganzen nur für sich selbst, für ihr eigenes Wohlbefinden – und können es doch nicht erlangen. Heute kann ich mich hiervon natürlich nicht mehr ausnehmen. Man geht morgens zur Arbeit, kommt abends müde nach Hause. Am Ende des Monats zahlt man alle Rechnungen und legt das Wenige, das übrig bleibt, auf ein Sparkonto. Vom Ersparten leistet man sich einen Urlaub, um der Hektik des alltäglichen Lebens wieder von neuem gewachsen zu sein, und immer so fort.

Um aus dem Einerlei auszubrechen, streben wir nach Luxus. Wir stürzen uns in Schulden, um ein dickeres Auto zu kaufen, ein größeres Haus oder neue Designerklamotten, die wir in Zeitschriften oder Schaufenstern gesehen haben. Dann hat man schließlich ein neues Auto, vielleicht auch etwas Geld auf dem Konto, aber trotzdem bleibt die Unzufriedenheit, und man fängt wieder von vorne an. Ein Teufelskreis, aus dem auch ich mittlerweile keinen Ausweg mehr finde.

Ich will unsere so genannte »Wohlstandsgesellschaft« nicht in Bausch und Bogen verurteilen, aber ich habe für mich das Gefühl, irgendetwas stimmt hier nicht mit mir, irgendetwas fehlt. Und schaue ich mich in meinem Umfeld um, dann sehe ich, dass es den anderen auch nicht besser geht.

Natürlich haben wir hier sehr viele Annehmlichkeiten, die auch mich über die Jahre zu einer verwöhnten Person gemacht haben: Immer fließend warmes Wasser, Supermärkte, wo ich alles, was ich begehre, kaufen kann. Elektrizität, Telefon, Fernsehen, Internet, E-Mail und vieles mehr – nicht zu vergessen die medizinische Versorgung.

Und doch liege ich abends oft im Bett und sehne mich nach

meinem Dschungel, sehne mich nach der Stille und dem Frieden. Ich sehne mich danach, barfuß zu laufen, keine Schminke zu tragen, keine Termine wahrnehmen zu müssen, bei denen ich rechtzeitig erscheinen muss. Morgens wach zu werden und die süße Luft des Urwalds einzuatmen. Eine Sonne zu fühlen, die immer am Himmel strahlt, Bäume zu sehen, die immer grün bleiben, und wunderschöne weiße Wolken, die langsam über den unendlichen blauen Himmel schweben.

Plötzlich eine Stimme, Radio Hamburg, die mich aus meinen Träumen reißt. Sechs Uhr früh, ich krieche die Treppen hinunter in die Küche, schalte die Kaffeemaschine ein, und zum hundersten Mal denke ich, dass ich mir, wenn ich mehr Geld habe, unbedingt eine automatische Kaffeemaschine anschaffen muss. Eine, die man vorprogrammieren kann, damit der Kaffee schon fertig ist, wenn ich aufstehe. So viel zum Verwöhntsein. Als wäre das lebensnotwendig.
Ich steige die Treppen wieder hinauf, gehe unter die Dusche, ziehe mich an und wecke die Kinder, um sie für den Kindergarten fertig zu machen. Wir müssen uns wie immer beeilen, der Bus kommt gleich. Schnell die Tasche packen, Schuhe anziehen, und schon klingelt es. Uff!
Danach kehrt ein wenig Ruhe ein, alle sind aus dem Haus, der neue Tag hat begonnen. Ich gehe nach unten in mein Arbeitszimmer und setze mich an den Computer. Checke meine E-Mails und lese die Nachrichten: wieder mal Unruhen im Nahen Osten, Probleme in der Politik, und ganz unten auf der Seite die Traumfrau des Tages. Ich zünde eine Zigarette an, atme tief ein und spüre, wie das Nikotin in meinen Körper dringt. Schuldbewusst denke ich an die Nikotinpflaster, die schon seit einer Ewigkeit am gleichen Platz liegen, ungeöffnet. Ich hasse es, dass ich rauche.

Ich renne von einem Termin zum nächsten, von einem Verkehrsstau zum anderen – und frage mich zunehmend: Was mache ich eigentlich hier?
Später sitze ich wieder in meinem Arbeitszimmer, mein Blick streift Pfeil und Bogen in der Ecke. Ich stehe auf und gehe hinüber, lasse meine Hand über das geschnitzte Holz gleiten, das sich so herrlich glatt anfühlt. Die Pfeile stehen hoch und stolz neben dem Bogen. Ihre Spitzen sind kunstvoll gefertigt, eine größere zum Jagen von Schweinen und Straußenvögeln, eine andere für kleine Tiere und Vögel. Wunderschön verziert ist alles, der Erbauer hat seine unverwechselbaren Zeichen liebevoll in das Holz graviert, um sich in dem Gerät zu verewigen.
Ein sehnsuchtsvoller Schmerz überkommt mich, doch als ich aufschaue, sehe ich nur das Flimmern des Computerbildschirms, der mir zuruft: weiterschreiben, arbeiten! Ich setze mich wieder auf meinen roten Stuhl.

Ja, das Leben im Dschungel ist anders als hier. Ich will nicht sagen, dass ich in einer besseren Welt aufgewachsen bin, wohl aber in einer vollkommen anderen. Und für mich persönlich ist sie rückblickend viel schöner. Idealisiere ich meine Kindheit? Wir Kinder waren glücklich, waren frei, lernten, auf andere Art zu denken – und ich glaube, genau dies ist der entscheidende Punkt.
Ich wurde vor kurzem einmal gefragt, ob es nicht unverantwortlich von meinen Eltern gewesen sei, uns Kinder den Gefahren des Dschungels auszuliefern. Ich war so verblüfft, dass ich zunächst gar nicht wusste, was ich antworten sollte. Unverantwortlich? Von welchen Gefahren war hier die Rede? Die Gefahren liegen nicht im Urwald, schoss es mir unmittelbar durch den Kopf, sie liegen doch hier, ich könnte morgen von einem Auto überfahren werden oder bei einem

Unfall sterben. Mein Kind könnte entführt werden oder gar missbraucht und ermordet. Ich könnte meine Arbeit verlieren, mein Haus, mein Auto. Ist das nicht alles gefährlich?

Für mich birgt diese Zivilisation mehr Risiken als das Leben im Dschungel. Man ist so abhängig hier im Westen, abhängig von Umständen wie dem Arbeitsmarkt, vom Einkommen, der richtigen Altersvorsorge, um nur einige zu nennen. Man lebt so selbstverständlich in Zwängen, dass man es meistens für sich selbst gar nicht realisiert.

Im Urwald dagegen ist alles schwarz oder weiß; die vielen Grautöne der so genannten Zivilisation gibt es dort nicht. Im Dschungel ist man Feind oder Freund. Es regnet oder es scheint die Sonne. Freunde und Familie werden mit dem eigenen Leben beschützt und gegen Feinde verteidigt. Alles scheint so viel einfacher, klarer, und man weiß immer, was zu erwarten ist.

In der Fayu-Gesellschaft hat jeder seinen festen Platz, jeder weiß, was er zu tun hat. Meine Familie und meine Stammesmitglieder sind für mich da, so wie ich für sie da bin. Alles wird geteilt: Habe ich zum Beispiel zwei Fischhaken, so gebe ich einen davon ab. Stirbt mein Mann, dann heiratet mich sein Bruder, versorgt mich und meine Kinder, baut ein Haus für mich, geht auf die Jagd für mich. Sterben meine Eltern, werde ich von einem anderen Familienmitglied oder Stammesmitglied aufgenommen und gut behandelt.

Wenn ich ein Stück Fleisch esse, nehme ich nur ein oder zwei Bissen davon und gebe es weiter an den, der neben mir sitzt; dieser tut das Gleiche und gibt es weiter an seinen Nachbarn. Auf diese Weise bekommt jeder den gleichen Anteil an der Mahlzeit. Man teilt zum Überleben, man schließt Freundschaften bis in den Tod, man schützt und hilft einander. Männer gehen zusammen zur Jagd, Frauen gewinnen Sago oder gehen gemeinsam fischen.

Und wenn der tägliche Nahrungsbedarf für alle gedeckt ist, sitzt man ums Feuer und erzählt Jagdgeschichten. Wie man zum Beispiel einmal ein Wildschwein getötet hat, das so groß war wie ein Haus! Oder ein Krokodil, das so lang war wie der gesamte Fluss breit! Natürlich weiß jeder, dass maßlos übertrieben wird, aber es ist spannend, und das ist alles, was zählt. Manchmal saßen wir auch stundenlang tatenlos herum, schauten umher, beobachteten die Vögel, die über uns hinwegflogen, aßen etwas und sprachen kein Wort.

Um es auf den Punkt zu bringen: Der Unterschied zwischen meinen Welten besteht darin, dass das Leben im Urwald körperlich zwar anstrengender, psychisch für mich aber sehr viel leichter zu ertragen ist. Das Leben in der westlichen Welt dagegen ist körperlich leichter, seelisch aber viel, viel komplizierter.
Es dauerte lange, bis ich das erkannte; erst seit ein paar Jahren sehe ich klar. Nach meiner Ankunft in Europa jedoch litt ich unter einem Kulturschock, der mich zunächst betäubte, dann erdrückte und schließlich in Panik versetzte. Ich musste plötzlich, ohne Vorwarnung, einen seelischen Marathon laufen und hatte doch vorher kaum ein paar Schritte getan. Musste alles neu lernen, denn obwohl ich mich äußerlich nicht von anderen Europäern unterschied, kam ich von einem anderen Planeten, kannte nur schwarz und weiß, war in einem Zeitalter aufgewachsen, das für die meisten Menschen gar nicht mehr existiert. Mit einem der letzten unberührten Urvölker, dessen Kultur in der Steinzeit stecken geblieben war, hatte ich ein Leben gelebt, in dem die Zeit stillstand, abgeschnitten und vergessen von der Außenwelt. Im Verlorenen Tal war ich glücklich – im Rest der Welt fühlte ich mich wie eine Verlorene.

Sie werden sich jetzt sicherlich fragen, wie ein deutsches Mädchen mit deutschen Eltern gerade in diesen so abgelegenen Teil der Erde kommt, zu einem vollkommen unbekannten Volk? Um das zu erklären, muss ich in der Zeit weit zurückgehen. Zurück zu der Zeit und dem Ort, wo mein Leben begann.

Wo alles begann

Die Zukunft meiner Mutter Doris entschied sich, als sie zwölf Jahre alt war: Sie besuchte den Vortrag eines Freundes von Albert Schweitzer, dem berühmten Arzt und Missionar, und hörte von dessen Arbeit in Afrika. Während des Vortrags wusste meine Mutter auf einmal, dass dies auch ihr Lebensziel sein würde: in die Missions- und Entwicklungshilfe zu gehen. Sie bereitete sich darauf vor, indem sie später eine Ausbildung zur Krankenschwester machte.
Sechzehn Jahre nach diesem Vortrag traf sie meinen Vater, Klaus-Peter Kuegler, der zur dieser Zeit bei der Lufthansa tätig war. Er hatte dasselbe Ziel wie sie, Entwicklungshelfer zu werden. Nachdem er bei der Lufthansa gekündigt hatte, heirateten meine Eltern und machten gemeinsam eine linguistische Ausbildung. Nach der Geburt meiner Schwester Judith begann ihre Arbeit als Sprachforscher und Missionare.

Ihre erste Station war Nepal. Sie lebten dort bei einem kleinen Volk, das sich die Danuwar Rai nannte, um dort dessen Sprache und die einzelnen Dialekte zu studieren und den Bewohnern des Dorfes mit tatkräftiger Entwicklungshilfe beizustehen.
Ich wurde 1972 in Patan geboren, einem Vorort von Katmandu, wo auch mein kleiner Bruder Christian zwei Jahre später zur Welt kam. Kurz nach meiner Geburt kehrten wir zurück zu den Danuwar Rai.

*Sabine mit Freundinnen vom Stamm
der Danuwar Rai*

Wir lebten in einem kleinen gelben Lehmhaus am Rande des Dorfes – sogar der Boden des Hauses bestand aus festgetretenem Lehm. Es hatte nur sehr kleine Fenster, und so schliefen wir meistens auf einem kleinen Holzbalkon, um der Hitze, die sich im Haus aufstaute, zu entgehen. Das Klima war subtropisch, die Landschaft ein Gemisch aus grünen Wäldern und trockenen, steinigen Ebenen. Ganz in der Nähe des Dorfes gab es einen breiten Fluss, in dem wir abends badeten.
In unserem kleinen Haus hatten wir keine Dusche und auch keine Möbel. Wir aßen auf dem Boden, auf einer Strohmatte, schliefen auf Luftmatratzen und kochten auf einem kleinen Kerosinofen. Ich verbrachte die meiste Zeit mit meiner älteren Schwester Judith, die Ziegen hütete, wie es im Dorf üblich war für Mädchen ihres Alters. Spielzeug hatten wir nicht, also

spielten wir und die anderen Kinder mit dem, was die Natur hergab.
Ich habe nicht sehr viele Erinnerungen an diese Zeit. Ich kann mich aber noch daran erinnern, wie ich nachts mit meiner Schwester auf einer Luftmatratze lag, eingehüllt in eine Decke, die wir uns teilten. Ich schaute nach oben und sah den Abendhimmel mit seinen unzähligen Lichtern. Sie strahlten und blitzten in unbeschreiblicher Schönheit auf uns herab. So nah schienen sie mir, dass ich manchmal die Hand ausstreckte in der Gewissheit, dass ich sie berühren könnte. Ich ließ meine Hand über die Sterne gleiten und sie zwischen meinen Fingern blinzeln. So schliefen wir ein, in vollkommener Zufriedenheit, inmitten einer unberührten Natur.
Meine Mutter erzählte mir vor kurzem folgende Geschichte aus Nepal:
Eines Spätnachmittags kam ich ganz aufgeregt zu ihr gerannt und rief völlig außer Atem: »Mama, Mama, ich habe Gott gesehen!«
Mama war erstaunt; dem wollte sie auf den Grund gehen.
Ich nahm sie bei der Hand, zerrte sie hinter mir her auf unseren Balkon und deutete auf die Berge, die sich in nicht allzu weiter Ferne majestätisch erhoben. Mama lächelte; sie verstand jetzt, was ich meinte. Uns bot sich ein unglaublicher Anblick. Die Sonne ging gerade unter, ihre Strahlen spiegelten sich in den schneebedeckten Gipfeln und ließen sie wie eine Landschaft aus Gold erscheinen. Es war eines der schönsten Naturschauspiele, die meine Mutter jemals gesehen hatte. Zusammen standen wir dort und bewunderten die Pracht. Als die letzten Strahlen versunken waren, sagte ich ganz enttäuscht: »Jetzt ist Gott weg.«

Es vergingen schöne Jahre, bis uns eines Tages die Nachricht erreichte, dass wir nicht länger bleiben durften. Aus nicht weiter erklärten politischen Gründen mussten wir innerhalb der kommenden drei Monate das Land verlassen. Für meine Eltern war es ein Schock, denn sie hatten sich mental auf einen langen Aufenthalt eingerichtet. Und jetzt sollte es plötzlich zurückgehen in eine Heimat, die sie vor Jahren bewusst zurückgelassen hatten, eine Heimat, die wir Kinder noch nie gesehen hatten?

Schweren Herzens packten sie uns und unsere Sachen, und wir verabschiedeten uns traurig von den Danuwar Rai, die ein Teil unserer Familie geworden waren. Mama erzählte mir später, sie habe innerhalb einer Woche vor lauter Trauer graue Haare bekommen.

Unsere lange Reise zurück nach Deutschland führte uns über die Hauptstadt Katmandu, diese große, bunte Stadt voller Häuser, Autos und Menschen. Schon damals schien ich zu wissen, dass dies nicht meine Welt war: Ich weinte, wollte zurück zu unserer Lehmhütte, zu meinen Freunden, zu den Ziegen und den Sternen. Ich verstand nicht, warum wir nicht einfach zurückgehen konnten. Ich war drei Jahre alt.

Dann ging es weiter nach Deutschland, hinein in eine Kultur, mit der wir Kinder noch überhaupt nichts verbanden. Mama erzählte mir, dass ich auf dem Frankfurter Flughafen verwirrt gefragt habe: »Und wo ist Deutschland?«

»Aber, Sabine«, antwortete Mama, »wir *sind* in Deutschland!«

Meine Enttäuschung war so groß, dass ich schon wieder in Tränen ausbrach: Wir hatten nämlich manchmal Päckchen von Deutschland erhalten, und ich freute mich so sehr darauf, diese Person Deutschland, die uns all die schönen Sachen schickte, endlich kennen zu lernen ... Meine Eltern hatten mir nie erklärt, wer, oder besser: was Deutschland eigentlich ist.

Während unseres Aufenthaltes in der fremden Heimat bereiteten sich meine Eltern auf eine neue Aufgabe vor. Sie hatten sich nach langer Überlegung Indonesien als nächstes Ziel ausgesucht und warteten auf ihr Einreisevisum. Und zwei Jahre später war es so weit: Anstatt zum höchsten Platz der Welt ging es diesmal zum tiefsten Punkt der Erde, vom Himalaja ins Sumpfgebiet von Irian Jaya, Indonesien, das heute bekannt ist als West-Papua.

West-Papua (Irian Jaya), Indonesien

Am 23. April 1978 verließen wir Deutschland und landeten einige Tage danach auf dem Flughafen von Jayapura, der Hauptstadt West-Papuas. Nach kurzer Eingewöhnungszeit würde es später weitergehen auf die Dschungelbasis Danau Bira, wo wir uns mit dem zukünftigen Leben bei den Stämmen des Urwalds vertraut machen sollten.

Ich kam kurz nach unserer Ankunft in Jayapura in den Kindergarten und musste eine kleine weißblaue Uniform tragen. Wir Kinder hatten eigentlich keine Probleme, Anschluss zu finden, obwohl in den siebziger Jahren nur sehr wenige Ausländer in Irian Jaya lebten. Wir gewöhnten uns schnell ein und begannen schon nach kurzer Zeit, uns wie kleine Indonesier zu benehmen. Wir konnten nach wenigen Wochen besser indonesisch sprechen als unsere Eltern, die jeden Tag Unterricht bekamen.

Auch das Essen mundete uns: Während der Pausen kam oft ein Mann mit einem kleinen zweirädrigen Wagen an den Zaun des Kindergartens und verkaufte selbst gemachte Snacks. Am liebsten mochte ich die kleinen gebratenen Chips aus Süßkartoffeln, die sehr scharf gewürzt waren. Mama wunderte sich, dass ich mein Pausenbrot regelmäßig wieder mit nach Hause brachte. Noch heute läuft mir das Wasser im Mund zusammen, wenn ich an diese Chips denke.

Die Landschaft, die wir bei unseren Ausflügen in die Umgebung entdeckten, war unbeschreiblich schön, die hellgrünen Hügel, die sich wie große Wellen über dem Land ausbreiteten, der blau schimmernde See, der sich bis an den Horizont erstreckte, die bunt gekleideten Menschen, die wir auf der Fahrt überholten. So tauchte ich ein in eine Atmosphäre voller Sinnlichkeit und Leben, ein berauschendes Gefühl, das ich heute noch mit Asien verbinde. Wir Kinder sogen das neue Leben mit selbstverständlicher Entdeckerfreude auf, ohne Vergleiche ziehen zu müssen, ohne uns zu fragen, wo wir eigentlich waren.

Aber wo waren wir tatsächlich – in welchem abgelegenen Winkel der Erde waren wir gelandet?

Exkurs:
Bericht über die Insel West-Papua

Auf eine lange und unruhige Geschichte kann das Land, von dem hier berichtet wird, zurückblicken. Früher auch bekannt unter den Namen West-Irian, Irian Barat, West-Neuguinea und Irian Jaya, heißt es heute West-Papua und nimmt die Westhälfte der Insel Neuguinea ein – nach Grönland die zweitgrößte Insel der Welt. Im Osten wird West-Papua begrenzt durch den Staat Papua-Neuguinea (seit 1975 unabhängig), im Süden liegt die Meergrenze zu Australien. Irian Jaya bzw. West-Papua ist mittlerweile eine etwa 400 000 km² große Provinz Indonesiens und gleichzeitig dessen östlichster Ausläufer.

Es ist nicht übertrieben, wenn man West-Papua als eine Welt für sich betrachtet, wo sich ein Superlativ an den anderen reiht. Das höchste Gebirge östlich des Himalaja und westlich der Anden durchzieht mit seinem heraus-

ragenden Gipfel Puncak Jaya (5029 m), dem Gunung Jayakusema bzw. Carstensz Pyramid (einem Gletscher von stolzen 5022 Meter Höhe) und den massiven Gebirgszügen Wisnumurti und Sudirman die Insel wie ein Rückgrat. Der Rest der Insel ist von tropischem Regenwald, fruchtbaren Hochtälern und an den Küsten Sumpflandschaften bedeckt, die einer atemberaubenden Flora und Fauna Heimat bieten. Die Insel beherbergt bei all ihren Kontrasten den zweitgrößten tropischen Regenwald der Welt – und seit etwa 45 000 v. Chr. nahezu 1000 verschiedene papua-melanesische Stämme. Sie ist die Heimat der ältesten unabhängigen Gesellschaften unserer Erde.

Die größte Stadt West-Papuas – die Provinzhauptstadt Jayapura – liegt an der Nordküste nahe der Grenze zu Papua-Neuguinea. Die Küstenregionen West-Papuas wurden schon im 7. Jahrhundert von Händlern aus Sriwijaya besucht. Europäische Seefahrer hinterließen dort ab dem 16. Jahrhundert ihre historischen Spuren: Ortsnamen wie Bougainville, Cape d' Urville oder die Torresstraße zeugen von diesen vergangenen Tagen.

Im Jahre 1511 sichteten die portugiesischen Seefahrer Antonio d'Abreu und Francisco Serrano die Insel Neuguinea, gingen aber nicht an Land. 1526 verschlug es den Portugiesen Jorge de Menezes an die Nordküste; er legte damit den Grundstock für spätere europäische Entdeckungsreisen. Er nannte das Land die »Insel der Kraushaarigen«. 1545 dann nahm der Spanier Iñigo Ortiz die Insel für Spanien in Besitz und gab ihr den Namen Nueva Guinea. 1569 erschien der Name Neuguinea erstmals auf einer Landkarte. Ab 1660 versuchte die niederländische Ostindienkompanie vergeblich, das rohstoff-

reiche Land zu besetzen, und hisste 1678 schließlich die holländische Flagge an der Westküste bei Keyts. James Cook höchstpersönlich wies 1770 nach, dass Neuguinea eine von Australien unabhängige Insel ist, und ging während seiner Weltreise an der Südküste in der nach ihm benannten Bucht an Land. Feindliche Eingeborene zwangen ihn aber schnell zum Rückzug.
Viele Länder, darunter auch Großbritannien, versuchten über die Jahrhunderte, Neuguinea zu besetzen und zu erobern. Aber erst 1828 gelang es den Niederlanden, West-Neuguinea unter ihre Herrschaft zu bringen. In der Folgezeit unternahmen Australien, England und auch Deutschland Forschungs- und Eroberungsreisen in das Land – mit wechselndem Erfolg. 1855 siedelten die ersten deutschen Missionare in der Doreibucht auf Mansinam, und ab 1922 schließlich waren die medizinische Versorgung und das Schulwesen fast vollständig in der Hand von Missionsgesellschaften. Immer wieder aber hörte man auch von Kannibalismus, dem etwa 1901 der schottische Reverend James Chalmers und sein Begleiter zum Opfer fielen.
Im Zweiten Weltkrieg griffen die Japaner Rabaul an und besetzten Neuguinea bis 1945. Ab 1949 wurde die Insel schließlich von Indonesien beansprucht, aber erst 1963 gelang es dem Inselstaat, West-Neuguinea zu annektieren.

Flora und Fauna West-Papuas zählen zu den artenreichsten unserer Erde. Kaum ein anderes Land besitzt solche Ressourcen an noch unentdeckten Primärarten wie diese Insel. In Bezug auf die Tierwelt verfügt sie zudem über eine bemerkenswerte geografische Grenze, die auf die glaziale Periode zurückgeht: Während dieser Periode

*Ein kleiner
Straußenvogel
(Kasuar)*

waren die Inseln der Sunda-Platte – Java, Sumatra, Kalimantan und Bali – miteinander verbunden und mit der gewaltigen Landmasse des asiatischen Festlands vereinigt. West-Papua, Aru und der australische Kontinent dagegen liegen auf der Sahul-Platte und waren von der gigantischen Landmasse getrennt. Diese frühe geografische Trennung erklärt, warum West-Papua mit solch enormem, teils australisch geprägtem Artenreichtum ausgestattet ist.

Viele der Arten aber sind endemisch, das heißt, sie kommen weltweit nur einmal vor. Es gibt auf West-Papua über 700 verschiedene Vogelarten, davon 38 endemische, die es nur auf dieser Insel gibt. Unter ihnen ist der flugunfähige Kasuar, der zur Familie der Straußen, Emus und Kiwis gehört. Er ist eine wichtige Nahrungsquelle für die Eingeborenen und liefert zudem das Material für Knochenmesser, Schmuckstücke, Pfeil- und Speerspitzen und Schnitzwerkzeuge. Über 200 verschiedene Schlangenarten, viele davon giftig, Krokodile und Warane gehören ebenfalls zu den häufig vorkommenden Tierarten, dazu seltene Schmetterlinge, Insekten, Fische und Spinnen.

Die Vegetation West-Papuas variiert mit der Nieder-

schlagsmenge und der Höhenlage. Die üppigste Zone ist der immergrüne Regenwald. Hier wachsen seltene Orchideen, Farne und Kletterlianen. Jede botanische Expedition führt zur Entdeckung neuer Pflanzenarten: Bisher sind über 12 000 davon bekannt. Traditionelle Nutzpflanzen sind Bananen, Kokospalmen, Ananas, Süßkartoffeln und Kürbis, aus dem auch Essgefäße, Musikinstrumente und der berühmte Penisköcher hergestellt werden.

In den Regenwäldern West-Papuas leben auch heute noch über 250 verschiedene Naturvölker mit fast ebenso vielen Sprachen.
Der Stamm der Dani ist wohl der bekannteste unter ihnen, des Weiteren die Asmat, die Marind-anim, die Yah'ray, die Mandobo, die Afyat, die Ekri, die Moi, die Amungme und nicht zuletzt die Fayu, die ihre Lebensweise und Traditionen seit der Steinzeit in nahezu unveränderter Weise beibehalten haben. Äußere Einflüsse, die Veränderungen hätten bewirken können, gab es nicht: Die geografische Beschaffenheit des Regenwalds hielt die Stämme über all die Jahre in fast perfekter Isolation und machte selbst den Kontakt mit den unmittelbaren Nachbarn zu einem mit enormen Marschanstrengungen verbundenen Unterfangen. Die Fayu leben größtenteils auch heute noch so, wie sie vor Tausenden von Jahren gelebt haben, kennen weder Eisen noch andere Metalle, gehen auch heute noch mit Pfeil und Bogen zur Jagd und ernähren sich von Schlangen, Vögeln, Krokodilen und Fröschen. Ihr Hauptproteinlieferant sind die Larven des Capricorn-Rüsselkäfers, das Grundnahrungsmittel ist Sago, mittlerweile auch Süßkartoffeln. Schweine dagegen werden fast als Familienmitglieder betrachtet; sie

werden nur zu festlichen Anlässen geschlachtet, etwa zu Hochzeiten oder zur ersten Menstruation eines Mädchens.

Was das Überleben der einzelnen Stämme jedoch viel mehr gefährdet als Ernährungsprobleme, Krankheiten und die Auslese der Natur, sind langjährige Nachbarschaftskriege und Fehden, die die männlichen Stammesangehörigen in einem Kreislauf des Tötens gefangen halten.

Die Entdeckung
der Fayu

Ob Zufall oder Vorbestimmung – an genau dem Tag, als wir Deutschland verließen, um nach Indonesien zu fliegen, am 23. April 1978, machte tief im Dschungel von Irian Jaya ein amerikanischer Konstrukteur namens John eine unglaubliche Entdeckung.

John hatte den Auftrag, eine Landebahn für Flugzeuge im Gebiet des Dou-Stammes zu bauen. Er war mehrmals vorher da gewesen, um die Bodenbeschaffenheit zu prüfen, da die Gegend von Sümpfen geprägt war. Schließlich entschied er sich für das abgelegene Dorf Kordesi und machte sich daran, Markierungen für die Landebahn zu setzen.

Plötzlich traten aus dem dichten Urwald vier Männer, die so wild aussahen, wie er es noch niemals gesehen hatte. Sie waren nackt, hatten sich Knochen durch die Nase gezogen und an der Stirn befestigt. Auf dem Kopf trugen sie schwarze Federn, in der Hand Pfeil und Bogen; Köpfe toter Tiere baumelten an ihrem Körper, und undefinierbare Knochen dienten als Dekoration. Sie sahen Furcht erregend aus, ihre Augen waren starr – und sie zitterten am ganzen Körper vor Angst, denn sie hatten noch nie einen weißen Mann gesehen.

Die Dou gerieten in helle Aufregung und erklärten John, dass diese Männer von einem Stamm kämen, mit dem sie seit Jahren einen grausamen Krieg führten. Nachdem sich die Wogen ein wenig geglättet hatten, gelang es dem Amerikaner immer-

hin, ein paar Wörter von den Fremden zu erlauschen und sie in phonetischer Schrift aufzuschreiben. Kurz darauf übergab er seine Notizen einem Sprachwissenschaftler in Jayapura, der Vergleiche mit allen bisher dokumentierten Sprachen der Insel anstellte. Es stellte sich heraus, dass die fremden Männer wissen wollten, was sich jenseits ihres Gebiets befand; sie waren auf Expeditionsreise geschickt worden. Und außerdem stellte sich heraus, dass soeben eine neue Sprache und ein bisher unbekannter Stamm entdeckt worden waren – der Stamm, der heute als die Fayu bekannt ist!
Bis heute erscheint es mir wie eine Fügung, dass die Krieger ausgerechnet an dem Tag aufgetaucht sind, an dem der Amerikaner John einen seiner seltenen Besuche im Urwald machte.

Ein paar Monate später, Ende 1978, wurde mein Vater zu einer Besprechung eingeladen. Dort war von jenem unbekannten Stamm die Rede, und man fragte ihn, ob er nicht Interesse hätte, eine Expedition zu leiten, die den Stamm mitten im unwegsamen Dschungel auffinden sollte. Papa erkundigte sich nach dem bisherigen Stand der Informationen, und er bekam das Papier des Sprachwissenschaftlers ausgehändigt, auf dem lediglich jene paar Worte in Lautsprache standen sowie der Satz: »Zwei bis drei Tagesreisen westlich vom Stamm der Dou.« Das war nicht viel. Und doch, nach kurzer Rücksprache mit meiner Mutter, entschied mein Vater sich für die Expedition ins Ungewisse. Der Abenteurer in ihm war erwacht!
Kurz darauf traf Papa schon die ersten Vorbereitungen. Mit von der Partie waren ein amerikanischer Forscher, Herb, und ein Mann vom Stamm der Dani, der sowohl die indonesische als auch die Dou-Sprache beherrschte, was noch eine wichtige Rolle spielen sollte.

*Papa auf der zweiten
Expedition*

Sie flogen mit dem Helikopter zu einem Dou-Dorf namens Polita, nicht weit von Kordesi (siehe Karte S. 72). Von dort aus paddelten sie über kleine Nebenflüsse in Richtung Westen, wie auf dem Papier angegeben war. Nach mehreren Tagen jedoch kehrten sie unverrichteter Dinge zurück – sie hatten nichts gefunden. Die Dou und die Kirikiri, deren Gebiete sie durchquert hatten, konnten ihnen nicht weiterhelfen; auch sie wussten nichts über den genauen Aufenthaltsort der Fayu.

Man muss sich klar machen, dass die einzelnen Stämme so gut wie nie ihre Stammesgebiete verließen. Stets gab es irgendwo Krieg, und außerhalb ihrer Grenzen drohte ihnen der Tod. Der Dou-Stamm hatte lange Jahre in erbittertem Kampf gegen die Nachbarstämme gelegen, darunter, wie erwähnt, auch die Fayu. Die Fayu hatten noch dazu einen legendären Ruf, was ihre Brutalität und ihre kriegerischen Eigenschaften betraf. So mochte man nicht einmal über sie reden, die Angst vor ihnen war zu groß.

Doch dann ging es unverhofft einen Schritt voran: Ein Dou-Mann erzählte meinem Vater von einer Frau, die zu den Fayu gehörte, aber einen Kirikiri-Mann geheiratet hatte. Mit neuer Hoffnung machte sich die Expedition wieder auf ins Kirikiri-Gebiet, um diese Frau zu suchen, und sie fanden sie. Sie selbst hatte schon gehört, dass jemand nach den Fayu suchte, und war neugierig geworden, wer denn wohl so verrückt und lebensmüde wäre. Papa traf sich schließlich mit ihr auf einer Lichtung am Flussufer; sie war die erste Angehörige des legendären Stammes, die er zu sehen bekam.

Die Fayu-Frau war freundlich und bereit zu helfen. Papa zog eine handgemalte Karte heraus, um ihr zu zeigen, wo bereits gesucht worden war. Sie schaute sie sich eine Weile aufmerksam an und erklärte ihm dann, dass er den falschen Fluss hochgefahren war; er müsse wieder den Rouffaer-Fluss hinauf und dann in den Klihi-Fluss Richtung Westen einbiegen, dann würde er fündig werden.

Doch Papa war auf eine so große Expedition in die Tiefen des Urwalds nicht vorbereitet, und er entschied sich, erst einmal zurück zur Hauptstadt zu fliegen, um eine bessere Ausrüstung zu organisieren.

Doch wie so oft lief es anders als geplant. Kaum zurück in der Hauptstadt Jayapura, bekam Papa seinen ersten Malariaanfall. Es war so schlimm, dass er lange Zeit im Krankenhaus liegen musste und die Ärzte zunächst nicht wussten, ob er überleben würde. Nach ein paar Monaten erst erholte er sich, und im Februar 1979 brach er schließlich zu einer zweiten Expedition auf.

Diesmal war alles gut vorbereitet. Ein Außenbordmotor, ein

*Die Fayu-Frau (mit ihrem Kirikiri-Mann), die Papa
auf seiner ersten Expedition den Weg wies*

Kurzwellenradio, Dschungel-Hängematten und Nahrung für eine Woche wurden mit dem Hubschrauber nach Polita geflogen. Begleitet wurde mein Vater wieder von dem Amerikaner Herb und zwei Dani-Männern. Doch es war ihnen bewusst, dass es ein Sprachproblem gab. Sollten sie die Fayu finden, so konnten sie sich dennoch nicht mit ihnen verständigen: Papa sprach Englisch, Herb übersetzte ins Indonesische und der Dani vom Indonesischen in die Dou-Sprache. Es fehlte also noch jemand, der die Dou- und die Fayu-Sprache sprechen und verstehen konnte.

Sie berieten sich mit den Dou-Männern, die von einem jungen Fayu wussten, der als Kind während eines Krieges mit seiner Mutter entführt und gefangen genommen worden war. Er wuchs bei den Dou auf, doch später, als er sich eine Frau nehmen wollte, eröffneten ihm die Dou, dass er von ihnen keine

Frau heiraten könne, da er ja von den verfeindeten Fayu abstammte. Also verließ der junge Mann den Dou-Stamm und kehrte nicht zurück. Gerüchten zufolge lebte er jetzt im Grenzgebiet der Kirikiri. Sein Name war Nakire.
Papa und sein Team tauschten ein paar Gegenstände mit den Dou, um ein Kanu zu bekommen. Daran befestigten sie den Außenbordmotor, packten die restlichen Waren hinein und fuhren kurz entschlossen los, um Nakire aufzuspüren. Sie nahmen Kurs auf das Kirikiri-Gebiet, suchten die Lichtung, wo Nakire angeblich lebte – und fanden tatsächlich den richtigen Mann! Durch die Jahre haben wir immer wieder gestaunt, wie schnell sich Informationen im Dschungel verbreiten: Nakire wusste schon, dass man ihn suchte.
Das Team stieg aus und wurde herzlich begrüßt. Nakire bot ihnen ein Nachtlager an, weil es schon dunkel wurde. Seine Hütte war zwar klein, ziemlich schmutzig und verkommen, doch wenigstens hatte sie ein aus Palmblättern geflochtenes Dach, das ein wenig Schutz bot.
An diesem Abend noch, vor dem Lagerfeuer, fragte Papa, ob Nakire bereit wäre, ihn als Führer und Übersetzer ins Fayu-Gebiet zu begleiten. Nakire willigte ein. Damit war die Sprachkette lückenlos, und man würde sich über drei Sprachen verständigen können. Am nächsten Morgen machte sich die nun fünfköpfige Gruppe auf den Weg.

Bevor Papa zu seiner zweiten Expedition aufbrach, hatte er eine Landkarte angefertigt, die alle Informationen aus seiner ersten Expedition enthielt, und dazu noch alles, was er von den Ureinwohnern erfahren konnte. Diese Landkarte hatte er in nummerierte Kästchen aufgeteilt, mit dem Dorf Polita im Zentrum. Vorsichtig geworden, hinterließ er eine Kopie der Karte in der Funksprechzentrale von Danau Bira, von wo man seine Reise verfolgen und täglich mit ihm Funkkontakt

aufnehmen würde. Der Helikopter, der sie im Falle einer Notsituation aus dem Dschungel holen konnte, stand bereit. Anhand des nummerierten Rasters würde der Pilot sich ungefähr ausrechnen können, wo sie sich befanden.
Diese allererste Karte ähnelte der unten aufgeführten Skizze.

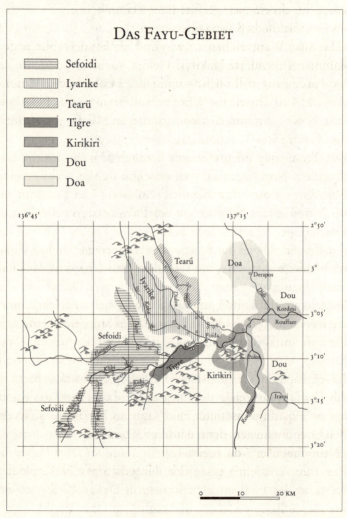

Nach mehreren Stunden flussaufwärts wurde Nakire zunehmend unruhiger. Er suchte nervös das Ufer ab. Der Fluss wurde schmaler, das Ufer schien immer näher zu kommen, dichte Bäume und Pflanzen neigten sich über das Wasser. Plötzlich zeigte Nakire mit dem Finger auf etwas, aber Papa sah nichts als ein paar gefällte Baumstämme.
»Was ist das?«, ließ Papa übersetzen.
»Das sind Warnzeichen ... wir sind im Fayu-Gebiet angekommen«, erwiderte Nakire.
Es wurde ganz still im Kanu, nur das Dröhnen des Motors und das Plätschern des Wassers waren zu hören. Plötzlich fuhr Nakire zusammen und flüsterte ängstlich: »Da, könnt ihr es sehen?«
Papa schaute zum Ufer, konnte aber nichts erkennen.
Nakire hatte Augen gesehen, schwarze Augen, dunkle Gestalten ... sie wurden bereits heimlich verfolgt.
Wie Papa später erfuhr, war das ein erster Hinterhalt gewesen. Jeder, der flussaufwärts kam, lief Gefahr, getötet zu werden. Aber weil die Krieger noch nie einen weißen Menschen gesehen hatten, waren sie so erschrocken, dass der Pfeil nicht losging.
Das Kanu fuhr weiter, doch kein Mensch war zu sehen, und die wenigen Hütten, die sie passierten, waren leer. Dann sah Papa ein paar Kanus, die am Ufer festgebunden waren. »Wo Kanus sind, müssen auch Menschen sein«, dachte er sich und entschied, das Ufer anzusteuern, um sich umzuschauen.
Als Erster sprang einer der Dani an Land und band das Kanu fest an einen Baumstamm. Papa sagte zu Nakire, er solle als Nächster aussteigen, doch der blieb sitzen.
»Nein«, sagte er, »du zuerst.«
Papa wunderte sich und hielt dagegen, dass Nakire doch selbst ein Fayu sei, ihre Sprache spreche und gleich klarstellen könnte, dass sie in Frieden kämen.

Doch Nakire rührte sich nicht. Er sagte nur einen Satz: »Ich habe Angst.«

Zu dieser Zeit wusste Papa noch nicht, dass der Fayu-Stamm aus vier Gruppen bestand, die sich im dauernden Kriegszustand befanden. Und das Kanu war ausgerechnet mitten im Grenzgebiet gelandet, zwischen dem Gebiet der Iyarike, zu denen Nakire gehörte, und dem Stamm der Tigre.

Papa stieg schließlich aus, ihm folgten der Amerikaner und der andere Dani-Mann. Doch kaum hatten sie das Boot verlassen, hörten sie hinter sich ein Geräusch. Blitzartig drehten sie sich um ... und erstarrten: Vor ihnen stand das angsteinflößendste Geschöpf, das Papa je gesehen hatte. Das Gesicht des Mannes strahlte pure Feindseligkeit aus. Er trug Pfeil und Bogen und war mit Tierknochen und Federn geschmückt. Seine ganze Haut war mit etwas Undefinierbarem beschmiert, das so schrecklich roch, dass Papa fast schlecht wurde – ein ihm völlig unbekannter Gestank, den er nicht einordnen konnte.

Dahinter trat nun noch ein anderer Mann hervor, der einen Menschenpfeil in seinen Bogen gespannt hatte und direkt auf Nakire zielte. Ohne zu zaudern, nahm Nakire seinen eigenen Bogen und zielte mit einem Menschenpfeil zurück, und so standen sie sich gegenüber, keiner sagte ein Wort, die Aggression war körperlich spürbar, die Luft zum Zerreißen gespannt.

Papa wusste, dass er schnell reagieren musste; er stand direkt zwischen den beiden. Er breitete abwehrend seine Arme in Richtung der Pfeile aus, stellte sich in die Schusslinie und rief: »Stopp, Stopp, nicht schießen, wir kommen in Frieden! Bitte legt eure Waffen nieder.«

So schnell es ging, wurde dieser Satz in drei verschiedene Sprachen übersetzt, und Papa stand todesmutig zwischen den Pfeilspitzen. Er wagte nicht, sich zu rühren, seine Arme waren noch immer ausgebreitet. Endlich sagte Nakire etwas und senkte seinen Pfeil, die Spannung löste sich, und der andere Fayu tat es Nakire gleich.

Wie sich später herausstellte, war es der Krieger Ziau, der als Erster aus dem Busch hervorgekommen war. Auf seinem Gebiet befand sich die Gruppe jetzt. Als sich die Atmosphäre ein wenig beruhigt hatte, sagte Papa noch einmal zu ihm, dass er in friedlicher Absicht gekommen sei, weil er die Fayu kennen lernen wolle. Der Häuptling winkte Papa zu sich, er solle ihm folgen, und so begaben sich die fünf Männer der Expedition im Schlepptau der zwei Fayu in den Urwald. Nakire blieb immer in Papas Nähe, Pfeil in der einen Hand, Bogen in der anderen. Gerade als Papa über einen Baumstamm steigen wollte, zog ihn Nakire ruckartig zurück und zeigte auf den Boden hinter dem Hindernis. Dort, gut getarnt und unter Blättern versteckt, ragten zahlreiche Knochenspitzen aus dem Boden: eine Falle, um Feinde zu verletzen. Vorsichtig trat Papa über die Spitzen und ging weiter.

Endlich kamen sie zu einer kleinen Lichtung, in deren Mitte eine Art Plattform stand, die mit Palmblättern bedeckt war. Der Gestank wurde immer aufdringlicher, Papa hatte das Gefühl, gleich zu ersticken. Trotzdem näherte er sich der Plattform – und traute seinen Augen nicht: Was dort lag, war eine halb verweste menschliche Leiche.

Sie war aufgebläht, Tausende von Fliegen und Insekten machten sich über den Toten her. Der Amerikaner blieb erschrocken neben Papa stehen.

Da erzählte Ziau, dass dieser Mann von einem Iyarike, einem Mann aus Nakires Stamm, getötet worden war und dass er Rache nehmen musste. Doch er versprach, Nakire nicht zu töten, solange er unter dem Schutz meines Vaters stand. Dann lud er Papa ein, bei ihm zu übernachten; die Dämmerung hatte bereits eingesetzt.

So höflich er nur konnte, gab Papa ihm zu verstehen, dass er lieber weiterfahren wolle. Er konnte kaum noch atmen und schnappte erleichtert nach frischer Luft, als sie endlich das Ufer erreichten. Das Team stieg ins Boot, wollte gerade ablegen, als plötzlich Ziau wieder auftauchte. Er rief Papa zu sich, und was er ihm dann mitteilte, hat wahrscheinlich ihnen allen das Leben gerettet:
»Weißer Mann, fahr nicht weiter, denn oben am Fluss warten sie auf dich, sie wollen dich und deine Männer töten.«
Als Papa diese Worte hörte, wurde ihm eiskalt. Er bedankte sich bei dem Krieger und stieg wieder ins Boot, aber nur, um ein Stück zurückzufahren und ein geeignetes Nachtlager zu finden. Es wurde immer dunkler, die Moskitos fielen zu Tausenden über sie her, und zu allem Überfluss bildeten sich große Regenwolken am Abendhimmel.

Am Klihi-Fluss aufwärts fanden sie eine verlassene Hütte. Dort bauten sie ihr Lager auf, doch zuerst sandten sie eine Nachricht über das mitgebrachte Kurzwellenradio und gaben ihre Position durch. Sie hatten alle Angst und wussten nicht, ob sie nicht doch noch jemand verfolgte. Papa dachte an die Gestalten, die Nakire an diesem Morgen in der Gegend gesehen hatte.
Die Hütte war verfallen, und die Dani-Männer versuchten ihr Bestes, um sie ein wenig wasserdicht zu machen. Das meiste Gepäck ließen sie im Kanu, für alle Fälle. Es war einfacher, sollten sie plötzlich fliehen müssen. Was für diese eine Nacht gebraucht wurde, verstauten sie in der Hütte und zündeten dann ein Lagerfeuer an. Die Stimmung war allgemein trüb, es wurde nicht viel geredet. Wachen für die Nacht wurden bestimmt, und schließlich versammelte Papa Nakire und seine Übersetzer um das Feuer. Unzählige Moskitos umschwärmten sie.

Nakire

Papa hatte so viele Fragen, allen voran natürlich: Warum lag eine Leiche in der Hütte?

Nakire setzte zu einer Erklärung an: »Wir bewahren unsere Toten in unseren Hütten auf, schlafen neben ihnen, essen und leben neben den Leichen. Wenn die Verwesung beginnt, drücken wir die noch verbliebene Flüssigkeit aus dem Leichnam und streichen unseren Körper damit ein. Wenn die Verwesung abgeschlossen ist und nur noch die Knochen übrig sind, hängen wir den Schädel und die Kiefer in unsere Hütte. Wenn wir umziehen, nehmen wir sie mit.«

Auf Papas erneute Frage nach dem Warum antwortete Nakire mit nur zwei Sätzen: »Weil wir Fayu keine Hoffnung haben, unsere Geliebten jemals wiederzusehen. Deshalb hängen wir so an ihnen und bewahren ihre Reste als Erinnerung auf.«

Diese Worte verstand Papa in ihrer ganzen Bedeutung erst viel später.

Es wurde dunkel, kein Mond, keine Sterne waren zu sehen. Wo der Schein des Feuers nicht hinreichte, war alles in pechschwarze Dunkelheit gehüllt. Dann plötzlich ein Donner, ein Blitz, und es fing an zu regnen. Bald goss es in Strömen, alle flüchteten in die Hütte, die jedoch trotz aller Bemühungen nicht regenfest war. Kaum jemand schlief in dieser Nacht, vor lauter Angst, Nässe oder Grübelei. Papa war hundemüde, völlig entmutigt und wusste nicht, was er tun sollte. Sollte er die Expedition abbrechen, sollten sie weiterfahren? Endlich schlief er vor Erschöpfung ein.

Am nächsten Morgen erwachte er trotz allem mit einem wohligen Gefühl. Die Sonne strahlte schon wieder und versprach einen freundlicheren Tag. Doch leider, der Schein trog. Mit entsetztem Gesicht holte Herb meinen Vater aus der Hütte und nahm ihn mit zum Ufer. Dort sah er die Bescherung: Das Kanu war voller Wasser, das Gepäck weg, und mit dem Gepäck auch die Benzin-Reserven.

Papa sank in sich zusammen. Dieser Zwischenfall bedeutete, dass sie am Ende waren; die Expedition war höchstwahrscheinlich ein zweites Mal gescheitert. Gottlob hatten sie wenigstens das Kurzwellenradio bei sich behalten!

Als die Gruppe sich um das Lagerfeuer setzte, um Rat zu halten, erzählte plötzlich ein Dani-Mann, dass er einen seltsamen Traum gehabt hatte. Er hätte zehn Engel gesehen, die das ganze Lager umzingelten, mit ausgebreiteten Armen. Um sie herum war ein wunderschönes Licht, das alles in der Umgebung anstrahlte. Es beschützte alle, die sich im Lager aufhielten.

Immer schon hatte mein Vater an Zeichen geglaubt – und wie durch ein Wunder fühlte er sich auf einmal von Zuversicht durchströmt. Sein Vertrauen und sein ganzer Mut kehrten

zurück. Er nahm seine Bibel, schlug sie auf und begann aufs Geratewohl zu lesen. Da bekam er eine Gänsehaut: Aufgeschlagen war ein Vers, der auf seltsame Weise zur Situation passte und der ihm das Vertrauen in das, was er tat, zurückgab. Es war der Psalm 91, der später zu unserem täglichen Gebet werden sollte ...
Papa schloss die Augen und sprach einen Dank. Als er die Augen wieder öffnete, bemerkte er, dass alle Expeditionsteilnehmer ihn gespannt anschauten – sie warteten auf seine Entscheidung. »Wir gehen weiter«, sagte er nur.
Kurz darauf erreichten sie über das Radio den Hubschrauberpiloten und baten um Lebensmittel und Benzin. Sie gaben ihre genaue Position durch, dann machten sie sich an die Arbeit, um eine Freifläche zu schlagen, auf der der Hubschrauber landen konnte. Sie arbeiteten den ganzen Tag. Am späten Nachmittag endlich hatten sie eine genügend große Fläche geschaffen und entzündeten ein riesiges Feuer mit viel Rauch, so dass der Hubschrauber sie finden konnte.
Es wurde spät und später, niemand kam, die Sonne neigte sich und begann unterzugehen. Da spitzte Nakire plötzlich die Ohren, stand auf, ging zum Ufer und spähte hinauf zum Himmel. Nun hörte Papa es auch: Propellerdröhnen näherte sich! Der Pilot hatte den Rauch gesehen. Er landete, und schnell wurde alles ausgepackt, damit er den Heimflug nach Danau Bira antreten konnte, bevor es ganz dunkel wurde.
An diesem Abend herrschte ausgelassene Stimmung, voller Spannung und Vorfreude auf eine erfolgreiche Fortsetzung der Expedition. Die Männer hatten wieder genug zu essen, sie sangen fröhliche Lieder und unterhielten sich noch lange. In der Nacht wurden wieder Wachen aufgestellt, doch es blieb ruhig, und am nächsten Morgen erwachten alle ausgeruht und voller Tatendrang.
Von neuem ging es flussaufwärts. Sie überquerten die Kreu-

zung des Klihi-Flusses, passierten die Stelle, an der sie Ziau getroffen hatten.

Doch einige Stunden später, am späten Nachmittag, wollte Nakire plötzlich nicht mehr weiter. Er schaute zum Ufer hinüber, und da sah Papa es auch: neue gefällte Baumstämme, sie waren in einem anderen Stammesgebiet. Nakire hatte panische Angst, also legten sie an einer Sandbank an, entzündeten ein Feuer und aßen etwas.

Nakire zitterte und spähte unentwegt in den dunklen Urwald. Papa verstand das nicht, sie hatten doch von Ziau die Zusicherung bekommen, dass Nakire nichts geschehen würde, solange er bei der Gruppe war. Waren sie denn nicht mehr im Stammesgebiet der Tigre? Papa fragte Nakire, was los sei – und konnte es kaum fassen, als Nakire ihm erzählte, dass es noch einen weiteren Fayu-Stamm gab, einen Stamm, von dem niemand sprach. Bis jetzt wusste Papa nur von der Existenz dreier Fayu-Gruppierungen: den Iyarike, den Tigre und den Tearü.

»Nein«, flüsterte Nakire, »es gibt noch andere, die sich die Sefoidi nennen. In ihrem Gebiet sind wir jetzt. Bitte lasst uns umkehren. Es sind gefährliche Menschen – sie töten nicht nur alle, die in ihr Gebiet eindringen, sie essen die Toten auch auf. Bitte fahrt nicht weiter!«

Kannibalen ... Papa bekam wieder dieses kalte Gefühl im Nacken. Was jetzt?

Da erinnerte er sich wieder an den Traum und den Bibelvers, den er am Morgen gelesen hatte, und entschied nach Rücksprache mit den anderen, trotzdem weiterzufahren. Mit vereinten Kräften überredeten sie Nakire, sie auch weiterhin zu begleiten. Sie stiegen wieder ins Boot und setzten ihre Reise fort. Längere Zeit begegneten sie keinem Menschen.

Als sie aber um die nächste Kurve bogen, entdeckten sie plötzlich einen Mann, der am Ufer entlangrannte und ver-

zweifelt versuchte, ihnen zu entkommen. Doch das Boot war schneller. Als sie ihn eingeholt hatten, stiegen sie aus. Der Mann blieb stehen, zitterte am ganzen Körper, versuchte, einen Pfeil zu spannen, doch seine Hände flatterten so, dass es ihm nicht gelang. Papa ging auf ihn zu. Der Mann war panisch, hatte offenbar auch noch nie einen Weißen gesehen. Papa versuchte über Nakire, mit ihm zu reden, doch ohne Erfolg. Der Mann brachte kein Wort heraus. Da bat ihn Papa, seinen Leuten auszurichten, dass seine Expedition friedliche Absichten habe und den Stamm kennen lernen wolle. Der Mann nickte nur. Er erklärte ihm weiter, dass sie hier warten würden. Dann rannte der Sefoidi-Krieger weg, und das war das Letzte, was sie von ihm und seinem Stamm sahen.
Nach einigen Stunden des Wartens überlegte Papa mit seinem Team, was nun zu tun wäre. Die Kommunikation war gescheitert – er wusste, dass die Sefoidi in der Nähe waren und sie beobachteten, aber keiner ließ sich blicken. So entschied sich die Expedition, zu einer zuvor gesichteten Lichtung zu fahren. Sie ließen einige Geschenke zurück und hofften, dass der Sefoidi-Mann sie später als friedliche und freundschaftliche Geste annehmen würde.

Das Expeditionsteam machte sich auf den Rückweg. Doch als sie auf der Lichtung ankamen, die später Foida genannt wurde – einem neutralen Gebiet zwischen den verschiedenen Stämmen –, erwartete sie eine neue Überraschung: Eine große Menschenmenge begrüßte sie wie Helden; es waren Dou- und Kirikiri-Leute, die sich dort versammelt hatten. Nakires Augen wurden immer größer – er hatte noch nie so viele Menschen auf einmal gesehen. Papa verstand die Aufregung nicht, aber einer der Dani-Männer erklärte ihm stolz, dass keiner daran geglaubt hätte, sie jemals lebendig wiederzusehen. Als sie aus dem Kanu stiegen, wurden sie von der

Menge umzingelt, jeder wollte sie anfassen, jeder das Wunder berühren.

Zu guter Letzt baute das Expeditionsteam wieder sein Lager auf und entschied, die Taktik zu wechseln. Zuversichtlich meinte Papa: »Wenn wir sie schon nicht finden konnten, dann warten wir eben darauf, dass *sie uns* finden.«

Und er übte sich in Geduld.

Einladung in die Steinzeit

Drei Tage lang warteten sie, dann wurden sie belohnt. Am dritten Tag frühmorgens, sie frühstückten gerade, erschienen zehn fremde Krieger aus dem Dschungel. Sie waren geschmückt und voll bewaffnet. Angeführt wurden sie von einem Mann mit Namen Teau, einem der gefährlichsten Kriegführer der Iyarike. Er wirkte misstrauisch, war unfreundlich und fing kommentarlos an, Papas Sachen zu durchsuchen.
Drei weitere Tage lang schauten die Männer in jede Kiste, unter jedes Blatt, in jede Tasche, ohne ein Wort zu sagen. Papa erzählte mir später, er habe sich gefühlt wie bei der Einwanderungsbehörde auf dem Flughafen. Doch er ahnte, dass sich etwas Wichtiges ereignete, etwas, das alles entscheiden würde – und ließ sie gewähren.
Am dritten Tag schließlich, nachdem die Durchsuchung abgeschlossen war, versammelte Papa seine Übersetzer und bat Teau zu sich. Er fragte den Mann, wonach er suchte.
Da erzählte man ihm, dass zwei Wochen zuvor zwei indonesische Krokodiljäger im Gebiet der Iyarike aufgetaucht seien. Sie hatten drei Krieger mit dem Gewehr getötet, und jetzt befand sich der Iyarike-Stamm auf einem Rachefeldzug. Als Papas Expedition ebenfalls in einem Boot mit Außenborder anrückte, dachten sie, dass auch er ein Krokodiljäger sei, und wollten ihn töten. Doch nun hatten die Krieger weder Ge-

wehre noch Krokodilhäute im Expeditionsgepäck gefunden. Beim kleinsten Hinweis darauf wären Papa und sein ganzes Team auf der Stelle umgebracht worden.
Schließlich fragte Teau: »Was willst du hier, weißer Mann, warum bist du hergekommen?«
»Ich bin hier, weil ich überlege, ob ich mit meiner Familie hierher ziehen soll«, erwiderte Papa. »Ich möchte mit euch leben, eure Sprache lernen, denn ich habe eine wichtige Botschaft für euch: eine Botschaft von Liebe und Frieden.«
Darauf wurde Teau einen Moment ganz still, dann schaute er Papa an und sagte: »Weißer Mann, seit du hier bist, ist Hoffnung in meinem Herzen. Ich möchte nicht mehr Krieg führen und Menschen umbringen. Bitte komm wieder.«
Papa war den Tränen nahe, als er diese bewegenden Worte hörte. Er fragte Teau, wann er wiederkommen dürfe.
Die Antwort war, er solle in drei Monden – drei Monaten – zur selben Lichtung zurückkehren. »Inzwischen werde ich meinen Leuten erzählen, dass du in Frieden kommst und dass sie dir nichts antun dürfen.«
Damit verabschiedete sich der Krieger und verschwand mit seinen Männern zurück in den Urwald. Voller Freude kehrte Papa nach Danau Bira zurück, und nun warteten wir gespannt diese drei Monate ab.

Im Urwald ereignete sich jedoch mittlerweile etwas, wovon wir erst viel später erfuhren. Teau mochte sich entschieden haben, während der nächsten drei Monate keinen Krieg zu führen – aber die Mehrheit der Iyarike war dagegen.
Es hatten sich zwei Gruppen gebildet. Die kleinere, zu der Nakire und Teau zählten, glaubte daran, dass dieser weiße Mann zurückkehren würde. Die andere Gruppe misstraute dem, nahm an, dass der weiße Mann gelogen habe mit seiner Botschaft von Liebe und Frieden. Schließlich hatte sich noch

Papa mit Teau (links) und einem der Dani-Männer (ganz links), die ihn auf den Expeditionen begleiteten

nie jemand für die Fayu interessiert – warum sollte das jetzt auf einmal anders sein?
»Nein«, sagten sie, »lasst uns weiter Krieg führen und so leben, wie wir immer gelebt haben. Haben wir nicht immer geglaubt, dass es niemand außer uns gäbe? Jetzt erfahren wir plötzlich, dass eine Welt außerhalb unseres Gebietes existiert, in der andere Menschen leben. Niemals zuvor ist einer von ihnen zu uns gekommen. Lasst uns diesen weißen Mann vergessen – wir brauchen ihn nicht.«
So sprach die »gegnerische« Partei. Aber Nakire und Teau überzeugten die anderen zumindest so weit, die drei Monate abzuwarten, um zu sehen, ob der weiße Mann Wort halten würde.
Auf den Tag genau drei Monate nach dem Ereignis versammelten sich die Fayu auf der Lichtung Foida und warteten. Ihre Geduld wurde nicht lange strapaziert. Plötzlich hörten

sie ein Geräusch, zunächst sehr schwach, dann immer stärker, und als sie voller Spannung zum Flussufer eilten, kam schon das Kanu um die Kurve: hinten der Außenbordmotor und davor der weiße Mann.

Nakire erzählte Papa später, dass er vor Freude geweint habe, als er ihn erblickte. Der weiße Mann hatte sein Versprechen gehalten!

Als Papa ausstieg, begegneten ihm neugierige und freundliche Blicke wie auch ungläubiges Erstaunen. Aus den verschiedensten Gebieten waren Fayu-Männer herbeigekommen, um das, was wie eine Sagengestalt auf sie wirken musste, mit eigenen Augen zu sehen.

Dass sehr wohl schon einmal weiße Menschen den Weg der Fayu gekreuzt hatten, wusste keiner der Stammesangehörigen mehr. Auch mein Vater erfuhr es erst vor wenigen Jahren durch den Anruf eines Journalisten: Er hatte den Bericht einer holländischen Expedition in Irian Jaya gelesen, die in den 40er Jahren des 20. Jahrhunderts auf den Fayu-Stamm gestoßen war. Diese Begegnung war dem Gedächtnis der Fayu verloren gegangen – ein alarmierender Vorgang, der typisch ist für eine aussterbende Kultur.

Nicht lange nach seiner Ankunft in Foida bekam Papa »offiziellen« Besuch. Sein Name war Häuptling Baou. Er war der älteste Häuptling und gehörte zum Stamm der Tigre. Da er als der gefährlichste und auch der kaltblütigste unter den Fayu-Kriegern bekannt war, traten alle beiseite und machten ihm respektvoll Platz, als er aus dem Urwald kam. Von der Statur her war er kein großer Mann, trug auch wenig Schmuck an seinem Körper und hatte nur Pfeil und Bogen bei sich. Er war ein stiller Mann, der nicht viel redete und selten lächelte. Wir Kinder sind ihm später immer aus dem Weg gegangen. Nicht so sehr, weil wir Angst hatten, sondern vielmehr, weil

alle anderen es auch taten. Er strahlte eine Autorität aus, die man körperlich spüren konnte.
Papas Herz schlug bis zum Hals, als er realisierte, wer da vor ihm stand. Er begrüßte den Häuptling respektvoll, setzte sich mit ihm und allen Übersetzern um das Lagerfeuer und bot ihm Essen an. Dann begannen sie miteinander zu reden.
Papa fing an und sagte, dass er nicht als Häuptling gekommen sei, sondern als Diener. Er wolle die Autorität Häuptling Baous niemals bedrohen, im Gegenteil, er wolle sich ihm unterordnen. Dann äußerte er den Wunsch, mit seiner Familie unter den Fayu leben zu dürfen, ihre Sprache zu lernen und ein Teil ihrer Gruppe zu werden. Aber nur dann, wenn er, Häuptling Baou, seine Erlaubnis gab.
Noch einmal fragte Papa direkt: »Häuptling Baou, habe ich dein Einverständnis, mit meiner Familie hierher zu ziehen?«
Häuptling Baou senkte den Kopf, überlegte und sprach kein Wort. Alle Anwesenden verstummten und schauten auf ihn. Nach einigen Minuten hob er den Blick und antwortete: »Ja, weißer Mann, ich gebe dir diese Erlaubnis. Ich möchte, dass du zu uns kommst und bei uns lebst.«
Man hörte förmlich, wie alle erleichtert aufatmeten. Nakire strahlte über das ganze Gesicht, und Papa erzählte mir später, dass dieser Moment einer der schönsten in seinem ganzen Leben gewesen sei (»… ausgenommen natürlich die Geburt meiner Tochter Sabine«, wie er augenzwinkernd hinzufügte).
Papa fragte weiter, wo er sein Haus bauen dürfe.
»Genau hier«, antwortete Häuptling Baou und zeigte auf den Boden. Und genau da baute Papa unser erstes Haus.
Nicht ohne Grund war Häuptling Baou einer der führenden Männer der Fayu. Er war sehr klug und durchdachte all seine Entscheidungen logisch und mit viel Verstand. Damals wusste Papa noch nicht, dass die Lichtung, auf der er sein Haus bauen sollte, eine neutrale Zone zwischen allen Stämmen war.

Die Entscheidung Häuptling Baous sicherte uns absolute Neutralität, keiner der Stämme konnte Papa somit als persönliches Eigentum in Anspruch nehmen oder sonstwie vereinnahmen. Nur so war garantiert, dass es keinen Streit um den weißen Mann geben würde.

Bevor er uns holte, flog Papa noch mehrere Male nach Danau Bira und zurück in den Dschungel, erstens, um das Vertrauen der Fayu in ihn zu stärken, ihre Kultur und Sprache näher kennen zu lernen, und zweitens, um unser neues Haus fertig zu stellen.
Dazu hatte Papa die Hilfe von ein paar Dani-Männern aus Danau Bira in Anspruch genommen. Kurz bevor sie für ihre Rückreise mit dem Hubschrauber abgeholt wurden, hatte einer der Dani sein Buschmesser draußen liegen lassen. Sofort nahm es einer der Fayu-Krieger an sich und stolzierte damit glücklich vor unserem neuen Haus herum. Papa hörte schon den Hubschrauber, als der Dani-Mann zu ihm zurückkam und sich beklagte, dass der Krieger sich weigere, sein Buschmesser herauszugeben. Papa ging nach draußen und versuchte zu vermitteln, doch die Antwort des Fayu war *Hau*, Nein. Papa wurde langsam ärgerlich, versuchte ihm zu erklären, dass das Messer nicht ihm gehöre, sondern dem Dani-Mann, der jetzt gleich wegfliegen würde und sein Eigentum mit sich nehmen wolle. Doch der Fayu-Mann tanzte vor Papa hin und her und meinte, wenn er das Messer unbedingt haben müsse, solle er es ihm doch wegnehmen. Jetzt war Papa sauer und erzwang die Übergabe ohne weitere Spielchen.
Doch als der Hubschrauber weg war, kam der Fayu schnurstracks zu Papa zurück und verlangte ein neues Buschmesser. Papa war durcheinander und holte Nakire, seinen »Berater für Sprache und Kultur«.
»Stimmt es denn, dass ich diesem Mann nun ein Buschmesser

geben muss?«, fragte er, und Nakire schaute ihn nur erstaunt an: »Was, hat er noch keines bekommen?«
»Aber nein«, antwortete Papa, »es war schließlich nicht sein Messer, warum sollte ich ihm ein neues geben?«
Da erklärte Nakire ihm Folgendes: Wenn jemand einen Gegenstand einfach liegen lässt, ohne ihn zu bewachen, so bedeutet das in der Fayu-Kultur, dass er ihm sehr wenig wert ist und dass derjenige der berechtigte Eigentümer wird, der ihn findet. Und da Papa den Fayu gezwungen hatte, sein neues »Eigentum« aufzugeben, war er jetzt auch verpflichtet, es ihm zurückzuerstatten.
Ganz schön kompliziert, zumindest für unsereinen. Papa lenkte ein, ging nach draußen und gab dem Fayu-Mann ein neues Buschmesser. Dies war der Anfang eines langen Lernprozesses. Wir alle sollten noch viele Dinge dieser Art zu akzeptieren und umzusetzen haben, denn nun, im Januar 1980, war es endlich so weit: Meine Familie siedelte um zum Stamm der Fayu.

Teil 2

Ein Tag im Dschungel

Es scheint schwer vorstellbar, aber das Leben im Dschungel war bald gar nicht mehr so ungewohnt für uns. Wir entwickelten schnell eine Routine, in der sich wahrscheinlich jede Familie auf der Welt irgendwo wiedererkennt.
Wenn ich morgens aufwachte, war es meistens schon hell draußen. Ich suchte mir schnell etwas zum Anziehen, dann wurde gemeinsam gefrühstückt und mit den Schularbeiten begonnen. Für mich war das immer die reinste Tortur. Andauernd schaute ich aus dem Fenster, lauschte dem Singsang der Fayu und dem Rauschen des Flusses, der an unserem Haus vorbeiströmte. Die Vögel und die Sonne lockten mich und schienen mir zuzurufen, ich solle doch nach draußen kommen. Ab und zu schauten auch meine Fayufreunde durchs Fenster herein und gaben mir mit Handzeichen zu verstehen, dass sie endlich mit mir spielen wollten. Doch Mama war in dieser Beziehung streng, und ich musste sitzen bleiben, bis alle Aufgaben zu ihrer Zufriedenheit erledigt waren.
Oft versuchte ich sie zu erweichen: »Schau mal, da draußen ist Bebe, er macht ein ganz trauriges Gesicht … Ich glaube, er braucht mich!«
»Und deine Englischaufgaben brauchen dich auch«, erwiderte meine Mutter trocken. »Bebe wird schon noch eine Stunde warten können.«

Unsere Ausbildung folgte einem amerikanischen Korrespondenzprogramm, das Kindern aus westlichen Ländern, die jenseits der Zivilisation aufwuchsen, helfen sollte, schulisch halbwegs am Ball zu bleiben. Alle paar Wochen wurden unsere schriftlichen Aufgaben von einem Lehrer oder einer Lehrerin in Danau Bira auf freiwilliger Basis korrigiert. Wenn keine ausgebildeten Lehrer zur Verfügung standen, war immer irgendeiner der Ausländer bereit, dies zu übernehmen. Die einzelnen Fächer des Lernprogramms waren im Vergleich zu Europa oder Amerika natürlich stark limitiert. Wir hatten Mathematik, Geografie, Englische Grammatik und Geschichte.

Später, als ich neun Jahre alt war, bekamen wir zum ersten Mal richtige Lehrer aus den USA. Sie blieben zwei Jahre in Danau Bira, um uns »Dschungelkinder« besser fördern zu können. Heute bewundere ich ihren Mut und ihre Disziplin. Ich weiß, dass sie es am Anfang mit der kleinen Gruppe verwilderter Kinder sehr schwer hatten. Doch schnell gelang es ihnen, ein gut funktionierendes und erfolgreiches System einzuführen: Immer wenn wir uns in Danau Bira aufhielten, um Essen und andere lebenswichtige Dinge wie Seife oder Kerosin zu besorgen, korrigierten sie unsere Schularbeiten und gaben uns neue Aufgaben mit, die bis zum nächsten Besuch erledigt sein mussten.

Damals aber blieb mir der Sinn der Schule verborgen, und was ich sicherlich am meisten hasste, waren die Matheaufgaben. »Ich verstehe das einfach nicht!«, murmelte ich eines Tages wieder einmal wütend vor mich hin.

Christian, der gerade fünf Jahre alt war, steckte seinen Kopf unter dem Tisch hervor, wo er sich mit der Verfolgung einer Spinne beschäftigte.

»Sabine«, sagte er mit seiner piepsigen Stimme, »wir sind drei Kinder, und wenn Mama jedem von uns drei Bonbons gibt, dann sind das drei mal drei, und das ist neun.« Der Kopf verschwand wieder unter dem Tisch.

»Und wo soll Mama so viele Bonbons herhaben?«, fragte ich schlecht gelaunt.

Mama hatte alles mitgehört, war begeistert von Christians mathematischem Verstand und fragte ihn: »Christian, da sind fünf Vögel auf einem Baum, und der Jäger schießt einen runter. Wie viele sind dann noch übrig?«

Der Kopf kam wieder unter dem Tisch hervor. »Gar keine«, hieß es prompt.

»Warum das denn?«, fragte Mama erstaunt.

Christian seufzte und antwortete: »Die sind doch alle weggeflogen, weil der Jäger mit seinem Gewehr viel zu viel Lärm gemacht hat.« Der Kopf verschwand wieder. Mama schüttete sich aus vor Lachen.

Christian konnte wirklich die tollsten Antworten geben, dachte ich mit ein wenig Neid, logisch und gleichzeitig so praktisch. Meine Versuche, schwierigen Fragen aus dem Weg zu gehen, funktionierten hingegen nie. Als Mama mich einmal nach der Hauptstadt von England fragte, bekam ich plötzlich einen sehr überzeugenden Schwindelanfall und fiel von meiner Bank auf den Boden. Unbeeindruckt von meiner Schauspielkunst, schüttete Mama mir ein Glas Wasser über den Kopf.

»Wenn du dich nicht etwas mehr konzentrierst, Sabine, wirst du die zweite Klasse wiederholen müssen«, sagte sie verärgert, während sie mir ein Handtuch reichte.

Das eröffnete neue Perspektiven; mein Schwindelanfall war wie weggeblasen: »Gute Idee«, rief ich begeistert, »dann brauche ich nächstes Jahr nicht so viel zu lernen!« Mama war endlich einmal sprachlos.

Was sollte mir die Schule denn noch beibringen, konnte ich doch damals schon besser klettern und schießen als die meisten Kinder, mit Ausnahme meiner Fayu-Freunde natürlich. Alle Überlebenskünste des Urwalds kannte ich, wusste, welche Tiere und Pflanzen ich essen durfte und welche giftig waren. Warum in aller Welt sollte ich lernen, welcher General wann Krieg führte oder was zwölf mal sechs ergibt? Meine Fayu-Freunde zählten sowieso nur bis drei: Ein Finger bedeutete eins, zwei Finger zwei und drei Finger drei. Danach kam eine Hand für fünf, zwei Hände für zehn, ein Fuß dazu war fünfzehn und beide Hände und Füße zwanzig. Mehr war doch wohl nicht notwendig ...

Wenn ich einen Aufsatz schreiben sollte und keine Lust dazu hatte, reihte ich einfach Buchstaben aneinander. Eine Zeit lang dachte meine amerikanische Lehrerin, ich würde Deutsch schreiben, und machte mir freundlich Mut, es doch auch mal auf Englisch zu versuchen. Leider flog der Trick auf, und Mama bekam Wind davon, als sich meine Lehrerin wieder einmal verzweifelt an sie wandte. Mama klärte sie auf, dass ich noch weit davon entfernt sei, deutsche Sätze schreiben zu können – und ich hatte eine Weile nichts zu lachen.

Ich denke, dass ich meinen Eltern in diesen Jahren ziemliche Sorgen machte. »An Intelligenz fehlt es nicht«, schrieb meine Lehrerin, »Sabine ist einfach faul und konzentriert sich nicht.« So stand es alle paar Monate in meinen Zeugnissen. Als Konsequenz wurde ich unter strengerer Aufsicht gehalten und hatte meine Schularbeiten allein an unserem Holztisch zu machen, während Mama das Mittagessen vorbereitete. So konnte sie mich immer beobachten.

Nicht dass es viel gebracht hätte: Während ich so vor mich hin büffelte, war ich in Gedanken schon längst draußen und zündete glücklich ein Feuer an oder schwamm im kühlen Wasser des Flusses. Und kaum war der letzte Strich in meinem Schulbuch getan, sprang ich auf, nahm Pfeil und Bogen und lief davon. Wie herrlich war doch die kühle Erde unter meinen nackten Füßen, die Sonne, die ihre warmen Strahlen durch Bäume und Blätter schickte! Der Fluss, dessen Plätschern

*Sabine bei den Schularbeiten
in Foida*

geradezu fröhlich klang, und das Strahlen unserer Freunde, die schon den ganzen Morgen auf uns gewartet hatten ... Wir rannten los und verloren uns von neuem in den Fantasien unserer Kindheit.
Den Rest des Tages spielten wir, erforschten unsere Gegend und vergaßen, dass es außerhalb unserer eigenen noch eine andere Welt gab. Die Schönheit des Dschungels, der Einklang mit der Natur, die mir wie eine zweite Mutter war – all das war mir genug. Ich trug selten Schuhe, brauchte keine Jacken, keinen Regenmantel, denn der Regen war mein Verbündeter, die Sonne meine Freundin, der Wind mein Spielkamerad, der mit mir rannte und mich fing. Und abends der Sonnenuntergang war mein Geliebter.
Jeden Abend schaute ich hinauf zum Himmel und sah diese

Farbenpracht: rot, gelb, blau, lila, grün, weiß, wie ein gigantisches Feuerwerk, das den Horizont überstrahlte. Und das Schönste von allem war die untergehende Sonne, die sich wie ein gemaltes Kunstwerk im Wasser des Flusses spiegelte.
Nachts schließlich saß unsere Familie beim anheimelnden Licht einer Kerosinlampe um den großen Tisch herum. Tausende Kilometer von der Zivilisation entfernt, spielten wir mitten in der Wildnis Mensch-ärgere-dich-nicht, Scrabble oder UNO. Oder Papa erzählte uns Geschichten von einem Hasen namens Zickzack, der seinen Eltern nicht gehorchte und deshalb in Gefahr geriet und von einem bösen Adler gejagt wurde. Die Moral dieser Geschichten war eindeutig.
Und dann, am Ende eines prall gefüllten Tages, kletterte ich ins Bett, Pfeil und Bogen neben mir, braun gebrannt von der Sonne, und die Farben des Sonnenuntergangs leuchteten tief in mir noch weiter. Ich sprach mein Abendgebet, klemmte das Moskitonetz unter die Matratze, und untermalt vom Konzert tausender Insekten und Nachtvögel schlief ich ein und träumte von neuen spannenden Abenteuern und der Schönheit des Dschungels.

Nächtliche Besucher

Nur ein paar Monate waren vergangen, doch es kam mir vor, als hätten wir schon immer im Dschungel gelebt. Die Zeit verfloss, und ich vergaß, welchen Monat wir hatten oder welchen Tag. Meine Aktivitäten richteten sich nach der Sonne: Wenn sie um sechs Uhr morgens aufging, stand ich auf, wenn sie hoch oben am Himmel stand, aß ich zu Mittag, und wenn sie um sechs Uhr abends unterging, dann war es Schlafenszeit.

Die Nächte verliefen für uns Kinder meist ruhig, nicht unbedingt aber für Mama, die, wie bereits erwähnt, öfter auf Rattenjagd ging. Manchmal weckte sie Christian, der mittlerweile sehr gut mit Pfeil und Bogen umgehen konnte. Mich hingegen ließ man weiterschlafen, ja, man ließ sogar besondere Vorsicht walten, dass ich nicht wach wurde. Denn ich war – wie meine Schwester so gern betonte – das reinste Auffanglager und Waisenhaus für Tiere und sammelte alles, was kroch, schwamm oder flog.

Eines Nachts aber wurde ich doch wach: Die größte Ratte, die ich im Leben je gesehen habe, hatte es auf unser Essen abgesehen. Sie attackierte das Taschenlampenlicht mit einer derartigen Boshaftigkeit, dass selbst ich, die alle noch so ekligen Tiere liebte, sie nicht zu meiner Sammlung hinzufügen wollte. Christian zielte und wollte gerade einen Pfeil abschießen, als die Ratte mit voller Wucht auf das tödliche Geschoss losging.

Wir erschraken so, dass wir schreiend in alle Richtungen davonliefen.

Durch den Lärm wurde schließlich Papa wach, der sogleich das Kommando übernahm. Ich bettelte bei ihm um Gnade für das Leben der Ratte, so dass er gutwillig versuchte, sie einfach aus dem Haus zu scheuchen, aber ohne Erfolg. Dementsprechend wurde es eine lange und lebhafte Nacht, deren siegreiches Ende wir mit Tee und Keksen feierten. Und Häuptling Koloqwois kleiner Sohn freute sich am nächsten Morgen über ein leckeres gebratenes Frühstück …

Aber nicht nur Ratten besuchten uns. Kakerlaken, Spinnen und allerlei anderes Getier nutzte den Schutz des Hauses und seiner Essensvorräte, um sich ein bequemes Leben zu machen. Mama wunderte sich allerdings, warum es immer mehr Tiere wurden, obwohl sie sich so viel Mühe gab, die Essensreste zu entfernen. Regelmäßig dreimal am Tag wurde der Boden gefegt, doch es half alles nichts – bis sie eines Tages herausfand, warum es schlimmer wurde anstatt besser.

Ich war mal wieder mit Fegen dran und erinnerte mich, wie Papa neulich, anstatt Krümel und sonstige Abfälle aus der Haustür zu kehren, alles einfach zwischen die Holzritzen im Boden schob. Das schien mir praktisch, und als ich mit dem Fegen fertig war, suchte ich mir die breitesten Ritzen aus und fing fröhlich an, meine Schmutzhäufchen dort verschwinden zu lassen.

Entsetzt fragte Mama: »Sabine, was machst du denn da! Kein Wunder, dass wir so viel Ungeziefer im Haus haben! Du müsstest jetzt wirklich alt genug sein … Wie kommst du bloß auf so eine Idee!« Ärgerlich schüttelte sie den Kopf. Mir hätte klar sein müssen: Unter den Holzplanken war ebenfalls Moskitodraht gespannt, und die Essensreste sammelten sich darin und wurden zu herrlichen Speisekammern für unsere kleinen Lieblinge.

Ich hatte jedoch die beste aller Ausreden: »Aber Mama«, antwortete ich, »Papa macht es doch auch immer so!«
Mama drehte sich zu ihm um, er war gerade dabei, sich eine Tasse Kaffee zu machen.
»Sabine hat Recht, Mama«, bestätigte artig nun auch noch Christian, »Papa macht es doch immer so, wenn du nicht da bist.«
Papa fing an zu pfeifen.
»Also wirklich, Klaus Peter, was denkst du dir dabei …«, fing Mama an zu explodieren, aber Papa beschwichtigte schnell und auf seine Weise: »Ach Doris, was sind ein paar Tiere mehr – wir kriegen doch sonst keinen Besuch …«
Er zwinkerte uns zu, und wir lachten. Mama schaute ihn streng an. Ich glaube, das war noch nicht das Ende vom Thema für ihn. Und von dem Tag an haben wir alle brav den Schmutz aus der Haustür gefegt.

Ein paar Tage später wurde Papa nachts wach und hatte das Gefühl, dass etwas nicht stimmte. Er stand auf, nahm eine Taschenlampe und prüfte zuerst einmal, ob bei uns alles in Ordnung war. Eine Weile stand er vor unseren Betten und versuchte dahinterzukommen, was an dieser Nacht eigentlich anders war – was ihn aufgeweckt hatte. Da bemerkte er plötzlich, dass es vollkommen still war. Kein Insekt zirpte, und das nächtliche Gequake der Frösche war auch nicht zu hören. Stattdessen hörte er ein Plätschern; immer wieder kam das ungewöhnliche Geräusch. Er ging in die Küche und schaute aus dem Fenster. Der Mond schien an diesem Abend ungewöhnlich hell.
Papa sah zu seinem Erstaunen, dass der Fluss extrem viel Wasser führte und fast über die Ufer trat. Obwohl es bei uns keinen Tropfen geregnet hatte! Später stellte sich heraus, dass in den Bergen, an der Quelle des Flusses, ein gewaltiger

Gewittersturm getobt hatte und den Wasserspiegel beängstigend hatte ansteigen lassen.

Papas erster Gedanke war das Boot; es war an einem Pflock am Ufer angebunden. Aber der Pflock stand nicht mehr senkrecht, sondern drohte zu kippen, und das platschende Geräusch, das Papa verwirrt hatte, war die schnelle Strömung, die das Boot mit Wucht hin und her warf. Unser einziges Transportmittel, unser Lebensretter! Es galt, das Boot mitsamt seinem Motor um jeden Preis zu retten, denn über Kurzwellenradio hatte man uns gerade mitgeteilt, dass der Hubschrauber defekt war. Im Falle, dass wir schnell zur Dschungelbasis Danau Bira hätten zurückkehren wollen, hätten wir erst einmal mit dem Boot zum Stamm der Dou fahren müssen, wo uns dann eine Cessna abholen konnte. Niemals wären wir auf dem Landweg durch den Urwald irgendwohin gelangt.

Mit der Taschenlampe in der Hand eilte Papa hinaus, als auf einmal im Schein des Lichts, genau vor unserer Tür, die schimmernden Augen einer riesigen Schlange auftauchten. Papa erstarrte und bewegte sich nicht mehr. Die Schlange zischte ihn an und erhob sich in die Angriffsposition. Verzweifelt schaute Papa um sich – was sollte er jetzt tun? Das Buschmesser lag hinter der Schlange auf einem Regal bei der Tür. Papa überlegte einen Moment und entschied dann, über den Tisch zu krabbeln, um von dort aus an das Messer zu gelangen.

Ohne die Schlange aus den Augen zu lassen, stieg er auf den Tisch und kroch langsam los, um sie nicht zum Angriff zu provozieren. Die Schlange verfolgte jede seiner Bewegungen genauestens. Endlich hatte er das Regal erreicht, nahm das große Messer an sich und stellte sich zwischen Schlange und Tür. Doch wie wollte er jetzt nah genug an sie herankommen, um sie zu töten?

Er knipste die Taschenlampe aus und wartete kurz ab. Dann, unerwartet, schaltete er sie wieder an und zielte damit direkt in die Augen des Reptils. Das Licht blendete die Schlange einige Sekunden lang, und Papa nutzte die Gelegenheit, um mit einem kräftigen Schlag ihren Kopf zu treffen. Sie war noch nicht sofort tot, sie kämpfte noch eine Weile, doch als sie sich schließlich nicht mehr rührte, trug Papa sie auf dem Buschmesser nach draußen und schleuderte sie in den Fluss. Er drehte sich um, und ausgerechnet in diesem Moment löste sich der Pflock, an dem das Boot befestigt war. Beherzt sprang Papa ins Wasser und konnte in letzter Sekunde auch noch das Boot retten.
Noch heute beschreibt Mama gerne im Detail, wie Papa über den Tisch krabbelte: mit erhobenem Buschmesser, zerzaustem Haar, Bartstoppeln am Kinn und halb heruntergezogenen Shorts. Denn sie hatte alles von der Schlafzimmertür aus beobachtet.

Am nächsten Morgen beim Frühstück hörten wir gespannt zu, wie Papa uns seine aufregende Nacht schilderte. Das Frühstücksgeschirr wurde als Bühnenbild benutzt, und der Kaffeelöffel war die Schlange.
»Papa«, sagte ich trotz allem enttäuscht, als seine Ausführungen zu Ende waren, »warum hast du mich nicht geweckt? Ich hätte dir helfen können!«
»Ich auch, ich auch!«, rief Christian dazwischen.
»Das ist lieb von euch«, antwortete Papa, »und mir ist ja klar, dass Christian gut mit Pfeil und Bogen umgehen kann und dass du, Sabine, eine tolle Tierfängerin bist, aber wisst ihr – irgendwie beruhigt es mich doch, wenn ihr unter euren Moskitonetzen in Sicherheit seid. Dann habe ich das Gefühl, dass ich euch besser beschützen kann. Könnt ihr das verstehen?«
Christian und ich nickten gemeinsam.

Aber es könnte ja auch mal sein, dass Papa nicht im Haus ist, dachte ich bei mir. Und wenn dann zufällig eine Schlange rausgeworfen werden müsste, könnten wir es bestimmt allein schaffen. Sehr zufrieden mit mir selbst und zugleich mit einem tiefen Gefühl der Geborgenheit lief ich nach draußen, um ein morgendliches Bad im Fluss zu nehmen.

Der erste Krieg

Etwa drei Monate nach unserer Ankunft bei den Fayu passierte es dann. Wir hatten bemerkt, dass die Kinder manchmal vor etwas Angst hatten, wussten aber nicht, wovor.
Eigentlich – und das freute uns so sehr – hatten sie seit geraumer Zeit immer mehr Spaß daran gehabt, an unseren Spielen teilzunehmen, auch wenn sie zwischendurch oft angsterfüllt umherschauten. Dies geschah meist, wenn benachbarte Fayu ins Dorf kamen, entweder in einem Kanu oder direkt aus dem Urwald. Nun aber, an diesem Tag, war es wieder wie in den Anfangszeiten: Die Kinder hörten ganz auf zu spielen und saßen entweder mit dem Rücken an einen Baum gelehnt oder hielten sich in der Nähe ihrer Eltern auf.
An jenem schicksalhaften Tag bemerkte ich plötzlich eine ganze Gruppe von Fayu, die ich zuvor noch nie gesehen hatte. Sie waren mit zwei Kanus gekommen, und das Ungewöhnliche an dieser Gruppe war, dass sie nur aus Männern bestand.
Ich hatte gerade mit Christian, Tuare und Bebe draußen beim Feuer gesessen; wir aßen *Kwa*, die Brotfrucht. Direkt vor unserem Haus stand ein Brotfruchtbaum, von dem uns die geschicktesten Kletterer unter den jungen Fayu-Männern oft die runden Früchte pflückten. Die *Kwa* ist ungefähr so groß wie eine Honigmelone. Sie ist dunkelgrün, hat viele kleine Noppen auf der Haut und schmeckt wie eine Mischung aus Brot und Kartoffeln. Wir legten die Früchte direkt in die Flammen und warteten geduldig darauf, dass sie außen ganz

schwarz wurden, ein Zeichen dafür, dass man sie jetzt essen konnte. Tuare nahm eine aus dem Feuer, trat mit seinem nackten Fuß auf die noch qualmende Schale und quetschte sie, bis sie aufbrach. Das Innere besteht aus einer weichen beigen, faserigen Substanz, die nussförmige braune Kugeln umhüllt. Wir nahmen die Kugeln heraus, schälten sie und aßen das Innere mit großem Genuss.

Gerade hatten wir unsere zweite *Kwa* verspeist, als plötzlich die beiden Kanus erschienen. Die Eingeborenen um mich herum wurden nervös. Tuare und Bebe bekamen Angst und verschwanden mit den Frauen und den anderen Kindern im dichten Urwald.

Christian und ich jedoch blieben am Feuer sitzen. Schließlich gab es nicht alle Tage so viel Aufregung!

Die Fayu-Männer unseres Dorfes, die ihre Pfeile und Bogen immer bei sich trugen oder in greifbarer Nähe hatten, versammelten sich. Das Boot landete, und die Unbekannten stiegen aus. Wir betrachteten sie mit kindlicher Neugier. Wild und finster sahen sie aus und waren von oben bis unten geschmückt. Ihre starren Blicke trafen uns, keiner lächelte oder rieb unsere Stirn zur Begrüßung, wie viele andere es vorher getan hatten und wie es sonst üblich war. Mir wurde ein wenig mulmig … diese Situation kannte ich noch nicht.

Papa kam aus dem Haus, um die Neulinge zu begrüßen. Er überreichte ihnen etliche Fischhaken und Seile als Begrüßungsgeschenk und versuchte, mit den wenigen Sprachkenntnissen, die er inzwischen erworben hatte, eine Unterhaltung anzufangen.

Die erste Stunde verlief ruhig. Christian und ich entschieden uns, lieber schwimmen zu gehen. Doch während wir noch im Wasser waren, hörten wir die Stimmen vom Ufer immer lauter werden. Ich kletterte die Böschung hinauf, um zu sehen, was passierte. Die Fayu saßen und standen sich in zwei

Gruppen gegenüber, die Männer unseres Dorfes in der einen, die Unbekannten in der anderen. Es war eindeutig, dass sie sich stritten; ihre feindlichen Mienen verrieten den Ernst der Lage. Alle Männer hielten ihren Bogen in der einen Hand, einen Pfeil in der anderen.

Noch eine Stunde verging, die Atmosphäre war inzwischen zum Zerreißen gespannt. Aus dem Reden wurde aggressives Schreien. Kurz darauf rief Mama, wir sollten sofort ins Haus kommen, und wir beeilten uns, spürten, dass etwas ganz und gar nicht stimmte. Papa kam nach uns ins Haus und verriegelte sofort die Tür hinter sich. Christian und ich kletterten auf die Bank und schauten aus dem Fenster.

Jetzt standen alle Fayu aufrecht voreinander. Ihre Stimmen hatten einen eigenartig hohen Klang. Plötzlich veränderte sich die Atmosphäre von neuem – da war etwas, das ich nie zuvor oder jemals danach wieder gespürt habe. Am besten kann ich es mit den Worten *dunkel, schwer, bedrohlich* beschreiben: Es war noch hell draußen, und doch schien sich eine unsichtbare Finsternis auszubreiten.

Ich schaute wieder hinaus, wo einzelne Männer begannen, mit den Füßen auf den Boden zu stampfen. Sie drehten sich im Kreis, und aus ihrem Mund kam ein Wort, das sie stets wiederholten: Sie schrien: »*Uwha, Uwha, Uwha*« … der Kriegsschrei! Bald darauf stimmten auch die anderen in den Schrei ein. Sie standen sich gegenüber, stampften mit den Füßen, ihre Pfeile bereits in die Bogen gespannt, und doch flog noch kein Geschoss. Dann fingen sie an zu laufen wie nach einer genau festgelegten Choreografie: Die beiden Gruppen liefen ungefähr hundert Meter voneinander weg, drehten sich um, stampften auf den Boden und liefen dann wieder aufeinander zu, bis sie nur ein paar Meter voneinander entfernt zum Stehen kamen. Sie stampften wieder auf den Boden, drehten sich wieder um und rannten in entgegengesetzte

Der Kriegstanz

Richtungen. Dies wiederholte sich stundenlang, ohne dass sie müde wurden.

Vielmehr passierte etwas Unheimliches. Meine Erklärung dafür ist, dass sie sich in eine Art Trance versetzten. Nach und nach wurden ihre Bewegungen regelrecht schwebend, ihre Stimmen begannen sich zu ändern. Manche wurden ganz tief, andere extrem hoch. »*Uwha, Uwha, Uwha*«, stundenlang.

Nach einiger Zeit langweilte ich mich und holte mir ein Buch, das ich zu Ende lesen wollte. Ich hatte es fast fertig – da hörte ich einen Schrei zwischen den *Uwha-Uwha*-Rufen. Und dann noch einen ... der Krieg hatte begonnen.

Nun ging alles ganz schnell. Wir hielten uns von den Fenstern fern, damit keiner der fliegenden Pfeile, die mit Leichtigkeit durch den Fensterdraht hätten eindringen können, uns traf und verletzte. Gott sei Dank ist dies nie passiert.

Später wurde es still. Die fremden Fayu bargen ihre Verwundeten, stiegen in die Kanus und paddelten fort. Papa war der

Erste von uns, der nach draußen ging, um die Lage zu peilen und eventuell zu helfen. Nach einigen Minuten rief er Mama zu, dass alles sicher sei. Wir gingen alle nach draußen bis auf Judith, denn meine Schwester hatte sehr große Angst – und der Anblick, der uns erwartete, war auch alles andere als schön. Das ganze Dorf verharrte wie im Schockzustand, keiner sagte ein Wort. Einige bluteten aus Wunden, die Pfeile verursacht hatten. Zu unserer Erleichterung gab es immerhin keine Toten. Mama ging beherzt daran, die Verletzten zu verbinden; Papa und ich halfen ihr dabei.

Später kam es öfters vor, dass die Krieger nach einer Schießerei zu uns kamen, um sich verbinden zu lassen. Durch das tropisch heiße Klima konnten sich innerhalb weniger Stunden gefährliche Infektionen bilden, und aus diesem Grund starben viele, die nur leicht verletzt waren, mehrere Tage nach den Kriegen an infizierten Wunden.

Häuptling Baou war unverletzt, er saß ein Stück entfernt, abseits der restlichen Krieger, und starrte vor sich hin. Papa trat zu ihm und schaute ihn lange stumm an. Dann gingen wir wieder ins Haus ... die Dämmerung hatte eingesetzt.

Wir hatten nun miterlebt, wie es aussah, wenn zwei Fayu-Gruppen aufeinander trafen und Krieg führten. An diesem Tag waren es die Sefoidi, die ihr Gebiet flussaufwärts hatten, und die Tigre, die direkt hinter unserem Haus siedelten – aber es hätte auch jede andere Kombination sein können. Wie viele Begegnungen dieser Art musste der Großstamm der Fayu bereits hinter sich haben, der einst Tausende von Menschen zählte und sich selbst zum Zeitpunkt unserer Ankunft fast ausgerottet hatte – bis auf gerade noch 400 Männer, Frauen und Kinder!

Es sollte nicht der letzte Kampf bleiben, den ich im Dschungel miterlebte. Aber es war das erste und letzte Mal, dass ich mit eigenen Augen Pfeile fliegen sah. Und wenn ich jetzt zurückblicke, kann ich mich seltsamerweise nicht erinnern, dass ich während der Kriege jemals Angst empfunden hätte – vielleicht im tiefen Vertrauen darauf, dass die Zukunft Besseres für die Fayu bringen würde.

Am Abend schenkten wir unserem Nachtgebet mehr Aufmerksamkeit als sonst. Als ich später im Bett lag, hinauf zum sternenübersäten Himmel schaute und dem Orchester der Frösche und Insekten lauschte, betete ich noch einmal – ein Gebet aus dem Herzen eines Kindes: Lieber Gott, gib den Fayu Frieden!

Tiersammlung, Teil I

Kinder entwickeln im Laufe der Zeit ihre Hobbys, und genau das geschah auch im Dschungel.
Eines Tages kam Mama in die Küche und sah, dass ich den ganzen Tisch voll geladen hatte mit Kochtöpfen, Ölflaschen, Handtüchern, Mamas guten Küchenmessern und so weiter. Erstaunt fragte sie mich: »Was machst du da, Sabine?«
Mit leuchtenden Augen sprudelte ich los: »Ich brauch die Sachen! Da draußen ist ein Fayu, der mir ein Babykrokodil geben will, zum Tauschen. Dafür kriegt er all das hier«, und mit einer großzügigen Handbewegung wies ich auf den Tisch.
»Und wo soll das Krokodil leben?«, fragte Mama vorsichtig.
Ohne zu zögern antwortete ich: »Im Wascheimer! Ich hab schon Wasser reingetan.«
Mama drehte sich um, ging auf die Veranda, wo der Fayu stand, und schickte ihn nach Hause. »Aus dem Tausch wird nichts«, erklärte sie ihm.
Dann kam sie wieder herein und erteilte mir eine kleine Lektion fürs Leben:

1. Man fragt immer zuerst.
2. Man gibt keine Sachen weg, die einem nicht gehören. (Meinen Einwand, dass ich ja auch Kuegler hieße und die Sachen wohl auch mir gehörten, parierte Mama mit der Frage, ob ich je schon mal einen Kochtopf *benutzt* hätte?)

3. Man kann ein Krokodil nicht besonders gut in einem Wäscheeimer großziehen.
4. Und: Man muss sich in so ein Tier hineindenken. Was für schreckliches Heimweh würde dieses kleine Krokodil nach seiner Mutter und seinen Geschwistern haben!

Mit diesem letzten Argument hatte Mama mich endlich überzeugt. Zuvor hatte ich sie nur kritisch angeschaut.

Je älter ich wurde, desto mehr liebte ich Tiere und wurde zu einer leidenschaftlichen Sammlerin. Allerdings nicht immer mit Erfolg: Meine Neugier hat leider manch arme Kreatur das Leben gekostet. Ich trauerte sehr um die Tiere, die uns über die Jahre verließen, ob sie nun in den Dschungel flohen oder unglücklicherweise starben. Sie kommen alle in den Himmel, hatte Mama mir erklärt. Und so stellte ich mir meinen Himmel als einen Platz vor, wo Hunderte von Tieren herumliefen und darauf warteten, meine Spielgefährten zu sein.
Alle Tiere, bis hin zur kleinsten Spinne, bekamen von mir Namen. Meine Maus hieß George, mein Papagei Bobby, Daddy Long Legs war meine Spinne, Hanni und Nanni meine zwei Straußenvögel, Jumper mein Baumkänguru, Wooly mein Cuscus, und so fort.
Ich sammelte Spinnen mitsamt ihren Eiern, legte sie in ein großes Glas und fügte Holz, Gras und Erde hinzu, damit sie sich so richtig wohl fühlen konnten. Dann fing ich kleine Insekten als Futter. Doch ich begriff einfach nicht, warum die Babyspinnen nicht schlüpfen wollten. Meines Erachtens hatten sie alles, was sie brauchten; ich hatte sie schon so oft in Freiheit beobachtet und wusste genau, was sie zum Leben brauchten. Da kam ich eines Tages zufällig in den Schlafraum und sah zu meinem Entsetzen, wie Mama gerade Insektenspray auf die Spinneneier sprühte. Ich stieß einen marker-

*Judith mit ihrem
Baumkänguru Fifi*

schütternden Schrei aus und stürmte auf sie los, um meine Zucht zu retten. Doch es war zu spät.
»Mama, wie kannst du nur so grausam sein!«, schluchzte ich.
Mama schaute mich verzweifelt an. »Schau dich doch mal um – glaubst du nicht, dass du genug Tiere hast?«
Ich schaute mich um. Hanni und Nanni standen hinter mir, Bobby kreischte draußen, und George rannte wie ein Wilder in seiner Box herum. Auf einem kleinen Regal, das Papa für mich gebaut hatte, standen Behälter mit Spinnen, Käfern und Fröschen. Mein Kater Timmy schlief auf dem Bett, und Wooly, das Cuscus, saß auf einer Stange und beobachtete uns. Ich schaute Mama an und antwortete: »Nein.«
Mama seufzte, und dann schlossen wir einen Kompromiss: Sie würde meine Sammlung nicht mehr anrühren, dafür musste ich alle Tiere nach draußen verlegen. Mama verspürte keine Lust, andauernd Spinnen und Frösche durch die Zimmer zu

jagen. Am gleichen Tag noch baute Papa mir einige Regale hinter dem Haus, auf denen ich meine geliebte Sammlung aufbewahren konnte.

Von allen Tieren war Kater Timmy mein ausgesprochener Liebling. Ich hatte ihn vor einiger Zeit in Danau Bira geschenkt bekommen, ein großes Tier mit schwarzen Flecken im weißen Fell. Die Fayu hatten vorher noch nie eine Katze gesehen. Sie fragten Papa, ob es ein Hund oder ein Wildschwein sei? Papa verneinte.
»Was ist es denn dann?«, wollten sie wissen.
Papa wusste nicht, was er sagen sollte, denn es gab kein Wort für Katze in ihrer Sprache. So antwortete er: »Das ist ein ... Timmy.«
Bis heute heißen dort alle Katzen Timmy.
Als Papa den Kater einmal aus Spaß in die Luft warf und er auf allen vieren wieder landete, nickten die Fayu anerkennend – so etwas hatten sie noch nie gesehen. Kurz darauf kamen einige von ihnen traurig zu uns und bekannten: »Unsere Dingos können nicht, was Timmy kann. Sie landen immer auf dem Rücken und jaulen ...«
Kurz nachdem Timmy zu uns gekommen war, versuchte ein Jagddingo ihm einmal das Futter zu klauen. Die Dingos hatten natürlich auch noch nie eine Katze gesehen. Timmy ging mit Gefauche auf den Dingo los und versetzte ihm eine solche Ohrfeige, dass dieser mit schauerlichem Geheul im Urwald verschwand. Von diesem Tag an war mein Timmy der »König des Urwalds«. Die Hunde machten einen weiten Bogen um ihn und zeigten enormen Respekt vor dieser neuen Spezies.
Timmy seinerseits verwandelte sich mit der Zeit in eine Wildkatze. Jeden Abend pünktlich um sechs Uhr verschwand er zum Jagen im Dschungel, um dann um Punkt vier Uhr mor-

gens miauend vor unserer Tür zu stehen, bis Papa oder Mama sich erbarmten. Ihn draußen zu lassen nützte nichts, er schrie dann so, dass wirklich alle wach wurden. Papa sagte später immer: »Ich brauche keine Uhr mehr; seit Timmy bei uns ist, habe ich eine, die präziser funktioniert als alle mechanischen.« Dann sprang Timmy zu mir ins Bett und schmiegte sich an meinen Hals. Diesen Platz liebte er seit seiner frühesten Kindheit: Als ich Timmy bekam, hatte ich Gelbsucht und hohes Fieber gehabt, und das Katzenbaby fühlte sich dort warm und geborgen, besonders wenn es draußen stürmisch war.
Einmal hatte ich großzügig erlaubt, dass Timmy bei Judith schlief. Er liebte Judiths lange Haare. Aber am Morgen gab es großes Gejammer: Timmy hatte während der Nacht ein großes Büschel von Judiths Haaren abgebissen, ausgerechnet ganz oben auf dem Kopf! Der Rest stand aufrecht wie eine Bürste. Ich konnte mich nicht mehr halten vor Lachen und wurde fast hysterisch.
Mama packte mich am Kragen und schleppte mich aus dem Haus. »So«, sagte sie, »du kommst erst wieder herein, wenn du dich beruhigt hast. Wir lachen nämlich nicht über den Schmerz anderer Menschen, und wenn es noch so lustig aussieht.«
So musste ich draußen bleiben. Nach einer Weile fiel mir ein, dass ich noch nicht gefrühstückt hatte, ich legte meine Hand auf den Mund und ging wieder ins Haus. Mama sah mich warnend an. Sie hatte Judith einen Sonnenhut aufgesetzt. Als ich diesen Sonnenhut sah, fing ich wieder an zu lachen. Ich rannte nach draußen, um mich zu beruhigen. Beim nächsten vorsichtigen Versuch, mich an den Tisch zu setzen, schaute ich dummerweise zu Papa, der seinen Kopf gesenkt hielt und dessen Schultern bebten. Mein Lachkrampf packte mich zum dritten Mal mit voller Wucht, und ich wurde von Mama samt meinem Frühstück rausgeschmissen.

*Eine Fayu-Frau stillt ein Baby
und einen Dingo*

Abends hatte sich Judith beruhigt und konnte ebenfalls darüber lachen. Aber ihr Bett war von da an tabu für Timmy.

Die Jagddingos der Fayu haben vom ersten Tag an meine besondere Aufmerksamkeit erregt. Ich fragte mich, warum sie nie bellten, sondern nur heulten. Später fand ich dann heraus, dass es gar keine Hunde sind, obwohl sie so aussehen, sondern asiatische Wölfe. Die Fayu behandelten die kleinen Dingos wie ihre Kinder. Sie widmeten ihnen viel Aufmerksamkeit, denn das Ziel war, sie zu Jagdtieren zu erziehen. Wer einen gut trainierten Dingo hatte, hatte auch Fleisch, denn der Dingo war es, der die Tiere im Urwald aufspürte.

Kurz nach unserer Ankunft sah Papa, wie eine Fayu-Frau

einen kleinen Dingo an ihrer Brust nährte. Papa traute seinen Augen nicht! Im Lauf der Zeit aber gewöhnten wir uns daran und empfanden es sogar als normal, wenn eine Frau an einer Brust ein Kind stillte und an der anderen einen Dingo oder ein kleines Wildschwein. Ich versicherte Mama, dass ich, wenn ich einmal ein Baby bekäme, bestimmt so viel Milch hätte, dass auch ich ein Hundebaby mit ernähren könnte.
»Na, Bienchen, dann kommst du wenigstens in die Bildzeitung«, sagte Mama. »Aber werd erst mal groß.«
Ich habe als Kind mehrfach versucht, einen Dingo zu zähmen, es ist mir aber niemals gelungen. Sie waren einfach zu wild.

Für mich war der Dschungel wie ein Zoo, nur dass die Tiere frei herumliefen. Im Urwald von Irian Jaya gibt es zwar keine Tiger oder Affen; die größten Tiere, die wir sahen, waren Straußenvögel, Wildschweine und Krokodile. Doch das kleinere Getier hatte natürlich einen ganz besonderen Reiz für mich, da ich damit umgehen durfte. Wenn ich eine neue Spezies entdeckte, rannte ich ins Haus, um ein Glas oder einen anderen Behälter zu holen, und sammelte das Tier ein. Die einzige Art, die ich niemals lebendig fangen konnte, waren Schlangen.
Eines Tages kamen die Fayu mit einer großen toten Schlange an. Sie hatten sie zwischen dem Dorf und unserem Haus entdeckt und getötet, da sie einen ihrer Dingos angegriffen hatte. Inzwischen kannten die Fayu meine Vorliebe für Tiere schon und nutzten dies für ihre Zwecke: Mit meiner Hilfe kam garantiert ein gutes Geschäft zustande, weil ich Papa so lange anbettelte, bis er schließlich nachgab und das Tier gegen etwas eintauschte, was für die Fayu nützlich war.
Die Schlange hatte eine wunderschöne rotbraune Farbe, ihre Haut glänzte im Sonnenlicht und fühlte sich an wie pure

Seide. Ich hielt sie in der Hand und war traurig darüber, dass sie nicht mehr lebte. Christian stand neben mir, und wir studierten jeden Quadratzentimeter des Tieres. Als ich wieder aufschaute, sah ich Judith, die gerade aus dem Haus kam. Sofort kam ich auf den Gedanken, dass wir wieder mal ein wenig Spaß mit ihr haben könnten. Sie stand ein paar Meter weiter mit dem Rücken zu mir und hatte die Schlange in unseren Händen noch nicht bemerkt.
Christian grinste schon, als er meinen Gesichtsausdruck sah; er kannte ihn zur Genüge. Ich packte die Schlange am Schwanz schwang sie wie ein Lasso im Kreis über meinem Kopf, und als sie genau in Judiths Richtung zeigte, ließ ich los. Überrascht stellte ich fest, dass ich besser zielen konnte, als ich jemals erwartet hatte: Die Schlange flog in gerader Linie auf Judith zu und wickelte sich um ihren Hals. Dass meine Schwester keinen Herzinfarkt bekam, ist wirklich ein großes Wunder. Und dass sie heute noch mit mir spricht, ist ein noch viel größeres!

Gleich nach den Schlangen standen Spinnen sehr hoch in meiner Gunst. Ich konnte stundenlang mit wachsender Begeisterung beobachten, wie sie kunstvoll an einem Baum oder Strauch ihre Netze webten oder ein kleines Insekt, das sich verfangen hatte, mit Genuss aussaugten.
Als ich eines Tages ins Dorf der Fayu gehen wollte, sah ich im Augenwinkel ein helles Schimmern. Unwiderstehlich angezogen, näherte ich mich dem Rand des Urwalds und entdeckte an einem Gebüsch das größte Spinnennetz, das ich jemals zu Gesicht bekommen hatte. Das Gewebe hatte den gesamten Busch umschlossen. Mein Herz schlug schneller, ich vergaß alles um mich herum und fragte mich, welche Art von Spinne wohl so ein unglaubliches Kunstwerk herstellen konnte. Ich brauchte nicht lang zu suchen: Mitten im Netz saß das riesige

Tier – größer noch als die Spinne, die wir am ersten Tag nach unserer Ankunft im Haus gefunden hatten.
Es war eine wunderschöne Spinne! Sie hatte nicht die typische ovale oder runde Form, sondern war schmal und rechteckig und schillerte in den buntesten Farben. Sie glänzte wie eine Schlange, in brillantem Schwarz, Blau und Rot. Still hockte sie in der Mitte ihres Spinngewebes, als ob sie auf etwas lauerte. Ich näherte mich ganz langsam mit dem Plan, einen der weißen Fäden anzufassen und ihn vom Gebüsch abzuziehen. Der Faden war aber so stark, dass es mir nicht gelang, ihn mit den Händen durchzureißen. Ich konnte mein Glück kaum fassen. Aufgeregt rannte ich nach Hause, um das größte Glas, das ich finden konnte, zu holen und die Spinne zu fangen.
Doch auch das größte Glas war noch viel zu klein. Außerdem begannen in meinem Kopf die Alarmglocken zu schrillen, denn im Urwald bedeuten kräftige, glänzende Farben an Pflanzen und Tieren sehr oft: Achtung, Gift! So begnügte ich mich damit, die Spinne noch eine ganze Weile zu beobachten, dann setzte ich meinen Weg ins Dorf fort.
Das Unglaublichste aber sollte ich erst am nächsten Tag erleben. Sobald ich meine Schulaufgaben beendet hatte, rannte ich wieder zu dem Gebüsch, um die Spinne zu besuchen. Sie war nicht zu übersehen. Als ich mich näherte, entdeckte ich zu meinem Erstaunen einen kleinen Vogel, der sich im Spinnennetz verfangen hatte. Er flatterte wie wild, konnte sich aber nicht befreien. Mir tat der Vogel schrecklich Leid, und ich wollte ihn schon retten, hätte ich nicht im gleichen Augenblick die Spinne bemerkt. Sie saß hinter ein paar Blättern und betrachtete uns. Angst stieg in mir auf. Würde sie mich angreifen, wenn ich ihr oder dem Vogel zu nahe kam?
Ich hielt lieber respektvolle Distanz. Als das Zappeln des Vogels immer schwächer wurde, sprang die Spinne ohne jede Vorwarnung mit einer blitzartigen Bewegung auf ihn zu. Ein

paar Sekunden später bewegte sich die Beute nicht mehr … In diesem Augenblick rief mich meine Mutter. Mit einem letzten Blick auf das Spektakel rannte ich widerstrebend nach Hause, und als ich wieder zurückkam, hatte die Spinne den Vogel komplett in ihr Netz eingewickelt und saß auf ihm.

Mit einer Art Lust am Grauen freute ich mich schon darauf, diese Spinne, die ich inzwischen Rainbow nannte, in den nächsten Tagen und Wochen weiter zu beobachten – doch als ich am Morgen danach wieder zu dem Busch kam, war nichts mehr zu sehen. Alles weg … die Spinne, das Netz und auch der Vogel. Ob ein Fayu oder ein Raubtier dafür verantwortlich war, kann ich nicht sagen, und ich war im ersten Augenblick natürlich furchtbar enttäuscht. Aber wer weiß, vielleicht war es zu meinem Besten? Niemand kann wissen, was die Riesenspinne in meiner Tiersammlung angerichtet hätte – und es gab Gott sei Dank noch so viel anderes, nicht minder Aufregendes, was die Aufmerksamkeit eines Dschungelkindes in Anspruch nahm.

Pfeil und Bogen

Christian und ich spielten draußen wieder einmal mit Pfeil und Bogen. Wir waren größer geworden, waren aus den Geräten, die Tuare uns geschenkt hatte, »herausgewachsen« und hatten mit der Hilfe unserer Freunde größere Bogen gebastelt. Jetzt mussten noch neue Pfeile hergestellt werden.
»Sabine, hilf mir mal, meine Saite zu spannen«, forderte mich Christian auf.
»Nein, ich will jetzt nicht, ich muss meinen erst fertig machen«, gab ich zurück.
Er wurde wütend und nervte weiter, bis ich endlich irritiert seinen Bogen nahm und anfing, ihn zu spannen. Wir hatten uns schon den ganzen Tag gestritten und waren dementsprechend schlechter Laune. Wie ich mich so mit seinem Bogen abmühte, nahm Christian den meinen und fing an, damit zu spielen.
Ich wurde wütend. »Babu, leg das runter, das gehört mir!«, schrie ich ihn an und drehte mich wieder zu meiner Arbeit.
Plötzlich spannte Christian einen Pfeil in meinen Bogen und schoss auf mich. Der Pfeil traf mich mit hoher Geschwindigkeit direkt in den Arm, bohrte sich durch bis zum Knochen. Ich schrie wie am Spieß, fing an zu weinen und rollte auf den Boden. Papa kam angerannt. Er sah sofort, was passiert war, und zog erst einmal den Pfeil aus meinem Arm.
Christian stand daneben. »Es war ein Unfall, es war ein Unfall!«, schrie er voller Entsetzen.

*Stolz auf Pfeil und Bogen: Sabine (ganz rechts)
mit Tuare (Mitte) und Christian*

»Nein«, schrie ich zurück, »du wolltest mich umbringen!«
Die Wunde brannte wie Feuer.
Papa war außer sich vor Wut, nahm all unsere Pfeile und
brach die Spitzen ab. Inzwischen hatten sich mehrere Fayu
um uns versammelt und beobachteten gespannt, wie es war,
wenn zur Abwechslung einmal bei der weißen Familie der
Haussegen schief hing.

Papa trug mich in mein Bett, ich weinte nach wie vor, und Christian lief hinter uns her, ebenfalls laut heulend. Mama schimpfte ihn aus und verband meinen Arm.

Einen Monat lang durften wir keine Spitzen an unseren Pfeilen haben. Danach wuchs Gras über die Sache. Das Verrückte an dieser Geschichte war, dass niemand ihr größere Bedeutung beimaß, und das war gut so. Wenn ich mir einen ähnlichen Vorfall in Hamburg oder Zürich vorstelle! Ich aber hatte damals keinen Moment das Gefühl gehabt, dass Christian mit böser Absicht geschossen hatte. Es war ein Kinderunfall im Dschungel – weiter nichts. Und bald hatten wir auch wieder Pfeile mit Spitzen.

Für die Fayu waren Pfeil und Bogen die wertvollsten Güter. Sie gebrauchten sie zum Jagen, zur Verteidigung und um Rache zu nehmen. Der Bogen wird der Körpergröße angepasst. Die Männer haben Bogen, die bis zu einem halben Meter länger sind als sie selbst. Sie werden aus einem bestimmten Holz angefertigt und danach mit einem Bambusriemen gespannt. Pfeilspitzen gibt es in drei Varianten: eine Holzspitze, eine Bambusspitze und eine aus Knochen. Die Holzspitze, genannt *Zehai*, dient zum Erlegen von kleinen Tieren und Vögeln. Der *Bagai*-Pfeil, aus breitem Bambus, ist für Wildschweine und Straußenvögel bestimmt. Die Breite bewirkt, dass das Tier schneller verblutet. Und *Fai* schließlich ist die Spitze für den Pfeil, der Menschen tötet. Sie wird aus Känguruknochen hergestellt.

Der Bogen wird gern mit Federn von verschiedenen Vögeln dekoriert, als Jagdtrophäen. In den Pfeilschaft ritzen die stolzen Besitzer Zeichen ein, um keinen Zweifel an der Identität des Jägers zu lassen. So entstehen zum Teil wirklich wunderschöne Kunstwerke, die wir als Kinder bestaunt haben. Doch so schön sie auch aussahen, sie haben viel Leid angerichtet.

*Die drei Pfeilspitzen:
Bagai (links), Zehai (Mitte)
und Fai (rechts)*

Ich habe mehrmals miterlebt, wie sogar Kinder mit Pfeil und Bogen auf ihre Eltern losgingen, weil sie wütend waren und nicht bekamen, was sie wollten.

Auch Papa wurde ein paar Mal angegriffen. Ein junger Mann wurde einmal wütend auf ihn, nahm kurzerhand seinen Bogen, spannte einen Pfeil und zielte. Da tat Papa etwas Unerwartetes. Er ging einfach direkt auf den Fayu zu und umarmte ihn. So etwas hatte man noch nie gesehen! Die Geste des weißen Mannes war so unerhört, so unpassend im besten Sinne, dass der Fayu nicht wusste, wie er reagieren sollte. Und Papa wurde damals und auch später nie verletzt.

Doch Vorsicht war immer am Platz. Papa durfte nichts Falsches tun oder Wut gegenüber einem Fayu zeigen – wir konnten nie ganz sicher sein, ob sich nicht doch wieder einmal ein Menschenpfeil gegen den weißen Mann richten würde.

Die Jahreszeiten des Dschungels

Eines Tages lief ich vom Spielen nach Hause, weil ich furchtbaren Durst hatte. Wir hatten den ganzen Tag herumgetollt. Ich nahm einen Becher, füllte ihn mit Wasser und begann gierig zu trinken. Doch schon beim ersten Schluck breitete sich ein eigenartiger Geschmack in meinem Mund aus. Ich setzte den Becher sofort ab und sah, dass das Wasser eine bräunliche Färbung hatte; ansonsten schien es in Ordnung zu sein. Ich trank weiter, aber bald konnte ich es nicht mehr ertragen. Mein Bruder, den ich bat, das Wasser zu probieren, setzte das Glas an und spuckte gleich wieder aus. Meinem Vater ging es ebenso. Ein grauenvoller Geschmack!

Papa meinte, dass etwas mit den Regentonnen nicht in Ordnung sein müsse. Wir gingen gemeinsam zu der Plattform, wo sie aufgestellt waren, und kletterten hinauf. Plötzlich verzog Christian das Gesicht, als er in eine der Tonnen schaute. Ich stieg schnell zu ihm hinüber, um zu sehen, was er für ein Problem hatte ... und entdeckte endlich den Grund: Dort unten auf dem Wasser schwamm ein dicker, halb verfaulter Frosch. Seine Gedärme waren zu sehen, und fleißige kleine Würmer hatten sich schon an die Arbeit gemacht.

Schleunigst leerten wir die Behälter, machten sie sauber, stellten sie wieder auf. Und nun blieb uns nur zu hoffen, dass bald Regen fallen würde, um unseren Wasservorrat zu sichern!

Es gab für uns nur zwei Arten von Wetter: Regenzeit und Trockenperiode, die Jahreszeiten des Dschungels.
In der Trockenzeit war es so heiß, dass wir an manchen Tagen sogar im Haus bleiben mussten, weil die Sonne zu stark brannte. Schon früh am Morgen spürte man die Hitze, die erbarmungslos auf Mensch und Tier herabprallte. Wenn es längere Zeit nicht regnete, sank der Wasserspiegel drastisch, die Tiere verkrochen sich in ihren Nestern und Höhlen und im kühlen Unterholz des Urwalds. Der Vorteil wiederum bestand darin, dass wir kaum Ungeziefer im Haus hatten.
Ich verbrachte diese Zeit meist im Wasser, um mich wenigstens ein bisschen abzukühlen. Wir spielten mit Begeisterung auf der Sandbank, die sich in der Trockenzeit manchmal so weit ausdehnte, dass sie den Fluss fast verdrängte. Das verbleibende schmale Wasserband war dann aber tief und die Strömung rasend schnell. Wir durften uns nicht mehr sehr weit in den Fluss hineinwagen.
Oft vergaßen wir unsere Flipflops mitzunehmen und konnten nicht mehr zurück zum Ufer. Die Sandbank wurde nämlich so heiß, das wir uns Verbrennungen an den Fußsohlen holten, sobald wir versuchten, über den heißen Sand zu laufen. So standen wir oft kläglich im Wasser und riefen unsere Mutter. Sie schickte dann als Retter meistens Minius, der unsere Sandalen brachte oder uns über die Sandbank zum Ufer trug.
Das Schlimmste während der Trockenzeit waren für mich die Nächte, die sich kaum abkühlten und in denen ich die Hitze besonders extrem spürte. Kam dann noch Vollmond hinzu, lag ich oft ruhelos im Bett und konnte die ganze Nacht nicht schlafen. Der Mond war so stark, dass es nie richtig dunkel wurde. Ich hatte jedoch irgendwann ein System erfunden, um es mir ein wenig erträglicher zu machen: Ich legte mich auf den Rücken, ganz nah an die Bettkante, und nach einigen

Minuten, wenn es zu heiß wurde, drehte ich mich auf den Bauch, dann wieder auf den Rücken, bis ich schließlich an der anderen Bettkante angekommen war. Und so ging es hin und her, immer auf der Suche nach einem Fleckchen kühlen Lakens, bis ich endlich einschlief.

Und irgendwann war es dann wieder so weit: Die Regenzeit begann! Den Auftakt bildete meist ein gewaltiges Gewitter.
Eines Morgens stand ich auf, die Hitze war wie immer schon zu spüren. Ich aß mein Frühstück, machte meine Schularbeiten und ging nach draußen, um für den Rest des Tages zu spielen. Gerade planschte ich mit Tuare, Foni und Abusai im Fluss, als ich zufällig zum Himmel hinaufblickte und weit entfernt am Horizont riesige schwarze Wolken sich auftürmen sah. Langsam, Schritt für Schritt, verließ ich das Wasser, um mir nichts von diesem Schauspiel entgehen zu lassen. Ein gewaltiger Anblick! Die Wolkenberge näherten sich mit enormer Geschwindigkeit, wurden jeden Augenblick größer und bedrohlicher. Schon hörte ich den ersten Donner grummeln, sah ein erstes Wetterleuchten in den Wolken. Immer näher kam es, bis uns plötzlich, mit dem grellsten aller Blitze und einem gewaltigen Donner, der mich schier zu Boden warf, das Gewitter im Griff hatte. In Sekundenschnelle war alles dunkel, und ein starker Wind, der eine elektrisierende Energie mit sich trug, fegte über mich hinweg.
Dann spürte ich einen großen Tropfen auf meiner Haut – platsch –, dann noch einen, dann drei und vier, und dann, als ob der Himmel sich geöffnet hätte, regnete es mit der Kraft der Sintflut. Ich breitete die Arme so weit aus, wie ich nur konnte, schloss meine Augen und kehrte mein Gesicht dem Himmel zu. Was für ein wahnsinniges Gefühl! Blitz, Donner, Wind und Regentropfen, groß wie geplatzte Seifenblasen, die

mit solcher Wucht niederprasselten, dass die Haut schmerzte. In diesen Momenten fühlte ich mich eins mit der Natur. Um mich herum brauste ein gigantischer Sturm, die Hitze war im Nu verflogen, wurde abgelöst von einer erholsamen Kühle, die sich gleichermaßen über das Land und meine Haut verbreitete.

Ich regte mich nicht, der Regen peitschte meinen Körper, der Wind umarmte mich und trug mich ein Stück mit sich – und dann hörte ich Mamas Stimme, die mir zurief, ich solle sofort ins Haus kommen.

»Ach, Mama«, sagte meine Schwester Judith, die in der Tür stand, zuschaute und die Geschichte mit der Schlange noch nicht vergessen hatte, »lass sie doch, vielleicht haben wir Glück, und sie wird vom Blitz getroffen.«

Mama war schockiert über diese Bemerkung und wies meine Schwester scharf zurecht. Ich aber verstand Judith – wie Geschwister eben so sind. Judith hätte es bisweilen leichter gehabt ohne mich!

Inzwischen war kein Mensch mehr draußen, alle hatten sich in ihre Hütten verkrochen. Ich rannte zum Haus. Kaum war ich in der Küche, blitzte es so hell und gewaltig, dass wir alle einige Sekunden lang geblendet waren. Ich ließ mich gleich zu Boden sinken und hielt mir die Ohren zu, denn ich ahnte, was im nächsten Moment passieren würde. Es krachte dermaßen laut, dass ich dachte, unser Haus wäre getroffen. Dann wieder ein Blitz, wieder ein gewaltiger Donner. Das Gewitter lärmte so, dass wir nichts anderes mehr hören konnten. Nach einigen Minuten war es vorbei.

Ich stand auf und schaute aus dem Fenster. Es war stockfinster wie mitten in der Nacht und der Regen so dicht, dass ich draußen kaum noch etwas erkennen konnte. So würde es nun eine Zeit lang bleiben.

Der erste Tag der Regenzeit war für mich immer eine willkommene Abwechslung. Ich konnte nachts wieder gut schlafen, und man konnte tief durchatmen, ohne das Gefühl zu haben, dass die Luft keinen Sauerstoff beinhaltete. Aber was weiter? Wir hatten natürlich keinen Fernseher, kein Radio und schon gar keinen Computer oder die elektronischen Spiele, mit denen sich Kinder in der modernen Welt bekanntlich so gern beschäftigen. Wir hatten einen Walkman mit ein oder zwei Kassetten und ein paar Bücher, die wir schon mehrmals durchgelesen hatten.

Also saßen wir tagelang auf unseren Betten, hörten Musik oder lasen die Romane, die wir schon auswendig kannten. Wir lagen herum, lauschten dem Gewitter, zählten die Sekunden vom Blitz bis zum Donner, wie es Kinder überall auf der Welt tun. War das Gewitter direkt über uns, mussten wir uns allerdings die Ohren zuhalten, weil der Donner so laut war, dass die ganze Hütte bebte … Wenn der Regen dann wieder etwas nachließ und nicht mehr allzu stark gegen das Aluminiumdach prasselte, las uns Mama deutsche Bücher vor, um unsere Muttersprache zu verbessern.

Wie habe ich mich während dieser Zeiten gelangweilt. Obwohl der Regen meist nur ein paar Tage anhielt, schien es mir wie eine Ewigkeit. Der Fluss stieg immer höher, und der Boden draußen war durchnässt bis in die unergründlichsten Tiefen. Draußen im Regen spielen konnten selbst wir immer nur kurze Zeit, und wenn es blitzte und donnerte, durften wir das Haus sowieso nicht verlassen.

Auch die Fayu blieben alle in ihren Hütten oder zogen sich in andere Hütten tief im Urwald zurück. Während der Regenzeit gingen sie selten jagen, und so gab es auf unserem Speisezettel wenig Fleisch oder Fisch. Wir behalfen uns mit Gemüse aus Dosen mit Reis und Kartoffeln. Denn Fleisch und Fisch bekamen wir nur von den Fayu. Sie waren diejenigen, die auf die Jagd gingen, und sie konnten ihre Beute dann bei uns gegen nützliche Sachen wie Fischhaken, Messer, Decken, Töpfe oder Kleidung tauschen, die sie in der Nacht vor Kälte und Insekten schützte.

Wenn die Regenzeit wochenlang anhielt, was ebenfalls vorkommen konnte, wurden wir alle etwas mürrisch. Die Einzige, die diese Zeit genoss, war Judith. Sie hatte zu Beginn unseres Lebens mit den Fayu zufällig entdeckt, dass man mit verbrannter Holzkohle gut zeichnen konnte. Also sammelte sie große Mengen von Kohle, die sie während der Regenzeit verbrauchte. Zuerst wurden Porträts der Familie gemalt, und wenn Mama ihr kein Papier mehr gab, kamen die Wände an die Reihe. Große Landschaften mit lebendigen Fayu-Gestalten entstanden in unseren Zimmern. Fröhlich zeichnete Judith stundenlang vor sich hin, ohne sich um etwas anderes zu kümmern.
Viele Jahre später – Judith hatte längst eine Karriere als Künstlerin eingeschlagen – erzählte sie mir, wie enttäuschend es für sie war, als sie zum ersten Mal einen Laden für Zeichenbedarf betrat und die große Auswahl an Kohlestiften sah. »Und ich glaubte all die Jahre, ich sei der erste Mensch, der herausgefunden hatte, dass man mit Kohle zeichnen kann!«, erzählte sie schmunzelnd. Obwohl sie heute darüber lacht, glaube ich trotzdem, dass sie im Grunde ein wenig traurig ist, nicht die Erfinderin der Kohlestifte zu sein.

Eines Morgens rüttelte mich mein Bruder wach und forderte mich auf, schnell aus dem Fenster zu schauen. Ich sprang aus dem Bett, schaute und sah nichts … außer Wasser. Ich konnte keinen Boden mehr sehen, keinen Fluss, kein Ufer, alles war mit Wasser bedeckt. Unsere erste große Überschwemmung! Wir waren kolossal aufgeregt und wollten gleich zur Tür hinaus. Doch so weit kam es nicht.

Als ich mich umdrehte, bemerkte ich ein seltsames Wabern. Überall an den Wänden und auf dem Boden krabbelte es, Spinnen, Ameisen, Käfer und jede Art von Insekten, die es auf dieser Erde gibt, liefen emsig durcheinander. Offensichtlich hatten sie vor dem Wasser Zuflucht in unserem Haus gesucht. Ich schluckte. Ein paar Tiere hier und da hatten mich nie gestört, aber das war sogar mir zu viel. Ich blieb stehen, wo ich war, rührte mich nicht von der Stelle und rief laut nach meiner Mutter. Sie kam aus ihrem Bett gesprungen, eilte zu uns – und blieb entsetzt stehen.
Stell dir vor, du stehst auf und gehst wie jeden Morgen in die Küche, um dir Kaffee zu kochen, oder ins Bad, um zu duschen. Du greifst nach der Kaffeekanne – und greifst in Spinnen. Du willst das Wasser aufdrehen – Ameisen erobern deinen Arm. Du schaust dich um, und all deine Möbel, dein vor kurzem gesäuberter Fußboden, deine Dusche, deine Kaffeemaschine, Töpfe, Pfannen, alles, alles ist schwarz von Getier. Dann kannst du dir vorstellen, was in uns an diesem Morgen vorging. Mama war am Ende und schrie nach Papa, er solle sofort aufstehen. Christian und ich dagegen hatten uns schon wieder erholt und waren begeistert von der Vielfalt der Tiere. Immer wenn einer ein Insekt gefunden hatte, das er noch nicht kannte, machte er dem anderen Meldung. Und natürlich kamen wir bald auch wieder auf eine brillante Idee, was Judith betraf. Leise schlichen wir zum Bett unserer Schwester, die noch fest schlief.
»Hey, Judith, wach auf! Wir haben eine Überraschung für dich«, rief ich ausnehmend fröhlich.
Judith drehte sich langsam zu mir und murmelte verschlafen: »Wehe dir, wenn das wieder einer von deinen gemeinen Tricks ist …« Mit skeptischem Blick öffnete sie ihr Moskitonetz und kletterte heraus. Christian hinter mir versuchte verzweifelt, sich das Lachen zu verkneifen.

»Komm mit! Mama und Papa sind auch schon auf!«, lockte ich mit meiner unschuldigsten Stimme. Judith folgte mir verträumt an die Küchentür, wo ich losprustete: »Schau mal, wir haben Besuch bekommen!«
Unsere Schwester schaute sich um und fing haltlos an zu schreien. Christian und ich krümmten uns vor Lachen. Mama fand es nicht ganz so lustig. Zur Strafe musste ich Judith das Frühstück ans Bett bringen, wo sie den Rest des Tages unter dem Moskitonetz verbrachte.
Inzwischen hatten sich Mama und Papa mit Insektenspray bewaffnet und machten sich an die Arbeit, das Innere des Hauses so gut wie möglich von Ungeziefer zu befreien. Ich wollte natürlich helfen; nach einiger Zeit jedoch warf meine Mutter mich hinaus mit der Bemerkung: »Du bist kontraproduktiv.«
Ich hatte keine Ahnung, was sie damit meinte, ich wollte nur die armen Tiere retten. Während Mama und Papa mordend ihre Kreise zogen, sammelte ich alles, was da kroch und krabbelte, in Gläser und warf sie nach draußen. Natürlich krabbelten die Tiere in kürzester Zeit wieder ins Haus, und meine Mutter schickte mich mit Christian, meinem treuesten Anhänger, dorthin, wo der Pfeffer wächst.
Wir gingen bis zur Treppe, die nach unten auf den Waldboden führte. Das Wasser stand fast bis zur obersten Stufe, und auch der Hubschrauberlandeplatz, das Fayu-Dorf, alles war mit Wasser bedeckt. Kleine Äste und Blätter, übersät mit Ameisen, schwammen an uns vorüber. Es hatte aufgehört zu regnen, die Sonne strahlte, und es wurde wieder warm. Ich kletterte die Treppen hinunter und stieg ins Wasser. Das braune Nass ging mir bis zum Bauch, der Boden war glitschig, und ich musste aufpassen, dass ich nicht ausrutschte. Christian blieb auf der Treppe stehen, ihm war das Wasser zu tief. Ich jedoch lief eine ganze Weile herum, half den schwimmenden

*Christian und ich auf einem Baumstamm,
der an der Sandbank gestrandet war*

Ameisen, auf die Bäume zu kommen, und kam mir wieder einmal wie der gute Geist der Tiere vor.
Doch so richtig schön wurde es erst am nächsten Tag. Als wir aufstanden, war wie durch ein Wunder das Wasser verschwunden. Ich war aufgeregt, konnte mich kaum auf meine Schularbeiten konzentrieren, und sobald ich fertig war, lief ich mit Christian und Judith nach draußen. Die Fayu-Kinder warteten schon auf uns. Der Boden war matschig und noch sehr nass, und das trieb unsere Fantasie zu Höhenflügen an: Wir bauten unsere erste Dschungelrutsche! Das wurde im Laufe der Zeit zu einer unserer Lieblingsbeschäftigungen: Wir suchten am Ufer eine Stelle, die glatt und frei von Büschen war. Steine und Äste räumten wir aus dem Weg, und mit den Händen glätteten wir so lange den Boden, bis er ganz eben und glitschig war. Dann nahmen wir Anlauf, so weit es ging, rannten und sprangen auf die Matschbahn und rutschten

mit Schwung ins Wasser. Manchmal bauten wir sogar ein paar Kurven mit ein, um es noch spannender zu machen.

Am Anfang schauten uns die Fayu zu und zweifelten wahrscheinlich an unserem Verstand, doch nach einer Weile probierten sie die Dschungelrutsche selbst aus. Es sprach sich herum, und bald darauf standen sie in langen Schlangen an und warteten begierig darauf, an die Reihe zu kommen.

Es machte solchen Spaß. Wir waren von oben bis unten mit Matsch bedeckt, unsere blonden Haare waren braun, und unsere Haut ähnelte der der Fayu. Nur unsere blitzenden blauen Augen unterschieden uns noch von den Eingeborenen.

Die Spirale des Tötens

Wir hatten gelernt, in allen Situationen unsere Fantasie zu benutzen und mit den einfachsten Mitteln interessante Spiele zu erfinden. Wir genossen die Natur und machten Gebrauch von ihr – mit all ihren Wundern und in all ihrer Vielfalt.

Aber das Schönste für uns Geschwister war, dass die Fayu-Kinder langsam anfingen zu lachen. Mit uns begannen sie ihre Kindheit zu entdecken, die ihnen von Hass und Angst gestohlen worden war. Seit sie denken konnten, hatte ihr Leben aus Angst bestanden. Und den Grund dafür lernten wir nun langsam zu verstehen.

In der Fayu-Kultur gab es nur zwei Erklärungen für den Tod: Man starb durch einen Pfeil oder durch einen Fluch. An einen natürlichen Tod glaubten sie nicht, medizinisches Wissen fehlte.

Für das Sterben an einem Pfeil war in den meisten Fällen das Gesetz der so genannten Blutrache verantwortlich. Wäre ich ein Fayu-Krieger und würde mein Bruder von einem Mitglied eines anderen Fayu-Stammes umgebracht, so hätten ich, meine Familie und meine Stammesmitglieder die Pflicht, seinen Tod zu rächen. Diese Rache muss sich nicht auf den Täter und seine Familie beschränken, sondern könnte sich auf dessen ganzen Volksstamm erstrecken.

Der Glaube an den tödlichen Fluch spielte auf fatale Weise in dieses System hinein. Zum Beispiel: Ein Iyarike streitet sich mit einem Tigre. Kurze Zeit später stirbt jemand von den Iyarike eines natürlichen Todes. Sofort wird von den Iyarike behauptet, das müsse der Fluch bewirkt haben, den die Tigre wegen jenes Streits gegen sie ausgesprochen haben. Sie machen sich auf, den Toten zu rächen, und töten einen Tigre, der vielleicht gerade auf der Jagd war. Die Tigre im Gegenzug sind sicher, es müsse ein Sefoidi gewesen sein, der den Jäger tötete, da sie gerade einen ihrer Häuptlinge erschossen hatten. Auch sie ziehen los, um sich zu rächen, und immer so weiter. Da jeder, der zu der betreffenden Volksgruppe gehörte, unter das Gesetz der Blutrache fiel, war jedes Stammesmitglied in Gefahr, getötet zu werden – sei es Mann, Frau oder Kind.

Und schließlich kam noch hinzu, dass die Häuptlinge verantwortlich waren, den Männern ihres Stammes Frauen zu »besorgen«. Wegen der hohen Sterblichkeit und vor allem, weil in Polygamie gelebt wurde, gab es stets einen Mangel an Frauen. So zog der Häuptling los und stahl eine Frau von einer anderen Volksgruppe oder von einem ganz anderen Stamm. Oft kam es vor, dass der Mann umgebracht und die Kinder mitsamt ihrer Mutter gewaltsam entführt wurden, um diese als Ehefrau an ein Stammesmitglied zu geben. Und das musste natürlich ebenfalls wieder gerächt werden.

Langsam gerieten die Fayu in eine Spirale der Gewalt, einen Teufelskreis, der immer brutaler und extremer wurde. Sie trafen sich nur, um zu töten, lebten in ständiger Angst, denn keiner von ihnen konnte der Blutrache entkommen, wenn es so weit war. Immer tiefer und tiefer sanken sie, bis nur noch ein paar Hundert von ihnen übrig waren. Und so entwickelte sich eine Kultur, die allein das nackte Überleben im Blick hatte.

Zwischen diesen Fronten von Hass wuchsen die Kinder heran. Sie kannten keine Geborgenheit und keine Unschuld. Mussten zusehen, wie Menschen, die sie liebten, vor ihren Augen umgebracht wurden und auf brutalste Weise gequält. Manchmal, wenn beide Eltern in einem Rachefeldzug getötet worden waren, wanderten die Kinder im Dschungel umher, bis jemand sie fand oder bis sie ebenfalls starben.
Wir haben es selbst miterlebt. Eines Tages kam Papa ganz aufgeregt ins Haus gelaufen: »Ich muss sofort den Fluss rauffahren. Da sind drei kleine Jungs allein im Urwald!«
Häuptling Baou hatte einen Mann und eine Frau vom Stamm der Iyarike aus Rache getötet. Im Beisein der drei Jungs hatte er beide Eltern zerstückelt und die Kinder unter Schock im Wald zurückgelassen.
Mit Tränen in den Augen fragte ich: »Mama, können wir die drei adoptieren? Nun haben sie doch keine Eltern mehr!«
Mama erklärte mir, dass nach dem Brauch der Fayu die Kinder von einer Familie derselben Sippe adoptiert werden müssten. Um mich aber ein wenig zu beruhigen, schlug sie vor, ich sollte den Jungs etwas schenken.
Ich holte aus unserer Vorratskammer Fischhaken und Leinen und zusätzlich für jeden Jungen ein kleines Taschenmesser. Doch was war das schon? Ich hatte so viel Schmerz in meinem Herzen, ich wollte ihnen noch etwas Besonderes geben und opferte meinen größten Schatz: ein paar kleine bunte Glaskugeln.
Papa fuhr mit ein paar Fayu-Männern los, um die Kinder zu suchen. Nach ein paar Stunden kam er wieder zurück, und mit ihm drei kleine Jungen zwischen drei und sieben Jahren. Angst und Entsetzen standen ihnen ins Gesicht geschrieben. Aufgeregt gab ich ihnen meine Sachen und konnte sehen, dass sie sich vielleicht später einmal darüber freuen würden. Momentan waren sie vollkommen gelähmt von dem Grauen,

Fayu-Kind in einem Kanu

das sie erlebt hatten, und zuckten bei jedem Geräusch zusammen.
Sofort wurde eine Fayu-Versammlung einberufen, und nach langem Palaver, das bis in die Nacht hinein dauerte, erklärten sich drei Familien bereit, den kleinen Diro und seine Brüder aufzunehmen. Ich stand noch lange unter dem traurigen Eindruck dieses Geschehens, und um wenigstens ein bisschen zu helfen, ließ mich Mama jeden zweiten Tag mit einer Schüssel Reis zu den Familien gehen.

Mit solchem Horror vor Augen war es verständlich, dass die Fayu-Kinder stets in der Nähe ihrer Eltern blieben oder in ihrer typischen ängstlichen Haltung kauerten: sitzend gegen einen Baum gelehnt, um sich vor Pfeilen, die plötzlich aus dem Urwald kommen konnten, zu schützen. Das Spielen kannten sie nicht, Lachen kannten sie nicht, Herumrennen und miteinander Toben kannten sie nicht; keine Liebe, keine

Vergebung, keinen Frieden und keine Hoffnung auf eine bessere Zukunft.
Zu dieser Zeit lag die Sterblichkeitsrate für Neugeborene bei siebzig Prozent. Die Lebenserwartung der Erwachsenen betrug dreißig bis fünfunddreißig Jahre.

Was Außenstehende erstaunen mag: Die Fayu sehnten sich im Grunde ihres Herzens nach Frieden, wollten nicht mehr töten und Krieg führen. Sie hatten es meinem Vater ja bei nahezu der ersten Begegnung mitgeteilt. Aber da alle unwiderruflich dem Gesetz der Blutrache unterstanden, wussten sie keinen Ausweg, bis wir zu ihnen kamen. Denn wir hatten nicht nur eine andere Hautfarbe – kamen also von einem völlig anderen »Stamm« –, sondern, noch viel wichtiger, wir hatten auch nie etwas mit der wechselseitigen Blutrache zu tun gehabt. Mit unserem Kommen erwachte in den Fayu die Hoffnung, den Teufelskreis durchbrechen zu können. Wir waren neutral, waren ein Anlass, dass die verschiedenen Volksgruppen sich treffen konnten, ohne sich sofort zu bekriegen. Mit der Zeit fingen sie an, wieder in Ruhe miteinander zu reden, teilten sich das Essen und unterhielten sich über die Jagd. Es sollte natürlich noch Jahre dauern, bevor die Spirale der Gewalt endgültig durchbrochen war und dauerhaft Frieden herrschte. Doch der erste Schritt war getan.
Wenn die Fayu-Kinder mit uns spielten, konnten sie für eine Weile all das vergessen, was an mörderischer Tradition auf ihnen lastete – und wurden, wie wir, glückliche Kinder.

Jahre später übrigens, als Mama ihre erste Fayu-Schule aufmachte, kamen Diro, der Waisenjunge, und Isore, der Sohn von Häuptling Baou, der Diros Eltern auf dem Gewissen hatte, in dieselbe Klasse. Sie waren im gleichen Alter und beide sehr intelligent. Am Anfang hätte man die Luft im Klassenzimmer vor lauter Feindseligkeit zerschneiden können. Doch Mama hat sich oft mit den beiden hingesetzt, um über ihre Vergangenheit zu sprechen. Und nach und nach näherten sie sich an und wurden unzertrennlich. Als Isore nach dem Tod seines Vaters Häuptling wurde, machte er Diro zu seinem engsten Berater. Er ist es heute noch.

Nachrichten von der Außenwelt

Wir tauchten immer mehr in den Rhythmus des Dschungels ein, doch niemals ganz und gar: Alle paar Monate wurde unsere Post geliefert und erinnerte uns an die Existenz einer anderen Welt. Das war immer ein aufregender Tag – nicht nur für uns, sondern auch für die Fayu.
Der Termin und die genaue Zeit wurden per Radio einige Tage zuvor vereinbart, und wie das Ereignis näher kam, stieg die Spannung.
»Ich bekomme dieses Mal bestimmt wieder viele Briefe«, freute sich Judith, die bei diesen Gelegenheiten immer aufblühte.
»Ich auch, ich auch!«, echote ich begeistert.
»Sabine«, seufzte Judith und verdrehte die Augen, »du wirst keine Briefe bekommen, und zwar deswegen, weil du keine schreibst. Das hat Mama dir doch das letzte Mal erklärt.«
Doch was Mama mir erklärt hatte, war meinem achtjährigen Hirn fremd gewesen; ich konnte einfach nicht verstehen, warum man Monate auf die Rückantwort eines Briefes warten sollte, und deshalb schrieb ich auch keine.
»Bestimmt kriege ich dieses Mal trotzdem einen«, sagte ich mir in einer Mischung aus Trotz und kindlichem Vertrauen in die Gerechtigkeit der Welt.

Die Post kam normalerweise nachmittags, aber schon frühmorgens musste Mama den Unterricht ausfallen lassen. Die

Aufregung war einfach zu groß, wir hätten uns gar nicht konzentrieren können.

»Ist es endlich so weit? Wann kommt er?«, fragte Christian, der seit Stunden gespannt vor dem Haus wartete.

Papa antwortete gar nicht mehr auf diese Frage, die er bestimmt zum hundertsten Mal an diesem Tag gehört hatte. Stattdessen pfiff er vor sich hin, wie er es immer tat, wenn er versuchte, jemanden zu ignorieren. Bei Christian nützte es wenig; er hatte mehr Ausdauer als Judith und ich.

Da fingen die Fayu an, aufgeregt miteinander zu reden. Sie hörten wohl schon den Motor des kleinen Flugzeugs. Es dauerte noch ein paar Minuten, dann hörten wir es auch, ein leises Dröhnen, das immer lauter wurde. Gespannt schaute ich in den wolkenlosen Himmel, kniff meine Augen ein wenig zu, die von der Sonne geblendet wurden. Da, der kleine Punkt am Himmel wurde immer größer, bis ich die Cessna endlich eindeutig erkannte.

Alle winkten, als sie über uns hinwegflog. Das Flugzeug wendete und hielt Besorgnis erregend tief auf uns zu. Papa schaute zu den Bäumen hoch, um die Windlage zu überprüfen. Wir hielten den Atem an. Der Pilot Rex, ein Amerikaner, der mit seiner Familie in Danau Bira lebte, flog, so tief er konnte, das Fenster des Flugzeugs war weit offen. Ich erkannte Uncle Rex sofort, der im Cockpit saß, seinen Arm weit aus dem Fenster reckte und unseren Postsack abwarf.

Jetzt begann das große Spiel: Wer war am schnellsten bei der Tasche? Alle rannten los in Richtung Ufer. Der Sack hatte mal wieder nur knapp den Fluss verpasst und war auf der Sandbank gelandet. Wir jubelten, weil bei der letzten Lieferung alles ins Wasser gefallen war, und obwohl die Post in Plastikumhüllungen steckte, waren viele der Briefe nass geworden. Es hatte Tage gedauert, bis alles getrocknet war, und manches blieb trotzdem unlesbar.

Mit Tanz und Gejubel wurde die Post zu uns gebracht. Dieses Bild kommt mir heute oft in den Sinn, wenn ich unseren Briefträger auf seinem Fahrrad gemütlich durch die Nachbarschaft gondeln sehe. Was er wohl von unserer Dschungelmethode der Briefzustellung halten würde?

Die Lieferung der Post nahmen wir immer zum Anlass, um eine Feier zu veranstalten, mit Tanz, viel Essen und spannenden Geschichten. Denn in der Fayu-Kultur gab es keine Feste, weder bei Geburten noch zu anderen Anlässen. So erfanden wir Gelegenheiten, um zu feiern.

Mama hatte meistens schon einen großen Topf Reis fertig, und gemeinsam mit den Fayu saßen wir dann um eines der Feuer, die immer über das Dorf verstreut hie und da brannten. Nach Ende der Festlichkeiten machten es sich Mama und Papa endlich am Esstisch gemütlich und öffneten ihre Briefe. Heute kann ich verstehen, weshalb die Post so wichtig für meine Eltern war. Es war das einzige Fenster zu ihrer Heimat, und sie müssen sich oft danach gesehnt haben, aus Deutschland, von den Freunden und Verwandten dort, Nachricht zu erhalten. Ich aber war heute die Einzige, die keinen Brief in Händen hielt, noch nicht einmal von meiner geliebten Großmutter in Bad Segeberg, die eigentlich meistens an mich dachte. Traurig legte ich mich auf mein Bett. Das tat Judith dann doch Leid.

»Sabine«, sagte sie und kam zu mir, »schau mal, ich habe diesmal fünf Briefe bekommen. Die brauche ich nicht alle. Warum nimmst du nicht einen davon?«

Sie überreichte mir einen schönen lila Briefumschlag mit vielen Briefmarken drauf. Dankbar – und völlig uninteressiert am Inhalt – gab ich ihr einen Schlabberkuss auf die Wange und rannte zur Haustür. Ich wollte meinen Schatz unbedingt sofort Bebe und Tuare zeigen. Die würden staunen!

Dschungelgefahren

Eines Morgens, die Schularbeiten waren schon erledigt, flitzten wir über den braunen Lehmboden zwischen den Bäumen hindurch, als ich einen durchdringenden Schrei hörte. Augenblicklich blieb ich stehen, Tuare und Bebe dicht hinter mir. Eine lange Sekunde standen wir dort, während ich versuchte, die Richtung, aus der der Schrei kam, zu orten. Doch mein Orientierungssinn war noch nicht so gut entwickelt wie der von Tuare und Bebe. Denn schon packte mich Bebe am Arm und zog mich mit einer Kraft, die ich ihm gar nicht zugetraut hätte, zum nächsten Baum. Ich wusste nicht, was los war, hatte aber schon gelernt, ihren Instinkten zu vertrauen, und spürte selbst, dass irgendeine Gefahr im Anzug war. Mit rasender Geschwindigkeit kletterten wir nach oben.
Unten entdeckte ich Christian, der ganz in der Nähe ruhig am Feuer saß. Ich rief ihm zu, er solle auch so schnell wie möglich auf einen Baum klettern, und es klang wohl so dringlich, dass er es tat, ohne weiter zu fragen. Und kaum war er oben, raste eine ganzes Rudel Wildschweine an uns vorüber in Richtung Hubschrauberplatz.
Aus meiner sicheren Höhe erkannte ich einen einzelnen Fayu-Mann, der ganz in Ruhe, als hätte er alle Zeit der Welt, in Richtung Dorf ging. Warum rannte er nicht oder flüchtete ebenfalls auf einem Baum? Er musste doch den furchtbaren Lärm hören? Die Wildschweine kamen ihm immer näher. Vielleicht waren es seine eigenen, und er hatte deshalb keine Angst?

Ich wusste zu dieser Zeit schon, dass die Fayu sich manchmal Wildschweine zähmten. Es war ein Ritual, das ich mehrmals miterlebt hatte: Sie nahmen sich einen sehr jungen Frischling und hielten ihn drei Tage lang im Arm, ohne ihn auch nur einmal loszulassen, kraulten ihn am Bauch, gaben ihm zu essen, schliefen im selben Bett mit ihm. Nach drei Tagen ließen sie ihn wieder im Urwald frei. Von dem Tag an betrachtete das Schwein sie als ihren Anführer. Es konnten Monate vergehen, die intelligenten Tiere erkannten ihren Herrn oder ihre Herrin trotzdem sofort wieder. Jeder andere dagegen lief Gefahr, von ebendiesem Schwein angegriffen oder sogar getötet zu werden. Ein Phänomen, das mich faszinierte.

Die anderen Fayu hörten nicht auf mit ihren Warnschreien. Irgendetwas stimmte nicht. Jetzt waren die Schweine nur noch wenige Meter von jenem Mann entfernt. Plötzlich drehte er sich um, und ich erschrak, denn nun erkannte ich ihn: Es war Nakires Bruder, und er war taub!
Dann sprangen die Wildschweine ihn an. Er stürzte zu Boden, bevor er einen Laut von sich geben konnte. Ich schloss die Augen, hörte nur noch das Gebrüll der wild gewordenen Tiere, die sich über diesen wehrlosen Mann hermachten. Als ich sie wieder öffnete, sah ich, wie ein paar Fayu-Männer mit Pfeil und Bogen an unserem Baum vorüberliefen. Aber was würden sie tun? Das Wildschwein eines anderen Fayu zu töten war verboten – selbst wenn es einen Menschen gefährdete. Aber gottlob kam es gar nicht so weit, denn aus dem Dorf stürzte der Besitzer der Schweine herbei, warf sich ins Gedrängel und scheuchte die Tiere weg.
Mama hatte den Lärm gehört und eilte zu Hilfe. Als die Wildschweine im dichten Urwald verschwunden waren, kletterte auch ich vom Baum und rannte gemeinsam mit den anderen Fayu zu Nakires Bruder. Er lag im Gras, Blut floss aus meh-

*Fayu-Krieger
mit einem toten
Wildschwein
auf dem Rücken*

reren Wunden, doch er lebte noch. Mama holte ihr Verbandszeug und versorgte ihn mit dem Nötigsten. Er konnte nicht reden und gab unverständliche Klagelaute von sich. Er tat mir in diesem Moment so Leid, obwohl ich ihn immer als unangenehm empfunden hatte und ihn ein paar Jahre später fast hassen würde, als er versuchte, meine erste Fayu-Freundin mit Gewalt zur Frau zu nehmen. Doch das ist eine andere Geschichte.

Dank der Salben, mit denen Mama seine Wunden versorgte, entwickelte sich keine Infektion, und er erholte sich schnell. Nach diesem Vorfall wurden wir extrem vorsichtig und blieben immer in der Nähe eines Baumes, um sofort flüchten zu können, sollten wieder einmal Wildschweine aus dem Urwald gerast kommen. Und doch erlebten wir noch mehrmals knappe Situationen.

An einen Fall erinnere ich mich besonders lebhaft, weil er meine Schwester betraf: Tagelang hatte es nicht geregnet, und wir hatten mal wieder eine riesige Sandbank vor unserem Haus. Dort spielten wir mit Hingabe; ich zum Beispiel träumte zu der Zeit davon, Gold zu finden, und sammelte schöne Steine, die mir viel versprechend erschienen. Ich lief damit ins Haus, um sie in meinem Rucksack zu verstauen, und als ich wieder nach draußen kam, stand zwischen Haus und Fluss ein ganzes Rudel Wildschweine. Ich warnte Judith, die noch immer auf der Sandbank spielte. Die Fayu hatten schon Zuflucht in den Bäumen gesucht. Da bemerkte ich, dass eines der Wildschweine zur Sandbank hinüberschaute, und plötzlich kam Bewegung in das Rudel.

Über all die Jahre haben uns die Fayu mehrmals aus Gefahren gerettet. So versuchten sie es auch jetzt; mit rudernden Armen und lautem Geschrei wollten sie die Schweine vertreiben, doch sie waren noch zu weit entfernt. Mit großen Augen beobachtete ich das vor mir abrollende Szenario, das in gewisser Weise auch seine Komik hatte, wie ich mir später eingestand: meine große Schwester mit ihren langen Zöpfen, die hinter ihr herflogen, wie sie da über die Sandbank flitzte; ein Rudel Wildschweine, die sie jagten; Fayu-Krieger mit Pfeil und Bogen hinterher, und ganz am Schluss Papa, der mal wieder die rettende Idee hatte: »Ins Wasser, lauf ins Wasser!«, schrie er.

Judith machte eine scharfe Wende und stürzte sich in den Fluss – und die Wildschweine rasten an ihr vorbei in den Urwald, als hätten sie uns nur eben einen Schreck einjagen wollen. Das Verhalten dieser Tiere ist mir bis heute unverständlich geblieben.

Wir wurden danach noch mehrmals gejagt, doch mit der Zeit wurden unsere Reflexe schneller, unsere Reaktionen besser, und es gelang uns, mit eigener Kraft zu entkommen. Meine Instinkte entwickelten sich erstaunlich, und manchmal spürte ich die Gefahr bereits, bevor sie überhaupt sichtbar wurde. Ich lernte die Zeichen der Natur zu lesen, konnte an den Lauten der Tiere hören, ob alles sicher war oder Unheil drohte – die Tiere des Urwalds haben einen phänomenalen Instinkt und vermochten sogar Erdbeben oder einen Sturm im Voraus zu ahnen und rechtzeitig Schutz zu suchen. Dies versuchte ich mir zunutze zu machen.

Bald darauf hatten wir eines Abends einen starken Sturm. Der Wasserspiegel stieg rapide, nur ein kleiner Teil der Sandbank war noch zu sehen.
Wir Kinder spielten Fangen. Unsere Fayu-Freunde verstanden den Sinn dieses Spieles nicht, obwohl sie es liebten, und um es bildlicher zu machen, nannten wir es »Das Wildschweinspiel«. Einer von uns war der Jäger, der Rest die Wildschweine. Wenn der Jäger ein Schwein berührte, wurde dieses zum Jäger, was die Fayu-Kinder natürlich verblüffte: Sollte es nicht lieber tot umfallen? Nach langen Diskussionen entschieden wir uns aber für unsere, die Kueglersche, Variante; das Spiel wäre sonst zu schnell zu Ende gewesen. Die Fayu-Kinder konnten nämlich schneller rennen als wir, und wir wollten nicht immer als tote Wildschweine herumliegen …
So jagten wir einander um das Haus herum, vorbei an dem kleinen Holzbüro, wo mein Vater vergeblich versuchte, sich trotz Kindergeschrei auf die komplizierten Tonmodulationen der Fayu-Sprache zu konzentrieren. Christian war der Jäger, und er jagte mich, weil ich die langsamste der Beute war. Ich rannte wie eine Verrückte und hatte den Plan, über das

Wasser zu entkommen. Also lief ich zum Ufer und sprang nach unten auf die Sandbank.
Doch noch während ich in der Luft war, hörte ich Schreie. Ich schaute nach unten auf die Sandbank, und mein Herz setzte aus: Genau unter mir lag eine lange dunkle Schlange, die sich in der Sonne wärmte! Innerhalb von Hundertstelsekunden erkannte ich die Gefahr und reagierte blitzschnell. Auf der Schlange zu landen konnte tödlich für mich enden. Ich musste sie verfehlen, musste um jeden Preis schneller reagieren können als die Schlange. Aber wie, um Himmels willen? Sie lag genau unter mir!
Heute weiß ich nicht mehr, wie ich es gemacht habe. Ich streckte Arme und Beine von mir, machte meinen Körper so breit, wie es ging, und landete auf allen vieren, die Schlange genau unter meinem Bauch. Ich wusste, die Schlange würde dort angreifen, wo sie Bewegung spürte. Doch weil mein Körper an vier verschiedenen Stellen aufkam, war sie verwirrt und zögerte eine Sekunde. Sofort nach dem Aufprall sprang ich mit aller Kraft so weit weg, wie ich konnte. Raus aus der Gefahrenzone …
Hinterher fühlte ich mich unbesiegbar. Schnurstracks lief ich zu meiner Mutter und erzählte ihr, dass eine riesige Giftschlange mich fast umgebracht hätte! Mama lächelte höflich. Diesmal, so mochte sie gedacht haben, ist wirklich die Fantasie mit meiner Tochter durchgegangen …

Danach wurde ich vorsichtiger und lernte eine wichtige Regel der Natur: Greife niemals dorthin, wo du nichts sehen kannst; mach keinen Schritt, ohne dich vorher zu vergewissern, dass keine Gefahr und auch kein Hindernis im Weg liegt, steht, sitzt oder hängt. Stecke niemals deine Hand unter einen Baumstamm oder in ein Gebüsch – es könnte ein Skorpion oder Ähnliches darunter lauern. Und nachdem ich einige

Kakerlaken und Spinnen in meinen Tennisschuhen (die ich kaum trug) zerquetscht hatte, zog ich niemals mehr Schuhe an, ohne sie zuvor ausgeschüttelt zu haben. Es ist mir beim Ausklopfen meiner Kleidung noch mehrmals passiert, dass Skorpione, giftige Spinnen und anderes aus meinen Schuhen fielen oder genau da saßen, wohin ich gerade greifen wollte. Bald gingen mir diese Vorsichtsmaßnahmen in Fleisch und Blut über, wurden zur alltäglichen Routine, ohne dass ich weiter darüber nachdachte. Und in meinen ersten Jahren in der westlichen Zivilisation sorgte ich damit für einige Erheiterung.

Aber natürlich darf man auch nicht denken, dass hinter jedem Baumstamm, hinter jeder Ecke eine Schlange oder ein anderes giftiges Tier lauert. Ich habe während meines Aufenthaltes im Dschungel schnell gelernt, dass Tiere nur dann angreifen oder gefährlich werden, wenn sie sich bedroht fühlen. Solange man einen sicheren Abstand einhält, besteht keine Gefahr. Vielmehr mussten wir uns immer wieder vor Augen halten, dass harmlos aussehende, schöne Dinge wie der große Fluss oder ein Feuer von Menschenhand uns viel gefährlicher werden konnten. Zweimal hätten wir Christian, auf diese Weise fast verloren ...

Die Fayu hatten ein Wildschwein getötet und zündeten ein großes Feuer an, um das frische Fleisch zu räuchern. Christian und ich spielten mit den Fayu-Kindern mal wieder Fangen. Wir jagten uns gegenseitig ums Haus, am Ufer entlang und bis ins Dorf. Es war ein wildes Spiel geworden.

»Babu, Sabine, passt auf mit dem Feuer! Spielt irgendwo anders«, rief Papa uns zu, als wir an ihm vorbeikamen. Er saß mit den Fayu-Kriegern im Kreis und trieb Sprachstudien.

Doch Christian und ich hörten nicht, wir waren zu sehr in unser Spiel vertieft. Ich rannte, so schnell ich konnte, hatte

Christian beinahe eingeholt, da schlug er, der zu der Zeit ungefähr sechs Jahre alt gewesen sein muss, einen Haken am brennenden Feuer vorbei, rutschte aus und fiel längelang in den riesigen Scheiterhaufen. Die brennenden Holzstücke flogen nur so in alle Richtungen, die Flammen umschlangen seinen kleinen Körper.
Papa schrie auf, und binnen einer Sekunde hatte er seinen brennenden Sohn aus dem Feuer gerissen und stürzte sich mit ihm auf dem Arm in den Fluss. Es hatte sich nur um Augenblicke gehandelt, und doch war Papas Kleidung ebenfalls in Flammen aufgegangen.
Ich blieb erschrocken stehen und fing dann an zu schreien. Mama kam aus dem Haus gerannt, sah Papa und Christian im Fluss, sah die aufgeregten Fayu, die überall herumliefen und nicht wussten, was sie machen sollten.
»Christian ist ins Feuer gefallen«, schrie ich nur.
Mama rannte die Treppen hinunter und eilte zu einem sehr blassen Papa und einem vor Schmerz schreienden Christian. Papa stieg gerade aus dem Wasser, seine Kleidung halb verbrannt. Er übergab Christian Mama, die ihn ins Haus trug. Als sie ihn auszog, hatte er nur ein paar leichte Verbrennungen am Körper. Doch der Schock lag noch viele Tage über uns. Wäre Papa nicht so nah am Geschehen gewesen, hätte Christian in Lebensgefahr geschwebt, denn nicht einmal in der Hauptstadt Jayapura gab es die Möglichkeit, schwere Verbrennungen zu behandeln. Wenn wir seither Fleisch räucherten, bauten die Fayu das Feuer an unzugänglicher Stelle hinter unserem Haus, wo wir keinesfalls spielen durften.

Und es blieb nicht aus, dass auch das entgegengesetzte Element, das Wasser, uns einmal zeigte, was es vermochte.
Viel ist schon von unserem geliebten Klihi-Fluss die Rede gewesen, der nur ein paar Meter von unserem Haus entfernt

dahinfloss. Da wir meistens nur Shorts trugen, konnten wir hineinspringen, wann immer es uns zu heiß war oder wir einfach Lust darauf hatten. Das Wasser hatte eine bläulich-hellbraune Färbung und war sehr kalt, doch die tropische Sonne wärmte uns in Windeseile wieder auf.

Meine Eltern sahen auch die weniger paradiesischen Seiten des Flusses. Oft ermahnten sie uns, wir sollten wegen der starken Strömung nicht zu weit hinausschwimmen, was wir in den ersten Monaten auch befolgten. Aber mit der Zeit, wie Kinder eben so sind, wurden wir immer »mutiger« – oder, wie Mama sich ausdrücken würde, unvorsichtiger.

Die eigentliche Gefahr bestand nicht unbedingt in der Strömung, sondern eher in dem rutschigen Ufer, das man nicht erklettern konnte, ohne immer wieder in den Fluss zurückzugleiten. An anderen Stellen war das Ufer so dicht mit Sträuchern und herunterhängenden Ästen überwachsen, dass man keinen festen Boden unter die Füße bekam. Man hielt sich an einem Ast fest, bis die Kräfte nachließen, und schon befand man sich wieder im Fluss. Die Gefahr zu ertrinken war somit sehr hoch, auch wenn man gut schwimmen konnte.

Eines Morgens, es hatte den Tag zuvor stark geregnet und der Fluss führte gewaltiges Hochwasser, gingen Christian und ich mit einigen Fayu-Kindern zum Baden. Wie immer balgten wir herum, und um Christian zu entkommen, schwamm ich weiter hinaus, als wir es eigentlich durften. Ich war größer und stärker als mein Bruder und konnte mühelos gegen die Strömung ankommen. Aber Christian wurde plötzlich von der Gewalt des Flusses erfasst.

Ich versuchte ihn noch zu halten, aber meine Kräfte ließen mich im Stich, und sein Arm rutschte mir aus der Hand. Er schrie um Hilfe, was sollte ich nur tun? Ohnmächtig sah ich mit an, wie sein kleiner Kopf mit rasender Geschwindigkeit flussabwärts verschwand. Auch die Fayu-Kinder versuchten

*Christian und ich
in ruhigen Gewässern*

Christian einzufangen, aber er war schon zu weit abgetrieben. Ich geriet in Panik, schrie wie wild: »Babu, Babu, Babu!«, immer wieder.
Endlich hörte Papa das Schreien und raste aus seiner kleinen Arbeitshütte. Er erkannte sofort, in welcher Gefahr sich sein Sohn befand, und rannte zu unserem Motorboot, das am Ufer angebunden war. Wie besessen fing er an, am Anlasser zu reißen. Aber der Motor wollte einfach nicht anspringen, wie immer, wenn man ihn am Dringendsten brauchte.
Die Fayu-Männer liefen laut schreiend am Ufer entlang, um Christian nicht aus den Augen zu verlieren. Doch schon bald kamen sie an die Stelle, wo dichter Urwald das Flussufer zu säumen begann. Dort konnten sie nicht weiter. Auch Mama und Judith waren inzwischen aus dem Haus gelaufen und standen verzweifelt am Ufer. Christian kam immer näher an die große Flusskurve heran, und wenn er die umrundete,

würden wir ihn nicht mehr sehen können. Noch gelang es ihm mit all seiner Kraft, den Kopf über Wasser zu halten.
Plötzlich sprang der Motor an, Papa wendete das Boot und hielt direkt auf die Mitte des Flusses zu. Mit voller Geschwindigkeit verfolgte er Christian. Die Kurve kam immer näher. Dort würde er in eine noch stärkere Strömung geschleudert werden. Dann verschwand mit einem Mal Christians Kopf unter Wasser, und wir konnten ihn nicht mehr sehen. Ich hörte nicht auf zu schreien, Judith stand da und weinte, Mama lief laut rufend am Ufer entlang.
Papa schaute verzweifelt um sich. Dann plötzlich, ganz in seiner Nähe, tauchte Christians Kopf wieder auf. Sofort drehte Papa das Boot in seine Richtung, und mit einem Griff hatte er Christian am Arm gepackt. In diesem Moment verschwanden sie zusammen hinter der Kurve. Dann wurde es ganz still, niemand wagte zu atmen.
Ich starrte in Richtung Flusskurve, ich dachte, meine Augen müssten herausfallen. Einige Sekunden später sah ich das Boot zurückkehren, Papa stand am Motor, und vor ihm, auf dem Boden, lag Christian. Nun konnte ich die Tränen der Erleichterung nicht mehr zurückhalten.
Als das Boot am Ufer anlegte, sprang Mama ins Wasser, hob Christian heraus und hüllte ihn schnell in eine Decke. Er zitterte am ganzen Körper, seine Lippen waren blau, er stand unter Schock und war völlig kraftlos. Sie trugen ihn ins Haus, Mama zog ihn aus und legte ihn ins Bett. Nach einer Tasse heißem Tee kam langsam wieder Farbe in sein Gesicht.
Papa jedoch war immer noch ganz blass. Er ging nach draußen, wo sich viele Fayu versammelt hatten, beruhigte sie und sagte ihnen, dass alles in Ordnung sei. Bis wir uns alle wieder beruhigt hatten, dauerte es allerdings noch eine ganze Weile.

Der Rest des Tages verlief sehr ruhig; wir waren so dankbar, dass wir unseren Christian lebendig bei uns hatten. Von diesem Tag an waren wir sehr vorsichtig beim Schwimmen, und erst viel später, als wir älter waren, wagten wir uns wieder weiter hinaus auf den Fluss, weiter hinaus in die Gefahren des Dschungels.

Doris und Doriso Bosa

Nach einigen Jahren bei den Fayu, ich muss ungefähr zehn gewesen sein, bekam meine Mutter einen neuen »Job«. Wir saßen gerade beim Essen, als wir plötzlich ein Schreien und Stöhnen von der anderen Seite des Flusses hörten. Papa ging nach draußen, um sich zu erkundigen, warum Biya im Wasser stand und so litt.
»Sie bekommt ein Baby!«, antwortete Nakire, als sei dies die offensichtlichste Sache der Welt.
»Ganz allein?«, fragte Papa ganz erstaunt.
Nun legte Nakire die Hand über seinen Mund und sagte, er sei stumm. Er durfte sich nicht weiter über das Thema äußern, es war tabu für die Männer, genau wie das Thema Menstruation.
Papa ging zu Häuptling Kologwoi und fragte, ob er Mama über den Fluss bringen könne, um der Frau beizustehen.
Häuptling Kologwoi gab seine Erlaubnis. Biya stand immer noch im Wasser, vielleicht um die Schmerzen durch Kühlung zu lindern, denn der Fluss kam direkt aus den Bergen. Das Erste, was Mama tat, nachdem Papa sie abgesetzt hatte, war, Biya aus dem Fluss ans Land zu ziehen. Sie hatte Glück: Nach kurzer Zeit kam auch schon das Baby.
Es war Mamas erste Entbindung bei den Fayu – ein kleines Mädchen! Mama erzählte uns am Abend, dass der Ehemann einer schwangeren Frau verantwortlich war, ihr kurz vor der Geburt eine Hütte im Urwald zu bauen und genug Essen für eine Woche bereitzulegen. Dann musste er fortgehen und

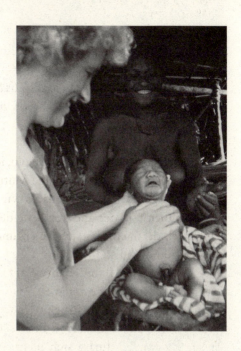

Meine Mutter mit Biya und ihrem neugeborenen Baby, Doriso Bosa

durfte nicht wiederkommen, bis die Frau das Baby geboren hatte. Meist war eine ältere Frau bei der Geburt dabei.
Mama fuhr jeden Tag über den Fluss und kümmerte sich um Biya. Die Kleine überlebte die ersten Monate, was zu jener Zeit nicht selbstverständlich war: Ein hoher Prozentsatz der Säuglinge starb. Wir hatten ausgerechnet, dass eine Fayu-Frau durchschnittlich sechs lebende Kinder auf die Welt brachte, von denen drei bis zum Alter von sechs Monaten starben und eines noch vor dem zehnten Lebensjahr. Zumeist hatten nur zwei Kinder von den sechsen die Chance, erwachsen zu werden.
Aufgrund dieser Tatsache hatte sich ein weiser Brauch entwickelt: Die Fayu gaben ihren Kindern erst dann einen Namen, wenn die Zähne kamen.
Und als Biyas Tochter nun ihren ersten Zahn bekam, da wur-

de uns stolz erzählt, dass sie Doriso *Bosa* heißen sollte – das bedeutet »kleine Doris«. Eine große Ehre für Mama! Eine andere Familie hatte bereits einen Klausu Bosa.
Vor ein paar Jahren haben Doriso Bosa und Tuare geheiratet. Inzwischen haben sie drei gesunde Kinder.

Nakire, die Frauen und die Liebe

Als kleiner Junge wurde Nakire während eines Krieges zwischen dem Dou-Stamm und dem Fayu-Stamm zusammen mit seiner Mutter entführt. Die Mutter wurde als zweite Frau an einen Dou-Krieger gegeben, und obwohl Nakire seine ganze Kindheit bei den Dou verbrachte, wurde er wie ein Außenseiter behandelt. Ich glaube, dass er es nicht einfach hatte bei diesem Stamm.
Als er im heiratsfähigen Alter war und sich eine Dou als Frau nehmen wollte, sagte ihm der Häuptling: »Geh zurück zu deinem Volk und hol dir dort eine Frau. Du gehörst nicht zu uns, bist nur ein Iyarike. Geh fort von uns.«
So nahm Nakire seine wenigen persönlichen Sachen, verabschiedete sich von seiner Mutter und verschwand im Urwald.
Es war kurz nach der zweiten Expedition von Papa, als der Häuptling vom Stamm der Tearü Nakire zu sich rief. Er machte ihm ein Angebot: »Wenn du mithilfst, einen Iyarike zu töten, um meinen Sohn zu rächen, werde ich dir meine Tochter zur Frau geben.«
Doch zum Erstaunen aller Anwesenden lehnte Nakire ab. Er sagte zum Häuptling, dass er nicht mehr töten wolle, sondern nach der guten Botschaft des weißen Mannes handeln. Denn Nakire hatte bei den Dou, die nicht mehr so viele Kriege führten, die Erfahrung gemacht, wie es ist, in einer friedlichen Umgebung zu leben. In den Jahren, die er dort verbrachte,

wuchs in ihm der Wunsch, ein Friedensbringer für seinen Stamm zu werden und miterleben zu dürfen, wie auch die Fayu den Frieden fanden.
Der Tearü-Häuptling verstand die Welt nicht mehr. Noch nie hatte jemand solch ein Angebot ausgeschlagen, denn die Tochter eines Häuptlings zu ehelichen bedeutete viel in der Fayu-Kultur.

Über die Jahre wurde Nakire zu Papas engstem Vertrauten und beriet ihn in Sachen Sprache und Kultur. Wenn Papa nicht wusste, wie er in bestimmten Situationen reagieren sollte, fragte er Nakire. Von ihm lernte er auch die Grundlagen der Fayu-Sprache.
Vor kurzem erzählte mir Papa, wie er einmal mit Nakire in seiner Arbeitshütte saß und fleißig Notizen machte. Er zeigte auf verschiedene Dinge, Nakire sagte ihm das Wort in der Fayu-Sprache, und Papa schrieb es in Lautschrift nieder. Nakire hatte vor unserer Ankunft noch nie Papier und Bleistift gesehen.
Papa hatte gerade ein paar neue Wörter aufgeschrieben und schaute sich zu Nakire um, der sehr still geworden war. Er konnte kaum glauben, was er sah: Nakire lag auf der Holzbank, die Füße an den Tisch gestützt, und schlief.
»Nakire, was machst du? Du sollst mir helfen, und stattdessen schläfst du!«, rief Papa vorwurfsvoll.
Nakire raffte sich auf, gähnte und sagte: »Klausu, ich will dir gern helfen. Aber wann gehst du endlich mal arbeiten? Du spielst ja nur herum!«
»Was? Ich spiele?«, lachte Papa. »Was soll ich denn arbeiten, wenn das, was ich hier mache, keine Arbeit ist?«
»Na ja«, antwortete ihm Nakire, »du könntest mal jagen gehen, um Essen für deine Familie zu besorgen, oder ein neues Boot bauen.«

Papa war sehr amüsiert bei der Vorstellung, wie er durch den Dschungel lief und versuchte, etwas mit dem Pfeil zu treffen. Er ließ Nakire erst einmal weiterschlafen und dachte nach, wie er Nakire seine Art von Arbeit verständlich machen könnte.

Dann hatte er es. Er schrieb eine Nachricht an Mama auf ein Stück Papier und sagte zu Nakire: »Bitte geh zu Doriso und gib ihr diesen Zettel. Du wirst sehen, sie wird mir dann etwas zu trinken bringen.«

»Wie ist so etwas möglich? Woher soll sie wissen, was du willst, wenn ich es ihr nicht sage?«, fragte Nakire ganz erstaunt.

Papa antwortete: »Das Geheimnis liegt in diesem Zettel.«

Gespannt machte sich Nakire auf zu unserem Haus. Mama las die Botschaft, und vor Nakires Augen tat sie genau das, was Papa vorher prophezeit hatte.

Nakire war fasziniert! Er ging sofort zurück zu meinem Vater, schwenkte den Zettel und bemerkte: »Es muss wohl doch wichtig sein, was du machst.«

»Ja«, sagte Papa, »und jetzt hör auf zu schlafen und hilf mir, deine Sprache zu lernen …«

Inzwischen hatte sich Nakire eine Hütte im Iyarike-Gebiet gebaut, und bald darauf fand er auch eine Frau. Ihr Name war Dawai.

Eines Nachts, nicht lange nach der Hochzeit, hörten wir jämmerliche Schreie von der anderen Seite des Flusses. Wir lagen schon in unseren Betten, aber als das Jammern immer lauter wurde, stand Papa doch auf. Er zündete die Kerosinlampe an und ging nach draußen.

Wir lauschten gespannt. Nach einiger Zeit verstummte das Klagen, und wir hörten Papa mit jemandem sprechen. Kurz darauf stand er dann in der Tür, neben ihm Dawai. Ihr

Gesicht war geschwollen, und sie weinte. »Nakire hat mich geschlagen!«, erzählte sie uns laut schluchzend.
Mama gab Dawai zu trinken und zu essen und führte sie zu unserer Gästematratze im hinteren Zimmer. Ich schaute sie mitleidig an. Dass Nakire zu so etwas fähig war, hätte ich nie für möglich gehalten. Ich hörte Papa und Mama noch bis tief in die Nacht hinein ernst am Esstisch reden.
Am nächsten Morgen rief Papa, der gerade nach draußen gegangen war: »Doris, komm schnell her!« Mama, die gerade Kaffee kochte, ließ alles stehen und liegen und eilte zu ihm. Neugierig schlich ich aus dem Bett und schaute um die Ecke.
Papa kam mit Nakire zur Haustür herein. Ich erschrak bei seinem Anblick: Getrocknetes Blut und Schlamm bedeckten seine Hände und seinen Oberkörper; er sah furchtbar aus und klagte jämmerlich: »Dawai hat mich geschlagen und gebissen!« Dawai, die am Esstisch saß, schaute nicht hoch.
Ohne ein Wort zu sagen, fing Mama an, Nakires Wunden zu reinigen. Als sie fertig war, nahm Nakire Dawai wortlos an der Hand, und gemeinsam verließen sie das Haus. Ich sah durchs Fenster, wie sie in ihrem Boot über den Fluss zurück zu ihrer Hütte fuhren.
Nie konnte ich herausbekommen, was genau zwischen ihnen vorgefallen war. Heute lachen wir allerdings darüber, dass wir fraglos Nakire für den Schuldigen hielten, wo doch Dawai ihn angegriffen hatte, weil sie wütend auf ihn war. Als Kind hatte ich immer ein wenig Angst vor ihr. Sie hatte eine laute, durchdringende Stimme und ein Temperament, das sogar die Männer vor ihr erzittern ließ.
Doch als sie ein paar Jahre später starb, waren wir alle sehr traurig. Papa wollte die kranke Dawai noch mit dem Hubschrauber nach Jayapura ins Krankenhaus bringen, aber sie weigerte sich – sie hatte zu viel Angst vor dem Fliegen. Papa,

Mama und Nakire flehten sie an, doch sie blieb stur, und so konnten wir ihr Schicksal nicht mehr wenden.
Nakire war untröstlich, weinte wochenlang und verbrannte eines Abends in seinem Trauerrausch all ihre Sachen und die ganze Hütte dazu. Danach war er oft bei uns. Papa kümmerte sich rührend um ihn und versuchte ihn, wann immer es ging, ein wenig zu trösten.
Als Nakire sich etwas erholt hatte, begleitete er Papa öfters zum Stamm der Tigre. Dort lebte eine junge Häuptlingstochter namens Fusai. Sie war ein hübsches Mädchen, und ihre ungewöhnliche Größe galt als besonders attraktiv. Nakire verliebte sich Hals über Kopf in sie, und jedes Mal, wenn Papa flussaufwärts fuhr, wurde er ganz aufgeregt, fragte uns nach Fischhaken, Stoffen, Schmuck oder Perlen, die wir zum Tauschen aus Jayapura mitgebracht hatten, um Fusai mit Geschenken zu überhäufen. Wir gaben ihm diese Sachen gern, denn es war ungewöhnlich, dass ein Fayu-Mann sich Mühe gab, das Herz eines Mädchens zu erobern. Normalerweise wäre sie einfach mit Gewalt mitgenommen worden. Doch Nakire war von Natur aus romantisch und wollte ihre Zuneigung.
Bald hatte er immerhin das Herz ihres Vaters erobert, und ein paar Monate später gab der Häuptling der Tigre Nakire seine Tochter zur Frau. Sie war ungefähr zwölf Jahre alt.
Nakire brachte Fusai voller Stolz zum Stamm der Iyarike. Er baute mit viel Sorgfalt ein Haus ganz in unserer Nähe. Es hatte sogar Wände und eine Tür, ein richtiger Palast für Fayu-Verhältnisse. Die ersten paar Wochen schienen gut zu laufen, bis Nakire eines frühen Morgens uns alle in Panik aus den Betten holte: Fusai war weg, er konnte sie nicht mehr finden! Sofort wurde eine große Suchaktion gestartet.
Die Fayu hatten ein hervorragendes »Fernmeldesystem« entwickelt, zu dem man weder Kabel, Apparate noch Geld be-

Nakire
mit seiner Frau Fusai

nötigte; man musste nur laut rufen können. Es war ein System, mit dem Nachrichten kilometerweit übertragen werden konnten. Der einzige Nachteil war, dass nichts geheim blieb. Sandte man eine Nachricht mit dem Dschungeltelefon, so wusste auch der ganze Dschungel davon.

Es funktionierte so: Nakire stellte sich am Ufer des Flusses auf und rief mit eigenartiger Stimme, die mehr einem Geheul glich: »Wo ist Fusai, Nakire sucht Fusai!« Später wurde mir klar, dass die Stimme durch den Heulton viel weiter trägt, als wenn man nur ruft oder schreit.

Nakire wiederholte diese Sätze ein paar Mal. Nach einigen Minuten ertönte plötzlich eine zweite Stimme weiter flussaufwärts: »Wo ist Fusai, Nakire sucht Fusai«, so kam es von dort. Wiederum wurde der Satz wiederholt, bis jemand in noch größerer Entfernung sich meldete und die Nachricht

weiterleitete, und so fort – bis die Kunde den Häuptling vom Stamm der Tigre erreichte.
»Fusai ist bei ihrer Familie«, so schallte die Antwort zurück, auf dem gleichen Weg, den die Frage zuvor genommen hatte.
Sofort fuhr Papa mit Nakire zu den Tigre.
Nakire war aufgeregt und betrübt, als sie ankamen, und fragte Fusai, warum sie denn weggelaufen sei. Sie erklärte ihm, dass sie Heimweh gehabt habe. Nakire nahm sie mit zurück nach Foida.
Doch ein paar Wochen später rannte Fusai wieder weg, und Nakire musste sie ein zweites Mal zurückbringen.
Nach dem dritten Mal kam er verzweifelt zu Papa und fragte, was er denn tun solle. Das war erstaunlich; normalerweise hätte ein Fayu-Mann in einem solchen Fall mit einem Pfeil auf seine Frau geschossen. Doch Nakire war nicht so, er liebte Fusai und wollte ihr nicht wehtun. Papa hörte ihm zu, doch auf die Lösung kam Nakire selbst: Am nächsten Tag erzählte er Papa, dass er mit Fusai bei ihrem Stamm leben wolle, bis sie sich an ihn gewöhnt hatte und freiwillig zurück nach Foida käme.
Und so geschah es: Nach einigen Monaten, in denen die beiden zusammen mit Fusais Familie im Tigre-Gebiet gelebt hatten, kam Fusai zurück nach Foida und rannte nie wieder weg. Sie war ein schüchternes Mädchen und hatte ein Herz aus Gold. Ihr Lächeln war einfach himmlisch – wir haben sie alle lieb gewonnen. Sie wurde Judiths beste Freundin, da die beiden ungefähr im selben Alter waren.
Nakire hat sich niemals eine zweite Frau genommen, obwohl er das »Recht« dazu gehabt hätte, denn Fusai bekam keine Kinder. Doch Nakire wollte nur sie und keine andere. Ihre Liebe zueinander war die erste und einzige, die wir bei den Fayu miterleben durften. Die beiden haben eine wunderbare Ehe, die bis heute lebendig ist.

Längst nicht alle Fayu-Männer behandelten ihre Frauen so gut. Ich habe zweimal miterlebt, wie ein Fayu seine Frau mit einem Pfeil verletzte, und bei einer dieser Gelegenheiten entwickelte ich zum ersten Mal im Leben regelrechten Hass auf jemanden.

Es passierte, während ich draußen spielte. Ein paar Frauen waren aus irgendeinem Grund tiefer in den Urwald gegangen. Einer der Männer rief seiner Frau zu, sie solle zurück zu ihm kommen, doch sie kam nicht sofort. Als sie dann schließlich aus dem dichten Gehölz trat, nahm der Fayu-Krieger seinen Bogen, spannte einen Pfeil, und obwohl die Distanz noch enorm war, zielte er direkt auf ihre Brust.

Die Fayu sind hervorragende Schützen. Er wusste genau, wie stark er den Bogen spannen musste, um sie nicht zu töten, sondern nur zu verletzen. Vor unseren Augen schoss er seine Frau nieder. Sie brach stöhnend auf dem Boden zusammen. Mir war in diesem Moment hundeelend, ich wollte schreien, wollte wegrennen, wollte diesen Mann umbringen. Denn, wie jeder sehen konnte, war die Frau hochschwanger!

Mama hörte die Schreie und kam zu uns gelaufen. Als sie die Szene vor sich sah, rastete sie aus. Ich habe sie niemals wieder so brüllen hören wie an diesem Tag ... Sie lief hinüber zu der verletzten Frau, zog den Pfeil heraus und half ihr ins Haus. Ich ging hinter Mama her und warf noch einen letzten hasserfüllten Blick hinter mich, wo der Ehemann stand und lachte.

Auch Papa hat sich sehr darüber aufgeregt. Als er die Fayu damit konfrontierte, haben sie ihn jedoch ebenfalls nur ausgelacht.

Heute ist das anders. Langsam, über die Jahre hinweg, haben die Fayu-Männer durch die Begegnung mit meiner Mutter gelernt, ihre Frauen zu achten. Denn sie haben in dieser langen Zeit miterlebt, wie meine Eltern einander respektierten und liebten. Es war für sie etwas komplett Neues, dass ein Mann und eine Frau zusammenarbeiteten und dabei glücklich waren und lachen konnten. So etwas gab es bei ihnen nicht. Bei meinen Eltern konnten sie sehen, wie wichtig die Liebe war und dass ein Streit nicht gleich mit dem Tod oder einem Pfeil enden musste.

Mir ist erst Jahre später richtig bewusst geworden, wie sehr sie uns beobachteten. Sie sahen, dass wir auch nur Menschen waren wie sie und dass wir Fehler machten. Sie erlebten so manchen Streit in unserer Familie mit, doch sie sahen auch, wie wir uns entschuldigten und danach wieder miteinander lachen und spielen konnten.

Wir haben den Fayu nie gesagt, was sie tun oder lassen sollten und welches Verhalten uns richtig erschien. Denn unsere Eltern hatten uns beigebracht, dass das beste Zeugnis unser eigenes Leben und unser Verhalten war, und nicht Worte, die aus unserem Mund kamen. Man muss das vorleben, woran man selbst glaubt. Die Fayu sollten für sich selbst entscheiden, ob sie sich ändern wollten, Entscheidungen treffen, von denen sie selbst überzeugt waren, nicht solche, die ihnen ein Fremder aufgezwungen hatte. Es sollte eine Entscheidung sein, die von Herzen kam.

Bootsfahrten

Es ist Ihnen sicherlich auch schon passiert: Die Waschmaschine geht kaputt, der Toaster gibt den Geist auf, eine Sicherung brennt durch. Man ärgert sich natürlich, doch dann steigt man ins Auto, fährt zum nächsten Supermarkt und kauft ein neues Gerät. Und wenn man Glück hat, ist die Garantie noch nicht abgelaufen, und man bekommt es ersetzt.
Im Dschungel ist das anders. Wenn etwas kaputtging, dann mussten wir manchmal Monate auf Ersatz warten. So wie damals, als der Hubschrauber streikte: Die Ersatzteile mussten in den USA angefordert werden, was eine kleine Ewigkeit dauerte. Die Post war damals nicht sehr zuverlässig. Und unsere Einkaufsfahrten in die Dschungelbasis Danau Bira wurden plötzlich sehr beschwerlich.
Es gab für uns jetzt nur noch einen möglichen Weg, von Danau Bira zurück zu den Fayu zu gelangen: Wir flogen zuerst mit einem kleinen Motorflugzeug zum Dorf Kordesi. Danach ging es auf dem Wasserweg weiter – in einem Kanu mit Außenbordmotor konnte man nach zirka vier bis sechs Stunden Fahrt stromaufwärts das Fayu-Gebiet erreichen.
Es war eine Reise, die sowohl sehr aufregend wie auch extrem langweilig sein konnte. Wir saßen in diesem langen Holzkanu, das Gepäck zwischen uns verstaut, und durften uns nicht viel bewegen, weil das Kanu leicht kippen konnte. Die Sonne prallte auf uns herunter, doch der Fahrtwind kühlte immerhin ein wenig. Wir mussten lange Hemden und Hosen tragen, um Sonnenbrand zu vermeiden. Stundenlang bestaunte ich den

grünen Urwald, der an uns vorbeirauschte. Manchmal sah ich ein paar Vögel, die über uns hinwegflogen, oder die wunderschönen, knallig roten Orchideen, die als »Flamme des Urwalds« bekannt sind. Sie wuchsen wie Lianen an und auf den Bäumen, und ihre Blütenpracht durchbrach das unendliche Grün.

Alle paar Stunden legten wir entweder an einer Sandbank oder am Ufer an, um uns die Beine ein wenig zu vertreten und etwas zu essen.

Die ersten paar Male verlief die Bootsfahrt ohne Zwischenfälle. Auf unserer vierten oder fünften Fahrt zu den Fayu hatten wir jedoch weniger Glück.

Als wir aus Kordesi abfuhren, schien die Sonne von einem klaren blauen Himmel auf uns herab. Wie immer waren Nahrungsmittel und sonstige Gegenstände, die wir zum Leben brauchten, zwischen uns im Boot verstaut. Mama saß ganz vorn, hinter ihr Judith, dann Christian und ich. Papa lenkte das Kanu hinten mit einem 12-PS-Motor. Ein zweiter, kleinerer Motor lag zu seinen Füßen, für den Fall, dass der große während der Fahrt ausfiel.

Ich hatte es mir auf einem Kissen bequem gemacht, denn direkt auf dem Holz zu sitzen konnte nach einigen Stunden sehr ungemütlich werden. Ein paar Fliegen kreisten um meinen Kopf, die ich träge verscheuchte. Nach einer Weile machten mich das ständige Dröhnen des Motors und die Hitze müde. Ich legte mich zurück, zog mir einen Reissack als Kopfkissen heran und schlief ein.

Ich weiß nicht, wie lange ich schlief – doch als ich plötzlich hochschreckte, hatte sich etwas verändert. Die Luft war anders, schärfer und kühler. Ich schaute nach oben in den Himmel: Tiefblau streckte er sich über mir aus. Als ich mich aber umdrehte, bemerkte ich, wie sich hinter uns, ganz in der Ferne, schwarze, bedrohliche Wolken auftürmten. Auch

Papa sah sich immer wieder um, schaute besorgt und drehte den Motor auf, so weit es ging. Die anderen hatten den kommenden Sturm ebenfalls bemerkt und saßen ganz still, in der Hoffnung, sie könnten das Kanu dadurch irgendwie beschleunigen.
Wir bogen in den Klihi-Fluss ein, hatten etwa die Hälfte der Strecke hinter uns. Über den Motorlärm hinweg rief Papa uns zu, dass wir vielleicht Glück haben könnten, wenn der Wind drehte. Doch wir alle wussten, dass diese Chance sehr gering war, denn wir hatten Rückenwind, und die Sturmfront hatte unsere Verfolgung aufgenommen.
Gespannt verfolgte ich das mächtige Naturereignis, sah, wie die Sonne von der Dunkelheit verschlungen wurde. Finsternis legte sich über den Urwald, und außer dem Dröhnen des Motors war nichts mehr zu hören, kein Vogel, kein Insekt, nichts. Da, ein Tropfen, dann noch einer, dann drei, immer mehr, jetzt konnte ich sie nicht mehr zählen, es waren zu viele. Papas Gesicht, an dem ich immer den Ernst der Lage ablesen konnte, machte mir nicht viel Mut.
Wir fuhren noch unbehelligt um die nächste Kurve, der Fluss streckte sich kilometerlang vor uns aus, dann brach der Sturm mit krachender Gewalt über uns herein. Papa suchte das Ufer ab nach einer Stelle, an der wir anlegen konnten, doch umsonst: Da war nur dichter Urwald, der undurchdringlich über die Uferböschung quoll. Die Regentropfen prasselten auf mich herab, Tausende kleiner Nadeln stachen meinen Körper und mein Gesicht. Ich war bis auf die Haut durchnässt, fing vor Kälte an zu zittern. Es blitzte, donnerte, ich hielt die Hände schützend über den Kopf und dachte, es sei das Ende der Welt – und unseres sowieso.
Nun schrie Mama etwas, aber ich verstand sie nicht, denn Regen und Donner waren zu laut. Ich sah, wie sie Christian eine Decke zuwarf und er sich darunter verkroch. Dann spürte ich

etwas an meinen Füßen. Zuerst dachte ich, es wäre ein Tier, das auf meine Zehen krabbelte. Doch als ich nach unten schaute, sah ich kein Tier – ich sah Wasser. Wir sanken!
In diesem Moment vergaß ich alles um mich herum, die Blitze, das Donnern, die Regentropfen, die sich wie Pfeilspitzen in meine Haut bohrten. Ich drehte mich um, riss eine Tasche auf, in der sich Töpfe und Pfannen befanden, und verstand plötzlich auch, was Mama mir zugerufen hatte. Ich verteilte Töpfe an Judith und Mama und fing wie besessen an, Wasser aus dem Boot zu schöpfen. Ein Wettlauf mit der Zeit begann: Der Regen war so heftig, dass der Kanuboden schon wieder überflutet war, kaum dass ich einen Topf Wasser über Bord geschüttet hatte. Immer schneller schöpfte ich, meine Arme schmerzten, ich hatte das Gefühl, sie müssten gleich abfallen. Wenn ich hochschaute, konnte ich Mama und Judith nur schemenhaft im dichten Regen erkennen, wie sie sich schöpfend auf und ab bewegten. Christian war unter der Decke verborgen. Papa musste das Tempo drosseln, denn er konnte kaum noch ein paar Meter weit sehen – es sei denn, ein greller Blitz teilte den Himmel für eine Sekunde und erleuchtete den Dschungel taghell.
Was für ein Gefühl! Ich befand mich in der gefährlichsten Situation meines bisherigen Lebens. Das Wasser im Boot stieg und stieg, immer mehr sanken wir der Wasseroberfläche entgegen. Der Fluss, der links und rechts an uns vorbeiraste, versuchte uns in seine Gewalt zu bekommen, und wenn es ihm gelang, würde er uns vielleicht nie wieder hergeben. Doch ich kämpfte mit den anderen weiter, der schiere Überlebenswille hatte die Macht über meine Bewegungen übernommen. Es war, als sei die Zeit stehen geblieben; als gebe es in diesem Moment nur zwei entgegengesetzte Kräfte auf dieser Erde: die Gewalt der Natur und den Überlebensdrang einer kleinen

Familie, die von einem wild gewordenen und unbarmherzigen Fluss mitgerissen wurde.

Eine vielleicht unverständliche Liebe erwachte in mir, eine Liebe zu der Gewalt des Sturmes, eine Liebe zu diesem Kampf mit den Elementen. Ich fühlte mich lebendiger als je zuvor. Jeder Muskel, jede Ader, jede Zelle in mir war erwacht. Wir wurden eins mit dem Ziel, die Natur zu besiegen.

Der Fluss schleuderte uns in eine weitere Kurve. Papa versuchte aufzustehen, suchte das Ufer ab; er hatte die Orientierung verloren und wusste nicht mehr, wo wir waren. Doch dann trug der Wind uns ein leises, lang gezogenes Geräusch zu. Zuerst dachte ich, es seien nur die Bäume, die vom Wind gebeutelt wurden. Aber es hörte nicht auf. Jetzt hatte Papa es auch gehört und steuerte langsam ans Ufer. Da sahen wir zwei dunkle Gestalten, die sich durchs Gesträuch kämpften. Es waren die Fayu!

Sie hatten das Flugzeug in der Ferne gehört und gewusst, dass es ein paar Stunden dauern würde, bis wir das Dorf erreichten. Und sie hatten Erfahrung mit diesen Stürmen. Trotz heftigsten Regens warteten sie am Ufer, um uns abzufangen. Was für eine Erleichterung! Ohne sie hätten wir das Dorf glatt verfehlt.

Kaum waren wir am Ufer, sprangen die Fayu ins Wasser, nahmen uns das Boot ab und befestigten es. Es liefen immer mehr Männer herbei.

Ich wurde von einem der Krieger hochgehoben und in unser Haus getragen. Meine Beine zitterten, ich konnte meine Arme nicht mehr bewegen, meine Kräfte hatten mich komplett verlassen. Ich sank einfach zu Boden, als der Fayu mich auf der Veranda absetzte und wieder zurücklief, um den anderen zu helfen. In kürzester Zeit war das Boot ausgeladen, und wir befanden uns in unserem trockenen Haus, frierend, aber glücklich. Die gesamte Ladung war durchnässt, unsere Kleidung,

unsere Schulbücher, nichts war verschont geblieben bis auf Papas Kamera, die er sicherheitshalber in Plastik eingewickelt hatte.
Mama zog uns aus, wickelte uns in trockene Decken, kochte heißen Tee und gab uns eine Büchse mit Keksen. Ich schaute aus dem Fenster und fühlte ich mich für einen Moment, als ob ich die Welt erobert hätte. Gemeinsam hatten wir die Natur besiegt, hatten den Wettkampf gegen den Sturm gewonnen. Es regnete und donnerte noch die ganze Nacht. Ich kuschelte mich unter meine Decke, das Moskitonetz umhüllte mein Bett. Nach wenigen Minuten schlief ich fest ein, mit einem Lächeln auf den Lippen.
Später bekam Papa ein richtiges Metallboot, das unter dem Helikopter hängend nach Foida transportiert wurde. Eine aufregende Reise, denn hätte das Boot zu sehr geschaukelt, so hätte der Pilot es über dem Dschungel abwerfen müssen. Doch alles ging gut, und wir hatten fortan ein äußerst komfortables, stabiles Transportmittel.

Andere Bootsfahrten verliefen weniger dramatisch, dafür lustig und interessant. Der Sonntag zum Beispiel war für uns immer ein spannender Tag, denn am Nachmittag machten wir einen Familienausflug und besuchten andere Fayu-Stämme, die weiter flussaufwärts wohnten. Immer luden wir auch einige Iyarike auf unsere Fahrten ein, um die Beziehungen zwischen den Stämmen zu verbessern. Die Fahrt dauerte manchmal mehrere Stunden, und so vergnügten wir uns mit lauten Gesängen. Unser Favorit, an den ich mich heute noch erinnere, war das berühmte Lied von der Kokosnuss: »Die Affen rasen durch den Wald, der eine macht den andern kalt, die ganze Affenbande brüllt« – und dann alle zusammen, so laut wir nur konnten: »Wo ist die Kokosnuss, wo ist die Kokosnuss, wer hat die Kokosnuss geklaut?« Sicher gab und gibt es nur wenige Kinder, die dieses Urwaldlied tatsächlich im Urwald singen!

Nach einigen Malen versuchten die Fayu, die uns begleiteten, diese Strophe auch mitzusingen. Ich glaube, wenn jemand uns gehört hätte, er hätte uns alle für durchgeknallt erklärt. Wir aber hatten ungeheuren Spaß miteinander.

Einmal wollten wir ganz weit hinauf, zum Stamm der Sefoidi. Es war ein heißer Tag, die hohe Temperatur und die Luftfeuchtigkeit machten uns mal wieder zu schaffen. Nach ein paar Stunden rasteten wir in einem kleinen Nebenarm, um uns ein wenig im Fluss abzukühlen.

Papa, Mama, Christian, Judith und ich sprangen ins Wasser. Es war ein genialer Platz, denn in der Mitte dieses Flüsschens hatten sich viele große Baumstämme gestaut. Papa befestigte das Boot an einem Ast, der nach oben ragte, und wir kletterten auf den Stämmen herum, sprangen ins Wasser und genossen die herrliche Frische. Judith nutzte die Gelegenheit, um sich die Haare zu waschen. Sie saß auf einem Stamm, hatte ihren langen blonden Schopf über den Kopf geschwungen und schäumte fleißig.

Papa sah nach einer Weile auf dem Boot nach dem Rechten, denn keiner der Fayu war ausgestiegen. Sie beobachteten unser Treiben mit großem Interesse. Papa hielt sich am Bootsrand fest und forderte die Männer auf, doch auch ins Wasser zu kommen – bei dieser Hitze!

Nakire aber schüttelte den Kopf und meinte, in diesem Fluss würden sie nicht schwimmen.

Papa wunderte sich. Ob es vielleicht ein heiliger Fluss sei?

»Oh nein«, antwortete Nakire, »das hier ist der Krokodilfluss, unser Jagdgebiet, wo wir immer die Krokodile fangen, die wir euch bringen!«

Papa machte große Augen. Ich habe noch nie jemanden so schnell aus dem Wasser in ein Boot springen sehen.

Beim Baden im Krokodilfluss – bevor wir erfuhren, dass es ein Krokodilfluss war ...

»Raus, raus«, schrie er uns im selben Moment zu, »Krokodile!«

Wir taten es Papa schleunigst nach. Die arme Judith hatte noch das Shampoo im Haar und weigerte sich, ihren Kopf auch nur zwei Sekunden länger ins Wasser zu tauchen, um es auszuspülen.

Als wir alle wieder im Boot saßen, fragte Papa die Fayu-Männer, warum sie denn bitte nichts gesagt hätten. Sie antworteten lässig, dass doch wohl jeder wisse, dass dies der Krokodilfluss sei. Wir mussten so lachen, als der erste Schreck vorüber war. Typisch Fayu, saßen dort und wunderten sich, dass wir keine Angst hatten. Kamen aber nicht auf den Gedanken, dass wir ahnungslos waren. War mein Vater für sie vielleicht niemals ahnungslos? Von dem Tag an fragten wir jedenfalls immer nach, bevor wir in einen neuen Fluss sprangen, um uns abzukühlen.

Eines jedoch erklärten uns die Fayu noch, ohne dass wir fragen mussten: Dieser Fluss war bei Krokodilen so beliebt, weil er sehr viele große Fische führte. Da die Strömung zudem schwach war, war es ein idealer Ort für sie, um ihre Eier zu abzulegen.

Das mit den Fischen ließen wir uns nicht zweimal sagen. Eine Woche später kamen wir zurück, diesmal ausgerüstet mit Fischhaken und Angelleinen. Ab sofort hatten wir ein neues Hobby, denn die Fayu hatten Recht gehabt: Es gab reiche Beute!
Wir nahmen ein Stück Holz, ungefähr zehn Zentimeter lang und fünf Zentimeter breit, und machten ein kleines Loch auf einer Seite, wo wir die Schnur befestigten. Dann ritzten wir an den Schmalseiten des Holzes zwei kleine Dellen. So konnten wir die Schnur um das Holz wickeln. An ihrem Ende befestigten wir einen kleinen Stein, der als Gewicht diente, und dann zum Abschluss den Fischhaken. Und schon hatten wir unsere selbst gemachten Dschungelangeln!
Als Nächstes suchten wir Würmer. Es gab zwei Arten, die sich als exzellente Fischköder erwiesen: den dicken weißen Wurm, der auch für Menschen sehr nahrhaft ist, und ein langer dunkler, der nur zum Fischen gut war. Der Urwald ist voll von Würmern, und Christian, Tuare, Bebe, Dihida und ich sammelten sie mit Begeisterung, machten ein Spiel daraus, wer am meisten finden konnte.
Zurück am Fluss, befestigten wir die Angeln an Büschen oder Sträuchern, die über dem Wasser hingen. So legten wir an die zehn bis fünfzehn Angeln aus, und als wir die letzte befestigt hatten, hing an der ersten meist schon ein dicker, saftiger Fisch.
Nach einer Stunde hatten wir so viel gefangen, dass unsere Eimer prall gefüllt waren. Es war meistens *Catfish*, eine Art

Wels, der nahezu einen Meter lang und bis zu fünf Kilo schwer werden konnte und köstlich schmeckte.
Zu Hause in Foida machten wir dann ein großes Feuer. Über der Glut bauten die Fayu ein Holzgestell, und darauf wurde unser Fang geräuchert. Am Abend gab es ein großes Fest mit viel Essen und spannenden Geschichten, erzählt und szenisch dargeboten von den Fayu-Kriegern.

Aber ein Krokodilfluss bleibt eben immer ein Krokodilfluss! Sie waren die Könige dieser Fanggründe, und das ließen sie uns auch eines Tages spüren.
Es war während unserer dritten oder vierten Angelexpedition. Wir hatten die Leinen schon gelegt und kamen erwartungsvoll zu der ersten zurück, doch als Papa sie hochzog, hing nichts mehr daran, weder Fisch noch Fischhaken noch Wurm. Die Schnur war durchgebissen. Wir machten uns daran, die Sache näher zu untersuchen, als plötzlich, nur ein oder zwei Meter vom Boot entfernt, ein monströses Krokodil aus dem Wasser schoss. Es stürzte sich mit weit offenem Maul in unsere Richtung. Wir schrien und sprangen alle zur anderen Bordkante, das Krokodil landete mit großem Platschen im Wasser, und die Welle, die es verursachte, spritzte uns alle nass.
Einige Minuten lang bewegten wir uns nicht, doch das Krokodil war verschwunden. Hätte einer von uns seinen Arm oder ein Bein im Wasser gehabt, so wäre es gefährlich geworden.
Begegnungen dieser Art hatten wir noch mehrmals. Die Fayu beruhigten uns und erklärten, dass die Krokodile nur ihr Revier abstecken wollten. Hoffen wir, dass es stimmt! Generell sind Krokodile nicht sehr aggressiv, außer wenn man sie provoziert. Das lernten wir schnell und waren einfach vorsichtig, wenn wir eines sahen. Beine und Arme blieben über Wasser,

und wir beobachteten es aus sicherer Distanz. Doch das plötzliche Auftauchen eines Krokodils war und blieb für uns eine aufregende Geschichte.

Und dann schließlich entdeckten wir mit unserem Boot das Paradies. Wir waren wieder flussaufwärts unterwegs, es war heiß, und wir hatten Hunger. Also suchte Papa nach einem Ort, wo wir halten konnten, und entdeckte am Uferrand eine kleine Mündung, bedeckt von Sträuchern und Büschen. Er fuhr hinein, und plötzlich befanden wir uns in einer kleinen Bucht. Ganz am Ende zweigte noch ein kleiner Fluss ab, gerade breit genug für das Boot. Papa schaltete den Motor aus, und wir paddelten. Das Wasser war nicht sehr tief, so dass wir den Motor ins Boot holten.
Wir bogen in diesen versteckten Fluss ein, und vor uns lag der schönste Platz der Erde. Wir waren so hingerissen, dass keiner ein Wort sagte. Ich habe es noch vor Augen, als ob es gestern gewesen wäre. Das Wasser war jetzt so flach, dass das Boot auf Grund lief. Wir stiegen aus. Vor uns wand sich das Flüsschen wie eine glänzende Schlange. Von den Bäumen am Ufer hingen Tausende von knallroten Orchideen, die Flammen des Urwalds. Sie fielen teils bis aufs Wasser und bildeten eine rote Wand vom Fluss bis in den Himmel. Das Wasser selbst war so klar, dass ich bis zum Boden sehen konnte; es war blau und schimmernd und spiegelglatt. Lauter bunte Vögel flogen von Baum zu Baum, sangen und zwitscherten fröhlich vor sich hin.
Und das Paradies hielt auch speziell für uns Kinder noch etwas bereit: Vor beiden Ufern befanden sich kleine Sandbänke, die jedoch nicht mit Steinen, sondern mit einem glatten, hellen Lehm bedeckt waren. Kaum hatte ich das Boot verlassen, bückte sich Christian, nahm eine Hand voll und schleuderte sie mir ins Gesicht. Ich schrie auf und warf einen Ball aus

weichem Lehm zurück. Doch Christian hatte sich gebückt, und ich traf stattdessen Judith direkt am Rücken. Sie drehte sich um, und innerhalb weniger Minuten waren wir alle in eine grandiose Lehmballschlacht verwickelt. Sogar die Fayu machten mit. Wir hatten so viel Spaß an diesem Tag.
Oft noch kehrten wir zu diesem geheimnisvollen Ort zurück und nannten ihn von diesem Tag an unseren Sonntagsfluss.

Mein Bruder Ohri

Er war ungefähr acht Jahre alt, gelähmt und zog sich mit den Armen über den Boden, um sich fortzubewegen. Mein Herz schmolz, als ich ihn das erste Mal sah. Er war so dünn und schwach, seine Beine gekrümmt und nur noch Haut und Knochen. Seine Eltern waren während eines Krieges vor seinen Augen getötet worden. Jetzt lebte er mehr schlecht als recht bei einer anderen Familie.
Wir nahmen Ohri zu uns auf, gaben ihm zu essen und kümmerten uns um ihn. Er begann Mama schnell wie seine eigene Mutter zu lieben, kroch über den Boden, um sie zu umarmen, und wich nicht mehr von ihrer Seite. Und schon bald wurde er immer stärker. Er lernte, mit Hilfe eines Stockes auf seinen krummen Beinen zu stehen, sogar ein wenig zu laufen. Wir beobachteten diese Fortschritte mit Begeisterung, es war wie ein Wunder.
Er verbrachte viel Zeit mit uns; über die Jahre wurde er wie ein Bruder für uns Kinder, wie ein Sohn für Mama und Papa. Und eines Tages, als wir aus Danau Bira zurück ins Dorf kamen, stand er auf. Mit einem stolzen Strahlen im Gesicht lief er ohne die Hilfe eines Stockes auf uns zu. Wir freuten uns alle so sehr für ihn.

Ein Jahr später, ich machte gerade mit Christian ein Feuer, kam Ohri aus dem Urwald. Wir hatten uns schon Sorgen um ihn gemacht, weil wir ihn allzu lang nicht mehr gesehen hatten.

An und für sich war dies nichts Ungewöhnliches. Wann immer wir in Danau Bira waren, gingen die Fayu zurück in den Urwald, wo jede Familie etwa vier Hütten hatte. Traditionell lebten sie jeweils drei bis vier Monate lang in einer Hütte, bis der Vorrat an jagdbarem Wild und essbaren Pflanzen im Umkreis aufgebraucht war. Dann zogen sie weiter zum nächsten Haus, und bis sie wieder beim ersten ankamen, war ein Jahr vergangen, und die Natur hatte sich erholt – eine unschlagbar ökologische Lebensweise. Wenn wir dann zurück ins Dorf kamen, flog der Hubschrauber erst einmal einen großen Bogen über das ganze Fayu-Gebiet. So wussten die Fayu, dass wir zurück waren, und wer wollte, kam nach Foida, um mit uns zu leben.

Aber diesmal war unsere Sorge berechtigt: Ich warf einen Blick auf Ohri, schrie sofort nach Mama und eilte zu ihm. Er fiel auf den Boden, geschwächt von hohem Fieber. Ich wollte ihm aufhelfen, doch ich wusste nicht, wo ich ihn anfassen sollte: Seine ganze Brust war eine einzige riesige entzündete Stelle, über die eine dicke Schicht von grün-grauem Pilz gewachsen war. Die Fayu hatten ihn einfach im Urwald liegen lassen und für tot erklärt.
Mama kam zu uns gerannt und half Ohri zur Treppe unseres Hauses. Papa fragte die Fayu, was geschehen war, und die Antwort war, dass Ohri ein »verbotenes« Stück von einem Krokodil gegessen habe. Dies sei nun seine Strafe. Sie schauten ihn nicht einmal mehr an, ignorierten ihn, als ob er nicht existierte.
Ich fing an zu weinen, als ich sein schmerzverzerrtes Gesicht sah. Er roch nach verfaultem Fleisch. Trotzdem setzte ich mich neben ihn und hielt seine Hand. Mama hatte Ohri inzwischen auf Blätter gelegt, die wir aus dem Urwald geholt hatten. Sie brachte Verbandszeug und Medikamente, rollte

Mama spricht mit Ohri (rechts von ihr), ich höre zu

ihn auf die Seite und rührte Kaliumpermanganat in lauwarmes Wasser. Langsam goss Mama die Mischung über seine Brust, und die mindestens drei Zentimeter hohe graue Pilzschicht löste sich langsam und fiel auf eines der Blätter. Ohri hatte große Schmerzen, seine ganze Brust war nun eine riesige offene Wunde voller Maden. Mama nahm ein paar saubere Bettlaken, schnitt sie in breite Streifen, bestrich sie dick mit Lebertran und einer antibiotischen Salbe und wickelte Ohris ganze Brust damit ein. Jeden Tag wiederholte sie dies. Die Blätter und das gebrauchte Verbandszeug kamen in unsere Abfallgrube hinter dem Haus. Papa schüttete Petroleum darüber und warf ein brennendes Streichholz darauf.
»Mama, wird er sterben?«, fragte ich immer wieder unter Tränen.

»Ich weiß es nicht«, sagte Mama. »Wir werden alles tun, was wir nur können, um ihn zu retten.«
So half auch ich stets mit, Ohri zu verbinden. Wir gaben ihm zu essen, er schlief mit uns im Haus, er beobachtete uns von seinem Bett aus, wie wir unsere Schularbeiten machten. Wenn wir fertig waren, hörten wir Kassetten mit ihm und zeigten ihm die Bilderbücher, die wir mitgebracht hatten.
Schon nach ein paar Tagen hatte er kein Fieber mehr, und wie durch ein Wunder heilte seine Brust über die Wochen, bis nur noch eine große Narbe zu sehen war. Mama gestand mir irgendwann, sie hätte nicht geglaubt, dass Ohri überleben würde. Er aber erholte sich wie der Blitz und spielte bald wieder mit uns, als wäre nichts gewesen.

Langsam wuchs Ohri mit uns heran, wurde größer als ich. Wir liebten ihn, denn er hatte eine ganz besondere Persönlichkeit, war ruhig und voller Liebe zu uns und seinen Mitmenschen. Ich habe ihn niemals wütend oder unangenehm erlebt. Er wurde ein wichtiger Teil von uns allen, und als Jahre später sein Leben ein plötzliches Ende nahm, erschütterte dies mein ganzes Dasein.

Fledermausflügel und gegrillte Würmer

Irgendwann hatte uns ein Bekannter aus Amerika ein großes Eiscreme-Poster geschickt. Was er sich dabei dachte, weiß ich bis heute nicht. Mama jedenfalls hängte es neben unserem Esstisch auf, und wir Kinder staunten.
Ich erinnere mich noch heute genau an das Bild: Zu sehen war eine große silberne Schale mit fünfzehn oder sechzehn Kugeln Eis, jede von einer anderen Farbe. Gekrönt war das Ganze von einem Berg Schlagsahne, auf dessen Gipfel eine rote Kirsche saß.
Wie oft wir in der sengenden Hitze von dieser Eiscreme träumten! An manchen Tagen saßen wir vor dem Poster und versuchten, die verschiedenen Eissorten zu erraten. Manchmal musste Mama dabei helfen, doch meist ließ uns unsere Fantasie nicht im Stich: Die weiße Kugel war Sago-Eis, die orangefarbene Mango, die gelbe Kugel konnte nur aus Süßkartoffeln sein, usw. Keines von uns Kindern konnte sich an den Geschmack von Eiscreme erinnern, aber es sah alles so lecker aus. Wir waren überzeugt davon, dass es das Beste war, was man auf dieser Welt essen konnte.
Als wir Jahre später Jakarta besuchten, die Hauptstadt von Indonesien, freuten wir uns am meisten auf die Eiscreme. Mama hatte sich schon erkundigt, und tatsächlich gab es eine Eisdiele in der Stadt. Gleich nach unserer Ankunft wollten wir los und waren so enttäuscht, als Mama uns erklärte, dass

das Café um elf Uhr abends geschlossen sei. Wir glaubten ihr nicht ganz, aber sie versprach, uns gleich am nächsten Morgen hinzubringen.
Und dann endlich war es so weit: der Tag der Großen Eiscreme, wie wir ihn von da an nannten. Voller Aufregung betraten wir das Café. So viel Eis auf einmal war unfassbar, wenn man bisher nur ein Poster in einer Dschungelküche gekannt hatte. Meine Eltern, die uns lachend beobachteten, bestellten gleich den größten Becher, den der Laden zu bieten hatte. Er hieß »The Earthquake« – »Das Erdbeben«. Fünfzehn große Kugeln in verschiedenen Farben, und wir waren im Himmel. Einer unserer größten Wünsche ging in Erfüllung, und es war auch noch so lecker wie in unseren Träumen. Ich erinnere mich heute noch, wie wir alle es uns schmecken ließen. Mama und Papa langten auch kräftig zu. Wir teilten sogar, ohne zu streiten.
Als wir mit dem ersten »Earthquake« fertig waren, bettelten wir um mehr. Mama warnte uns, dass wir Magenschmerzen bekommen könnten. Doch wir hörten nicht auf sie und aßen noch eine ganze Schale voll Kugeln.
Als wir am Nachmittag zurück zum Hotel kamen, wurden wir natürlich alle krank. Wir mussten erbrechen und waren bis zum nächsten Tag im Bett. Unsere Mägen waren die Kälte nicht gewöhnt, denn im Urwald hatten wir keinen Kühlschrank – und unsere tägliche Nahrung sah dort ganz und gar anders aus …

Im Urwald hat man eine sehr limitierte Essensauswahl. Wir bekamen fast immer dasselbe: Fleisch, Fisch, Sago – das Herz einer Sumpfpalme –, Reis, Süßkartoffeln, Cornflakes mit Milchpulver, Brotfrucht, ab und zu Eier, Bananen, Papayas und Kasbi, die Wurzel eines kleinen Baumes, die so ähnlich schmeckt wie Kartoffeln. Später haben wir auch verschiedene

Kürbisse angepflanzt. Wenn das Wasser über die Ufer trat und unsere Ernte zerstörte oder die Wildschweine durch den Zaun brachen, hatten wir noch weniger Auswahl. Doch als Kinder kannten wir nichts anderes.

Was wir wohl am häufigsten aßen, war die Brotfrucht oder *Kwa*, wie die Fayu sie nannten. Wie bereits erwähnt, hatten wir einen Brotfruchtbaum direkt neben unserem Haus, und wann immer wir Hunger bekamen, kletterte einer unserer Freunde mit einem langen Stock, an dessen Spitze ein Messer befestigt war, in den Baum und schnitt die Frucht herunter. Wir mussten sie nur noch aufsammeln und ins Feuer legen.

Wenn sie außen ganz schwarz war und vor Hitze glühte, nahmen wir sie mit einem Pfeil heraus, und ein Fayu zerbrach sie mit dem bloßen Fuß auf dem Boden. Ich bewunderte das und wollte es unbedingt auch probieren, hatte aber nicht bedacht, dass meine Fußsohle längst noch nicht so dick und widerstandsfähig war wie die der Fayu. Während ich also mit meiner Ferse so hart presste, wie ich konnte, spürte ich plötzlich ein scheußliches Brennen, schrie auf und hüpfte auf dem anderen Fuß davon. Christian fand das sehr komisch und lachte. Mama aber schimpfte mich aus, wie ich denn so unvernünftig sein konnte.

Ich hatte richtiggehende Brandwunden an meiner Fußsohle und humpelte noch tagelang. Es hat lange gedauert, bis ich noch einmal wagte, eine *Kwa* mit dem Fuß zu knacken. Doch dieses Mal gelang es mir; durch das ständige Barfußlaufen hatte ich Fayu-Füße bekommen.

Andere Lieblingsgerichte von uns Kindern waren weniger leicht zu haben: Schlangenfleisch und Krokodilfleisch.

Eines Abends brachten uns die Fayu zwei lange Schlangen. Sie behaupteten, dass man sie sehr gut essen könne. Also

Nakire vor einem erbeuteten Krokodil

tauschte Papa ein paar Gegenstände gegen ein paar Stücke Schlangenfleisch, und tatsächlich, es schmeckte köstlich! Weißes Fleisch, zart und süß. Ich habe nie wieder in meinem Leben so gutes Fleisch gegessen.

Auch wenn die Fayu auf Krokodiljagd gingen, freuten wir uns schon den ganzen Tag auf das üppige Festmahl, das uns am Abend erwarten würde. Nach erfolgreicher Jagd bauten die Fayu in bewährter Weise ein Holzgestell über dem Feuer und legten das Fleisch darauf. Nach ein paar Stunden des Wartens hatten wir dann das köstlichste Essen der Welt. Auf die gleiche Weise verfuhren sie mit Wildschwein, Straußenfleisch, Kängurufleisch oder Fisch.

Als ich Jahre später nach Europa zurückkehrte, dauerte es sehr lange, bevor ich das Fleisch hier essen konnte. Es schmeckte alt und bitter. Judith hingegen konnte sich überhaupt nie an den Geschmack von Fleisch hier im Westen gewöhnen. Oft bekam sie sogar einen Hautausschlag davon. Vor ein paar Jahren entschloss sie sich, ganz auf Fleisch zu verzichten.

An den Abenden nach der Krokodiljagd pflegten wir lange ums Feuer zu sitzen und der Sonne zuzusehen, wie sie ihren goldenen Abschied nahm. Die Insekten und Vögel sangen ihre Abendlieder, die Luft war mit Rauch gesättigt, vermischt mit dem süßen Duft des Urwalds. In dieser gelösten Atmosphäre erzählten die Fayu uns von der Jagd. Das Fantastische daran war, dass sie nicht nur in Worten erzählten, sondern ihre Erlebnisse zu zweit oder dritt nachspielten wie im Theater. Ich lauschte ihren Geschichten und beobachtete ihre Darstellung mit Begeisterung. Vielleicht kommt aus dieser Zeit meine heutige Vorliebe für Theaterstücke.
Bevor sie zur Krokodiljagd aufbrachen, flochten die Fayu lange Bänder aus Baumrinde. Dann nahmen sie ihre Steinäxte und paddelten mit den Kanus zum Krokodilfluss. Um die Mittagszeit, wenn die Sonne am höchsten stand, steuerten sie ein Ufer an, und ein Fayu-Krieger – meist der Jüngste – sprang ins Wasser. Die Mittagssonne leuchtete hell bis auf den Grund des Flusses. Der Krieger schwamm so lange unter Wasser, bis er ein Krokodil sah, und näherte sich ihm dann ganz langsam. Vorsichtig, um es nicht zu erschrecken, stellte er fest, ob seine Augen offen oder geschlossen waren. Waren sie geöffnet, entfernte sich der Jäger so schnell wie möglich und hoffte, dass das Krokodil nicht die Verfolgung aufnahm. Waren die Augen aber geschlossen, so nahm er das Band und schlang es ganz langsam um die Vorderbeine und die Brust des schlafenden Krokodils. Sobald er wieder am Ufer war, zogen alle Krieger gemeinsam das Tier an Land, wo sie es dann mit den Steinäxten erschlugen.

Das klingt brutal, aber im Urwald wird ausschließlich zum Überleben getötet. Die Fayu töten niemals Tiere zum Zeitvertreib, und schon gar nicht als Sport. Wenn Tiere getötet werden, wird jeder Körperteil verwertet. Bei den Krokodilen wird das Fleisch gegessen, die Zähne dienen als Schmuck und werden für Rituale benutzt.
War das Krokodil erlegt, so wurde an Ort und Stelle noch der Bauch aufgeschlitzt. Ein Krokodil hat zwei Mägen, und einer davon wurde herausgeschnitten und heimlich im Urwald vergraben. Dieser für uns seltsame Vorgang war tabu für die Frauen. Die Fayu glauben, dass eine Frau, die diesen Magen sieht, krank wird und vielleicht auch stirbt.
Als Nächstes wurden noch einige Teile des Krokodils weggeschnitten und verbrannt, die die Fayu als schlecht oder gefährlich bezeichneten. Den Rest des Tieres schleppten sie ins Kanu und machten sich auf die Rückkehr ins Dorf, um das Fleisch mit den anderen zu teilen. Das beste Stück vom Krokodil ist übrigens der Schwanz – unwahrscheinlich zartes rosarotes Fleisch.
Diese Abende genossen wir mit allen Sinnen – das Essen, die Kühle, die der Abend mit sich brachte –, und wir ließen unsere Fantasie anregen durch die spannenden Geschichten der Fayu. Die Flammen flackerten, warfen ihre Schatten um uns und gaben uns das Gefühl, dass es niemanden auf dieser Erde gab außer uns. Bis Mama uns rief, dass es Zeit war, ins Bett zu gehen.
Heute jagen die Fayu nachts Krokodile, nicht mehr am Tag. Es ist ungefährlicher. Papa hat ihnen Taschenlampen und spezielle Krokodilhaken als Speerspitze gegeben, mit denen die Tiere bereits im Wasser erlegt werden können.

Doch leider, leider waren solche Köstlichkeiten die Ausnahme. Um trotzdem ein wenig kulinarische Abwechslung zu

haben, fingen wir Kinder an, alles auszuprobieren, was die Fayu auch aßen.
Sehr beliebt und vor allem überall zu finden war die riesig große Rote Ameise. Wir nahmen den Kopf fest zwischen die Finger und bissen dann den Körper ab. Dabei mussten wir immer darauf achten, dass wir selbst nicht gebissen wurden, denn das tat sehr weh. Daher haben wir den Kopf verschmäht. Weil ich dies am Anfang nicht wusste, hat mich einmal eine Ameise direkt in die Zunge gebissen. Zu spät spuckte ich sie wieder aus, und Judith machte sich lustig über mich, weil ich eine Weile nicht mehr richtig sprechen konnte. Dschungelessen war mit Vorsicht zu genießen – es konnte zurückschlagen!
Ein anderer Favorit waren Fledermäuse, vor allem die große Frucht-Fledermaus, die tagsüber in den Bäumen schlief und somit leichte Beute für uns war. Meistens rösteten wir die ganze Fledermaus über dem Feuer. Dann war sie knusprig und hatte einen guten Geschmack. Die Fayu legten den Körper der Fledermaus zwischen Schichten von Sago wie bei einem Hamburger und brieten ihn eingewickelt in einem Blatt.
Wir haben auch die Flügel probiert. Da sie sich gummiartig anfühlten, kamen wir auf eine Idee: Zuerst schnitten wir die Flügel in kleine Stücke, dann wuschen wir sie, steckten sie direkt in den Mund und kauten sie wie Kaugummi. Doch es schmeckte leider nicht so, wie wir uns erhofft hatten; eher ein wenig fad.
Eine schöne und sehr schmackhafte Abwechslung hingegen waren Würmer, von denen es im Urwald wimmelt. Ab liebsten aßen wir jenen dicken weißen Wurm, den wir auch zum Fischen verwendeten. Wir haben ihn mit einem Pfeil durchstochen, ihn über dem Feuer geröstet und danach mit viel Genuss gegessen, hmm!

Einmal brachte Nakires Frau Fusai ein Stück Sago. Sofort setzten wir »Wurm auf traditionelle Art der Fayu« auf unseren Speiseplan und halfen, die Tiere in Sago zu packen und ins Feuer zu legen. Sago zu gewinnen ist übrigens harte körperliche Arbeit für die Frauen: Man schlägt mit einem langen Stück Holz ein Loch in eine Sumpfpalme und zieht das harte Innere heraus. Das Herz der Palme wird mit Wasser versetzt, bis eine weiße, klebrige Masse entsteht, die ein wenig an ein Mehl-Wasser-Gemisch erinnert – der ideale »Teigmantel«, um allerlei Fleisch darin zu braten.
Ich konnte es kaum erwarten, bis Fusai unsere Würmer in Sago aus dem Feuer holte. Ich durfte als Erste probieren. Ich öffnete meinen Mund, so weit ich konnte, und biss herzhaft in die Sagorolle, doch als ich näher hinsah, bemerkte ich, dass die Sache doch noch nicht gar war. Die Würmer lebten noch. In meinem Mund spürte ich Bewegungen, und vor meinen Augen drängte ein Wurm sich aus dem Sago heraus.
Weil ich Fusai nicht beleidigen wollte, schluckte ich brav – aber hier waren sogar meine Grenzen erreicht. Ich gab das Dschungelgericht weiter, und als ich das nächste Mal an der Reihe war, knabberte ich nur ein wenig Sago ab. Tuare neben mir freute sich über meine Zurückhaltung und schlang das Ganze mit Genuss herunter.

Wir haben jedoch nicht immer nur Tiere gegessen; der Dschungel hielt auch noch anderes bereit. Alle fünf Jahre zum Beispiel wurden die Lychees reif, und ein paar Wochen lang aßen wir dann fast nicht anderes. Die Kerne spuckten wir einfach auf den Boden; später würden sich die Wildschweine darüber freuen. Ein perfektes Recyclingsystem.
Es gab auch Zuckerrohr, das Mama lange vor uns versteckte, weil es tödlich für die Zähne war, wie sie nicht müde wurde zu erwähnen. Doch eines Tages haben wir es am Flussufer

*Ich genieße ein Stück
Zuckerrohr*

gefunden. Wir hielten das lange Zuckerrohr in der Hand, bissen die harte Haut mit den Zähnen ab, warfen sie fort und saugten den süßen Saft heraus. In den ersten Wochen nach unserem Fund war der ganze Boden mit Zuckerrohrresten bedeckt.
Irgendwann griff Mama durch und verbot uns die Süßigkeit. Wir blickten ernst zu ihr auf, wir drei weißen Kinder und unsere Fayu-Freunde. Jeder nickte einsichtsvoll, als Mama uns erklärte, dass unsere Zähne schwarz werden und ausfallen würden, wenn wir weiter Zuckerrohr äßen. Doch kaum war sie wieder im Haus verschwunden, rannten wir zum Dorf, versteckten uns und aßen so viel Zuckerrohr, wie wir nur konnten. Von diesem Tag an blieb der Boden vor unserem Haus sauber, aber hinter die Hütten im Fayu-Dorf schaute man besser nicht.

Und manchmal kam der Hubschrauber und brachte einen Hauch von großer weiter Welt. Er war gerade repariert worden, und unsere Kommunikation mit den Menschen »draußen« war wieder einfacher geworden.
Einmal, so erinnere ich mich, stieg der Pilot aus, begrüßte uns und gab Papa eine Thermoskanne voll Eiswürfel. Wir waren begeistert. Mama verteilte die Eiswürfel auf drei Teller, mit denen wir sofort nach draußen gingen, um sie den Fayu zu zeigen.
Als Christian einen Eiswürfel in die Hand seines Freundes Dihida legte, schrie dieser auf und ließ ihn sofort fallen. »Heiß, heiß!«, rief er. Er hatte noch nie etwas so Kaltes gespürt und konnte es nicht einordnen.
Was die Fayu aber am meisten faszinierte, war, dass das Eis allmählich einfach verschwand. Es war äußerst amüsant zu beobachten, wie die großen Krieger wie Kinder kreischten und sich gegenseitig testeten, wer einen Eiswürfel am längsten in der Hand halten konnte, ohne ihn fallen zu lassen. Sogar Häuptling Baou, der normalerweise alles aus der Distanz beobachtete, wollte dieses neue Phänomen erforschen.
Der Pilot hatte uns auch Rosinen mitgebracht. Seine Frau hatte ein Paket aus Amerika bekommen, und zu unserem Glück mochte sie sie nicht. Mama hingegen liebte Rosinen und buk sofort einen Pfannkuchen, den sie üppig damit bestreute. Als er fertig war, ging sie nach draußen und gab den anderen Frauen ein Stück ab.
Doch nach einer halben Stunde, als sie nachfragen wollte, wie es geschmeckt hatte, lagen die Rosinen alle verstreut auf dem Boden herum. Dingos und kleine Schweine taten sich daran gütlich. Mama fragte die Frauen erstaunt, warum sie denn das Beste mühsam aus dem Pfannkuchen gepult und fortgeworfen hätten? Die Frauen antworteten höflich, dass sie leider keine Käfer essen würden, die sie nicht kannten; schließlich

*Oft luden wir mehrere Fayu-Häuptlinge zum Essen ein,
um deren friedlichen Umgang miteinander zu fördern*

könnten sie giftig sein. Der Rest hätte aber sehr gut geschmeckt, vielen Dank.

Wir lachten, als wir diese Erklärung hörten, aber Mama trauerte ihren schönen Rosinen, diesem kleinen Luxus im Dschungel, doch ein wenig nach.

Die Fayu-Sprache

Den lieben langen Tag spielten und alberten wir mit unseren eingeborenen Freunden herum. Doch wie verständigten wir uns? Es war kein großes Problem: Von klein auf hatten wir erfahren, dass Menschen ganz unterschiedlich sprechen, und selbst innerhalb unserer Familie herrschte eine gewisse Sprachverwirrung …

Es gab Tage, besonders wenn es regnete, da blieb uns nichts anderes übrig, als im Haus zu sitzen und uns zu langweilen. Auf das Aluminiumdach über unseren Köpfen klatschte der Regen wie Donner, und es wurde so laut, dass wir manchmal unser eigenes Wort nicht mehr verstehen konnten. So fingen wir sehr früh an, lesen zu lernen. Mama hatte viele englische Bücher mitgebracht, die wir in kürzester Zeit durchgelesen hatten.

Da auch unsere Schulausbildung in englischer Sprache erfolgte, musste Mama uns ausgerechnet die deutschen Bücher vorlesen. Wenn der Regen etwas nachließ, saßen wir Kinder mit ihr im Bett, und sie las uns Bücher vor wie »Hanni und Nanni« oder »Am Samstag kam das Sams zurück«. Wir hatten auch »Asterix und Obelix« und »Tintin«-Hefte, die uns jemand aus Deutschland geschickt hatte. Wir verschlangen diese Heftchen mit Begeisterung. Nach und nach begriff ich, was die einzelnen Wörter bedeuteten, und lernte, Deutsch zu lesen.

Das war nicht immer so. Papa und Mama hatten bemerkt, dass wir durch den Schulunterricht immer mehr Englisch sprachen, auch untereinander. Unser Deutsch wurde immer schlechter. Typische Sätze waren etwa: »Mama, kannst du das meat cutten?« Oder: »Judith, come here, I want to zeigen dir was!« Also bestanden unsere Eltern darauf, dass zu Hause ausschließlich Deutsch gesprochen wurde. Das wurde zu einer festen Regel.

Wenn ich heute die Kassetten anhöre, die meine Eltern von uns Kindern aufgenommen haben, hört man noch einen starken englischen Akzent. Und es wird mir heute noch häufig gesagt, dass ich einen leichten Akzent habe, wenn ich Deutsch spreche.

Nach einiger Zeit begannen wir natürlich auch, die Fayu-Sprache zu lernen. Wir sprachen schon fließend Indonesisch, und am Anfang konnte Christian nicht begreifen, warum die Fayu ihn damit nicht verstanden.

Papa erklärte ihm, dass sie eine vollkommen andere Sprache hatten, obwohl sie in Indonesien lebten, und wir stellten uns darauf ein, wieder völlig neu anzufangen. Wir zeigten auf verschiedene Objekte und wiederholten, was die Fayu-Kinder uns sagten.

Eines der ersten Wörter, die wir lernten, war »*Di*« – das Wort für Wasser. Also sagte ich eines Tages zu Tuare: »*Di*, Tuare!«, und hoffte, dass er mir Wasser holen würde. Wir hatten gerade ein Feuer angezündet und wollten in einer Blechbüchse Suppe kochen. Tuare aber kam nach kurzer Zeit zurück und hatte ein Messer in der Hand.

»*Hau*, Tuare, *di!*« (Nein, Tuare, Wasser!), sagte ich ziemlich schroff.

Zuerst schaute er mich verblüfft an, drehte sich dann um und ging wieder los. Es dauerte eine Weile, bis er zurückkehrte. Zu meinem großen Erstaunen tauchte er mit einem kleinen Wildschwein im Arm auf und gab es mir. Ich schaute verdutzt

Papa lernt die Fayu-Sprache

auf das Schwein, das wie verrückt in meiner Hand zappelte und quietschte, und schaute Tuare wieder an. Offensichtlich brauchten wir Schützenhilfe. Ich ließ das Schwein wieder laufen, nahm Tuare an die Hand und ging zu Papa.
Als er hörte, was geschehen war, brach er in schallendes Gelächter aus. Jetzt war ich noch frustrierter. Papa nahm mich auf den Schoß und erzählte mir, dass die Fayu-Sprache eine Tonsprache ist.
»Was ist denn das?«, fragte ich verwirrt.
Er erklärte, dass eine Tonsprache die Bedeutung der Wörter nicht nur durch unterschiedliche Buchstabenfolgen unterscheidet, sondern auch durch Tonfall und Tonhöhe, in denen die Wörter ausgesprochen werden.
»Zum Beispiel, was dir gerade passiert ist: Du sagtest zu Tuare, er solle *Di* holen, und hast das Wort in mittlerer Tonlage gesagt. So holte er ein Messer für dich. Dann sagtest du mit tieferer Stimme noch mal ›*Di*‹, und er holte dir ein Schwein.

Um Wasser zu sagen, musst du *Di* aber mit hoher Stimme sagen! Ein anderer Ton bedeutet auch etwas anderes.«
Ich drehte mich zu Tuare, und in den höchsten Tönen, die ich zustande bringen konnte, sagte ich: »*Di,* Tuare!«
Er strahlte mich an, und in null Komma nichts hatte ich mein Wasser. So mussten wir nicht nur neue Wörter lernen, sondern auch noch fünf verschiedene Tonlagen dazu.

Kurz zusammengefasst: In der Fayu-Sprache gibt es drei Tonlevel: einen Hochton, der schriftlich mit /1/ markiert ist, einen mittleren Ton, den man mit /2/ markiert, und einen Tiefton, der mit /3/ bezeichnet ist. Also:
Di /1/ – Wasser
Di /2/ – Messer
Di /3/ – Wildschwein

Ferner gibt es zwei fallende Tonkombinationen: einen Hoch-Tief-Ton, also /1-3/, und einen Mitte-Tief-Ton, /2-3/:
Sa /1-3/ – Blatt
Sa /2-3/ – Vogel
Kue /1-3/ – Dorn
Kue /2-3/ – Feuer

Andere Beispiele für Wörter, die gleiche Buchstabenkombinationen haben und doch durch einen anderen Ton eine neue Bedeutung bekommen:
Fu /1/ – Kanu
Fu /1-3/ – Balken
Kui /3/ – Großvater
Kui /1-3/ – Botschaft

Satzkombinationen mit der Tonmarkierung sehen etwa so aus:

A/3/ tai/2-3/ da/2/re/3/ – Ich Ei habe gegessen.
A/3/ fe/2/ri/2/ ba/2/ri/3/ – Ich Fisch habe gesehen.
De/3/ boi/3/ da/2/re/3/ – Du gestern hast gegessen.

Das Vokabular der Fayu-Sprache ist sehr begrenzt. Alles hat mit dem Urwald zu tun, mit Pflanzen, Tieren, Tätigkeiten und so weiter. Es gibt zum Bespiel kein spezielles Wort für Entschuldigung, Danke oder Hallo. Ein Wort, das all diese Bedeutungen beinhaltet und dazu noch viele andere, ist *Asahägo*. Damit drückt man auch Guten Morgen, Guten Abend, Gute Nacht und Auf Wiedersehen aus.
Ja heißt *Bau* und nein *Hau*. *Kaha* heißt gut und *Fäi* schlecht. *Sabine awaru kaha* bedeutet: »Sabines Herz ist gut«, sagen kann man damit aber auch: »Mir geht es gut«, oder: »Ich bin glücklich«, oder: »Ich bin ein guter Mensch und habe nichts Schlechtes getan.«
Alle Wörter der Fayu-Sprache enden mit einem Vokal: Aus Doris, dem Namen meiner Mutter, wurde Doriso, und Klaus, Papas Name, wurde zu Klausu.
Mein Vater hat in jahrelanger Kleinarbeit ein Wörterbuch erstellt, das jedoch noch nicht veröffentlicht ist. Es dauert zwischen zwanzig und dreißig Jahren, eine Sprache von Grund auf zu analysieren.

Als Kinder haben wir uns natürlich nicht um diese Details gekümmert. Wenn die Eingeborenen uns nicht verstanden, benutzten wir Hände und Füße, um es ihnen zu erklären, und irgendwie schafften wir es immer, uns zu verständigen. Wenn wir auf etwas kamen, wofür die Fayu keinen Ausdruck hatten, brachten wir ihnen einfach das indonesische Wort bei, und schon war das Problem für uns Kinder gelöst.
Und so lernten wir neben der Sprache mehr und mehr auch die Kultur der Fayu kennen. Papa brachte uns Kindern bei, sie

zu respektieren und uns ihr anzupassen. Das taten wir auch, mehr als meine Eltern erwarteten, so sehr, dass ich mich heute noch dabei erwische, wie ich auf bestimmte Situationen anders reagiere als eine Europäerin. Mein Denken und meine Verhaltensweisen haben sich in vielem niemals geändert.

Beispielsweise das Schreien. Für mich war es anfangs ein großer Schock, dass sich Menschen hier anschreien, wenn sie wütend sind. Im Urwald wird nur in lebensbedrohlichen Situationen geschrien. Wenn man töten will oder Angst hat, getötet zu werden. Aber plötzlich schreit mich hier jemand an, weil ich vielleicht ein falsches Wort gesagt habe. Manchmal steigt in solchen Situationen in mir heute noch panische Angst auf, auch wenn ich genau weiß, dass keine Lebensgefahr besteht. Dieses in der Kindheit geprägte Verhalten loszuwerden ist sehr schwer für mich gewesen.

Auch im Alltagsleben spüre ich noch zuweilen, dass ich anders bin. Zum Beispiel kenne ich regelmäßige Mahlzeiten nicht. Meine Mutter hat über all die Jahre versucht, wie eine gute deutsche Hausfrau regelmäßige Mahlzeiten einzuhalten. Doch bald gab sie es auf. Wir aßen nur, wenn wir Hunger hatten, meistens draußen am Feuer auf dem Boden. Und bis heute ist das so: Wir essen immer dann, wenn wir Hunger haben, und oft sitze ich dabei mit meinen Kindern auf dem Wohnzimmerboden. Das wird mir für alle Zeiten lieber sein als ein harter Stuhl vor einem Tisch.

Tarzan und Jane

Christian kam eines Tages zu mir gelaufen und war ganz aufgeregt. Er erzählte mir, dass er etwas absolut »Cooles« entdeckt hätte. Seine Augen strahlten, ein stolzes Grinsen lag auf seinem Gesicht. Ich schaute ihn skeptisch an – was sollte er schon gefunden haben, das ich noch nicht kannte? Unser Radius im Dschungel war ziemlich begrenzt. Er reichte vom Klihi-Fluss bis zum Rand des Urwalds und endete im Dorf der Fayu.

Ich folgte Christian nach draußen und stellte verwundert fest, dass er direkt auf den Urwald zuhielt. Am Rand des Dschungels angekommen, blickte er noch einmal zurück zu unserem Haus, um sich zu vergewissern, dass uns auch niemand beobachtete. Obwohl Mama und Papa uns niemals ausdrücklich verboten hatten, allein in den Urwald hineinzulaufen, war es für uns ein ungeschriebenes Gesetz.

Einige Jahre hatten wir uns wie selbstverständlich daran gehalten, hatten instinktive Scheu davor verspürt, eine Natur zu erkunden, die offenkundig zu stark für uns war – doch an diesem Tag ignorierten wir das Verbot. Mit einem Prickeln unter der Haut folgte ich Christian in die unergründlichen Tiefen des Dschungels.

Ich liebte diesen dichten, geheimnisvollen, tausendjährigen Wald, der sich vor meinen Blicken ausdehnte, und gerade der Moment des Übergangs, in dem man die Grenze zwischen der Lichtung und dem Dickicht überschritt, dieser Augenblick hatte etwas Faszinierendes. Ich betrat eine andere Welt. Noch

vor einer Sekunde war die heiße Sonne auf mich herabgeprallt mit einer Temperatur von über 40 Grad und einer Luftfeuchtigkeit von mehr als 90 Prozent. Das machte das Leben an manchen Tagen unerträglich. Dann aber der erste Schritt hinein in die Dunkelheit, der zweite, es wurde schon kühler um mich herum, die Sonnenstrahlen schienen wie aufgesogen von den gewaltigen Bäumen. Eine weiche, kühle Luft sank auf mich herab, eine unheimliche Stille verbreitete sich, alle Geräusche klangen gedämpft, und man hörte nur ein paar Insekten, die auf einem Baumstamm vor sich hin zirpten.
Die Luft roch vollkommen anders als draußen auf der Lichtung, süßer, angefüllt mit Düften, die aus den exotischen Pflanzen und Blumen flossen. Dazwischen waberten der scharfe Geruch verfaulter Pflanzen und der eigenartige Duft des nassen Sumpfes. Es war für mich kein unangenehmer Geruch. Wenn er sich mit der süßen, blumigen Luft vermischte, ergab es einen harmonischen Zusammenklang wie bei einem gut eingespielten Orchester, das zum großen Finale aufspielt.
Ich schaute mich um: rings um uns herum nur Grün; wir waren gleichsam eingemauert in ein grünes Zimmer. Zu meinen Füßen wucherten niedrige Farne, die bei der kühlen Luft wunderbar gedeihen konnten, dann die jungen Bäume, die mit aller Macht versuchten, nach oben ans Licht zu drängeln. Doch von den riesigen Urwaldbäumen wurden sie ignoriert, Bäumen, die so groß waren, dass ich ihre Spitze nicht mehr sehen konnte. Ihre Wurzeln wölbten sich hoch aus dem Boden hervor, wie lange, hellbraune Würmer sahen sie aus, die sich in und über der Erde schlängelten. Es war ein unvergesslicher Anblick.
Christian rief nach mir und riss mich aus meinem Staunen. Er zeigte mir einen kleinen Weg, einen Wildschweinpfad, wie ich vermutete. Wir folgten dem kurvigen Trampelpfad, und plötzlich hatte ich das Gefühl, als beobachte uns der Urwald,

als versuchten die Pflanzen, uns zu ergreifen. Mir wurde ein wenig mulmig, denn mir war sehr wohl bewusst, wie schnell man sich im Urwald verirren kann.
Ich hielt mich dicht hinter Christian, der den Eindruck erweckte, als kenne er sich blendend aus. Nach einigen Minuten sah ich ein helles Licht in der Ferne. Ein paar Sonnenstrahlen hatten ihren Weg bis zum dunklen Waldboden gefunden. Und plötzlich wurde der Urwald von einer Lichtung unterbrochen. Ich stand da, mit offenem Mund, und schaute.
Wir lebten in Foida am Rande eines Sumpfgebietes und am Fuß einer Bergkette. Vereinzelt gab es also auch bei uns schon Hügel und unebene Flächen, und genau so etwas lag vor uns. Nicht sehr steil, nur eine Stelle, an der die Erde sich ein wenig erhob zu einem winzigen Plateau.
Doch nicht das begeisterte mich so, sondern es gab noch etwas, das ich zuvor nur in Danau Bira gesehen hatte: Von den himmelragenden Urwaldbäumen hingen Hunderte von Lianen, dicke, braune, lange Lianen, die so hoch oben wuchsen, dass wir ihren Ursprung nicht mehr sehen konnten. Christian und ich schauten uns an, ein breites Lächeln huschte über unsere verdreckten Gesichter. Wir waren schon immer fest davon überzeugt gewesen, dass Tarzan unser Seelenverwandter war … und endlich … die Gelegenheit!
Mit großem Eifer kletterten wir den kleinen Hügel hinauf. Ich schnappte mir eine Liane, umklammerte sie fest, und mit einem Schrei, auf den Tarzan neidisch gewesen wäre, schwang ich den Hügel hinab. Der Wind brauste, das Grün flog in verschwommenen Streifen an mir vorüber. Dann, für eine Sekunde, blieb ich in der Luft stehen, pendelte aus, und der Rückflug begann. Es ist unglaublich, welch weite Strecke man mit einer Liane zurücklegen kann.
Nach diesem ersten Versuch ließ ich die Liane los und stand wieder auf festem Boden. Als Nächster kam Christian an die

Reihe. Er flog weiter als ich, sein geringeres Gewicht war von Vorteil. Als er wieder neben mir stand, entschied ich mich für eine andere Liane. Es gab so viele, die nur darauf zu warten schienen, mit uns fliegen zu dürfen.
Doch dann trat der Fall ein, von dem der Autor der Tarzan-Geschichten wohl leider nichts wusste: Nicht alle Lianen sind fest mit ihrem Baum verbunden. Wenn man Pech hat, erwischt man die falsche, diejenige, die oben nicht mehr gut angewachsen ist. Und das genau passierte mir …
Um noch mehr Schwung zu bekommen, lief ich, so weit ich konnte, rückwärts und rannte los. Ich raste an den Bäumen vorbei, hob vom Boden ab, segelte durch die Luft, und in voller Höhe, mit einem hässlichen Geräusch – riss die Liane. Ich stürzte tief ins Unterholz.
Einen Moment Stille, dann hörte ich Christians schadenfrohes Gelächter. Ich stand auf, von oben bis unten mit Matsch bedeckt, Blätter und Gräser in meinen blonden Haaren. Jetzt musste auch ich lachen. Ich schaute an mir herab, um sicherzugehen, dass ich mir keine Verletzungen zugezogen hatte, und kletterte erneut den Hügel hinauf.
Nun prüften wir die Lianen genauestens auf ihre Reißfestigkeit, denn wir wollten etwas anderes ausprobieren – einen Tandemflug. Zuerst diskutierten wir lang und breit, wer denn Tarzan und wer Jane sein sollte. Wir wollten natürlich beide Tarzan sein, doch Christian meinte, als Mädchen sei ich logischerweise Jane. Ich gab zurück, dass es doch wohl ziemlich komisch aussähe, wenn Jane größer als Tarzan wäre. Also müsse ich, als die Ältere, Tarzan sein! Letztendlich entschieden wir uns, die ganze Geschichte zu ändern. Ich war Tarzan, und Christian war der verlorene Bruder Tarzans, den man in den Geschichten vergessen hatte zu erwähnen.
Wir ergriffen eine dicke Liane, hielten uns beide daran fest und legten los. Doch trotz aller Vorsicht brach auch diesmal

unser Seil, und wir landeten lachend auf dem Boden. Jetzt waren wir beide schwarz vor Dreck und hatten uns zum Glück wieder nur kleine Schnitte und blaue Flecken geholt. Hätte uns in diesem Moment jemand gesehen, man hätte uns glatt für Eingeborene gehalten.

Gerade als wir erneut auf den Hügel klettern wollten, um weiter zu schwingen, näherte sich eine dunkle Gestalt aus dem Urwald. Es war Nakire, die Fayu hatten gepetzt. Aber wir waren so im Glück, dass es uns nicht weiter störte: Wir hatten ein großartiges Erlebnis gehabt.

Aus dem ungeschriebenen Gesetz wurde an diesem Tag allerdings ein ausdrückliches Verbot – wir durften niemals wieder allein in den tiefen Urwald vordringen, nur mit besonderer Erlaubnis beider Elternteile.

Und wir gehorchten zukünftig auch, denn die Gefahr, zum Beispiel durch Wildschweine, war einfach zu groß.

Tiersammlung, Teil II

Dass man zu den verrückten Weißen mit allerlei Tieren kommen konnte und dafür Messer oder Fischhaken bekam, war für die Fayu eine stete Quelle des Vergnügens und der Verwunderung. Dass die Weißen diese Tiere oftmals einfach wieder freiließen, darüber lachten sie noch mehr.
Als es wieder einmal so weit war und uns ein Fayu, der gerade von der Jagd kam, einen kleinen Papagei brachte, war es für mich Liebe auf den ersten Blick. Diesen kleinen Vogel musste ich unbedingt haben! Aber es gab ein Problem: Mama.
»Sabine, jetzt muss langsam mal Schluss sein mit deiner Sammlung«, hatte sie mir erst neulich gesagt, als meine Lieblingsfledermaus gestorben war. Ich hatte sie dramatisch und tränenreich begraben und natürlich sofort über Ersatz nachgedacht. Dieser Papagei aber war so süß, da würde selbst Mama nicht widerstehen können, dachte ich mir. Ich hatte mich getäuscht.
»Nein, nein, nein«, sagte sie entschlossen, »verschont mich! Keine Tiere mehr!« – zumal ausgerechnet an diesem Morgen auch noch Judiths Känguru, Fifi, kleine Häufchen in Mamas frisch bezogenem Bett hinterlassen hatte.
Aber da konnte *ich* doch nichts dafür! Die Tränen flossen, Mama blieb stur, wie immer half das Heulen nichts bei ihr. Traurig saß ich draußen auf der Treppe, mit dem Papagei auf dem Arm, und klagte ihm zärtlich mein Leid. »Bobby« hatte

*Klausu Bosa mit
zwei jungen Nashornvögeln*

ich ihn genannt. Er schaute mich mit seinen großen, neugierigen Augen an. Christian kam mit etwas Brotfrucht, mit der wir ihn fütterten. Zu unserer Freude aß er sie mit Begeisterung.
Doch Papa hatte den Fayu-Jägern bereits ein paar Fischhaken gegeben, und so wussten wir, dass wir Abschied nehmen mussten. »Das Leben ist schwer«, sagte meine Mutter ohne Mitleid und wandte sich zum Haus. Ich warf ihrem Rücken einen bösen Blick zu, knüpfte schweren Herzens die Schnur von Bobbys Bein ab und setzte ihn auf einen nah gelegenen Ast. Als er davonflog, brach ich erneut in Tränen aus. Der Tag war gelaufen. Das Leben war ungerecht, und so einen schönen Papagei zu verlieren kam einer Tragödie gleich.
Am nächsten Morgen wachte ich früh auf und ging allein nach draußen, um mir zum Frühstück etwas Brotfrucht vom Baum zu holen. Ich setzte mich auf die Treppe und fing an zu essen,

als ich ein leises Flattern neben mir hörte. Da, neben mir, saß Bobby und schaute gierig auf mein Mahl. Ich konnte mein Glück kaum fassen – Bobby war zu mir zurückgekehrt, ohne Zwang, ohne Schnur, ohne die Erlaubnis von Mama! Dies war der Beginn einer langen Freundschaft mit einem eigenartigen und klugen Vogel.

Bobby hielt sich von nun an ums Haus herum auf, ich fütterte ihn, und er amüsierte uns mit seiner lustigen Art. Nach einiger Zeit lernte er sogar ein paar Wörter sprechen. Mama drückte beide Augen zu, denn er war ja kein Haustier. Aber als ob er sich gemerkt hätte, dass Mama gegen ihn gewesen war, ließ Bobby sich immer wieder etwas einfallen, um sie zu ärgern.

Es fing eines Tages ganz harmlos mit der Wäsche an. Mama wusch ein- oder zweimal die Woche unsere schmutzigen Kleider im Fluss und hängte sie dann mit Wäscheklammern an eine Leine vor dem Haus. Bobby saß gern auf dieser Wäscheleine, und Mama hatte anfangs auch nichts dagegen. Eines Tages aber hörten wir sie wütend rufen: »Wer war das?«

Neugierig rannten wir ums Haus herum. Die ganze Wäsche, die Mama am Morgen aufgehängt hatte, lag auf dem matschigen Boden, die Wäscheklammern verstreut daneben. Wie immer schaute meine Mutter mich als Erste an. »Sabine«, fragte sie streng, »wie kannst du …?«

Empört schüttelte ich den Kopf. »So was würde ich nie tun!«, rief ich und meinte es ausnahmsweise ernst. Da keiner die Tat gestehen wollte, blieb Mama nichts anderes übrig, als die komplette Wäsche noch einmal zu waschen.

Ein paar Tage später passierte das Gleiche wieder. Doch diesmal ertappte Mama den Übeltäter auf frischer Tat: Es war mein Papagei Bobby, der mit dem Schnabel vergnügt die Wäscheklammern abzog und dann ausspuckte. Mama kochte vor Wut, aber Bobby war zu schnell für sie. Hoch oben auf einem Baum keckerte er ihr frech zu.

Als Nächstes kam die Sache mit dem Mittagsschlaf. Mama legte sich öfters mittags hin, und wir alle wussten, dass sie dann nicht gestört werden durfte. Aber Bobby hielt sich nicht daran. Vielmehr machte es ihm großen Spaß, mittags vor ihrem Fenster zu krächzen, so laut er nur konnte. Und sobald Mama nach draußen lief, war er natürlich weg.

Sie schaute – oder hörte – sich das ein paar Wochen lang an, dann zeigte sie Bobby, wer am längeren Hebel saß: Vor dem nächsten Mittagsschlaf füllte sie einen Eimer mit Wasser und stellte ihn am Fenster bereit. Und kaum hatte der ahnungslose Bobby mit seinem Mittagskonzert angefangen, schüttete Mama ihm den ganzen Eimer Wasser übers Gefieder. Die Mittagsruhe war gerettet, zumindest bis zum nächsten Mal.

Eines Tages aber ging es schief. Wie immer hatte Mama ihren Eimer Wasser am Fenster deponiert. Sie legte sich hin und wartete darauf, dass Bobby mit seinem Getobe anfangen würde. Kaum hörte sie ihn, lief sie zum Fenster und kippte mit großem Schwung das Wasser hinaus. Doch diesmal war ein großes Geschrei die Antwort, und entsetzt schaute sie aus dem Fenster. Direkt unter ihr saß Papa mit einem Fayu-Krieger, der von flussaufwärts gekommen war, um irgendetwas zu verhandeln.

Papa rannte ins Haus und schrie Mama an: »Weißt du nicht, dass das einer der gefährlichsten Krieger ist?!«

Mama hatte sich auch erschreckt, ließ es Papa aber nicht merken. Kühl sagte sie zu ihm: »Woher soll ich das wissen? Hat er vielleicht ein Schild um mit der Warnung ›Ich bin ein gefährlicher Krieger, kippt mir kein Wasser über den Kopf‹? Und außerdem habe ich euch nicht gesehen. Ich habe mich auf den Papagei konzentriert.«

Papa beruhigte sich etwas und sagte: »Das Beste wäre, du entschuldigst dich. Wie, das musst du selbst wissen.« Damit ging

er wieder nach draußen zu dem Fayu-Krieger, der inzwischen ziemlich sauer war.
Ich sah Mama gespannt an und wisperte: »Oh, oh, Mama, was machst du jetzt bloß?«
»Das werdet ihr gleich sehen«, antwortete sie, während sie Papas großes Badetuch und noch ein paar Kleinigkeiten an sich nahm und damit nach draußen ging. Sie war noch immer stinkwütend, dass Papa es gewagt hatte, sie anzuschreien.
Der Mann saß inzwischen an der Feuerstelle und schaute Mama empört entgegen. Sie schlug die Hände zusammen und verbeugte sich ein paar Mal vor ihm. Das hatte sie schon des Öfteren bei Fayu gesehen, die sich entschuldigen wollten. Dann nahm sie Papas Badetuch und trocknete dem Krieger die Haare und das Gesicht. Er nahm das Handtuch schließlich an sich und steckte es ein, zusammen mit den anderen Dingen, die Mama ihm gebracht hatte. Papa passte das gar nicht, doch er konnte wohl schlecht etwas dagegen tun.
»Tja«, sagte Mama trocken zu ihm, »das war nun das Ende deines Badetuchs.«
Damit drehte sie sich um und ging vergnügt wieder ins Haus. Wir amüsierten uns köstlich über Papas Gesicht.

Jahre später, als Bobby im Urwald verschwand und nicht wieder auftauchte, trauerte sogar Mama um ihn. Er hatte uns so oft zum Lachen gebracht und mein Leben ungemein bereichert.

Malaria und andere Krankheiten

Wenn ich Menschen von meiner Jugend im Dschungel erzähle, fragen sie mich oft – insbesondere, wenn sie selbst Kinder haben –, wie wir ohne Ärzte, ohne moderne Krankenhäuser zurechtkamen. Als Kinder haben wir darüber natürlich nie nachgedacht; und meine Eltern, nehme ich an, hatten genügend Gottvertrauen. Erst heute kann ich einschätzen, wie knapp wir manchmal größerem Unheil entronnen sind.
Hier in Europa kämpfen Kinder oft mit Erkältungen – mit verstopften Nasen, Husten und anderen lästigen Dingen. Im Urwald kannten wir keine Erkältung, stattdessen wurde Malaria zu unserer ständigen Begleiterin. Moskitos gab es wie Sand am Meer, wir hatten uns schon fast an die juckenden Stiche gewöhnt und achteten nicht mehr darauf. Doch irgendwann sticht dich die falsche Mücke, und dann kommt die Krankheit. Sie schleicht sich nicht an, sie attackiert, ohne jede Vorwarnung, ohne jedes Anzeichen.
Man wacht zum Beispiel am Morgen auf, fühlt sich gut, isst normal und geht den täglichen Dingen nach. Doch urplötzlich wird einem schwindelig, man kann sich nicht mehr auf den Beinen halten und hat das Gefühl, erbrechen zu müssen. Innerhalb weniger Minuten steigt die Körpertemperatur auf hohe Fiebergrade. Der ganze Körper scheint zu brennen, man reißt sich die Kleider vom Leib, möchte am liebsten in

Eis gepackt werden, nichts ist kühl genug, um die Hitze zu bremsen, der Körper verglüht. Man legt sich einen kühlen Lappen auf die Stirn, der momentan zu helfen scheint; die Hitze lässt ein wenig nach, die Temperatur sinkt immer tiefer. Hört nicht auf, sinkt und sinkt. Es wird einem erbärmlich kalt, der ganze Körper zittert, man zieht sich einen Pullover über, eine lange Hose, man hüllt sich in eine dicke Decke ein, doch es hilft alles nichts, man friert, alles ist eiskalt.
Wasser wird erhitzt und in eine Wärmflasche gefüllt. Sie lindert ein wenig, doch das Wasser ist nicht heiß genug, das Wasser muss heißer sein! Jetzt hat man zwei Decken über sich, aber die Kälte lässt nicht nach.
Dann endlich dringt die Wärme in den Körper. Es wird heißer, immer heißer. Decken werden abgeworfen, Kleider ausgezogen. Man schwitzt immer mehr, immer mehr – wo ist der kühle Lappen? Der Körper verbrennt, Kopfschmerzen, Erbrechen, nichts bleibt im Magen.
Manchmal halluziniert man, manchmal liegt man nur da, kann sich nicht bewegen und ist sicher, dass man jetzt sterben wird. Doch allmählich wird es besser. Nach ein paar Tagen helfen die Medikamente, die Temperatur hat sich stabilisiert, der Hunger kommt zurück, die Kopfschmerzen sind weg. Die Malaria hat sich zurückgezogen und schlummert ... bis zum nächsten Ausbruch.

Meine erste Malaria-Erinnerung ist zugleich auch die dramatischste.
Wir spielten wie üblich, als Christian plötzlich sagte, er fühle sich nicht wohl. Eine halbe Stunde später lag er im Bett ... Malaria. Mama versorgte ihn, Judith und ich spielten weiter. Am Abend, kurz vor dem Essen, wurde Judith ganz blass, Minuten später lag auch sie im Bett ... Malaria.
Papa und ich aßen weiter und machten uns für die Nacht

fertig. Mama rannte zwischen Judith und Christian hin und her, zuerst froren beide ganz fürchterlich, dann glühten sie wie Öfen. Judith halluzinierte, Christian erbrach. Papa sollte das Bett mit Judith tauschen, so dass Judith und Christian mit Mama im Ehebett schlafen konnten.

Es wurde sehr spät, bis ich endlich einschlief. Aber schon ein paar Stunden später weckte mich Mama, sie bräuchte meine Hilfe. Papa lag in Judiths Bett, eingehüllt in Decken und Jacken. Mama brauchte gar nichts weiter zu sagen, denn ich wusste sofort, Papa hatte auch Malaria. Mama und ich versorgten die anderen, doch bald bemerkte ich, dass auch Mamas Bewegungen immer langsamer und schwerfälliger wurden. Sie ruhte sich öfters aus, stützte sich gegen die Wand.

»Ist alles in Ordnung?«, fragte ich.

»Ist schon gut«, antwortete Mama. Doch ich merkte, dass dem nicht so war, sie schwitzte ganz schrecklich. Langsam wurde es hell draußen, und ich fing an, mir große Sorgen zu machen. Dann brach Mama zusammen, sie konnte nicht mehr, zitterte am ganzen Körper. Jetzt war ich ganz allein, rannte zwischen allen Betten hin und her, holte kalte Lappen, alle Decken, die ich fand, leerte die Eimer und brachte sie wieder zurück.

Und kurze Zeit später erwischte es mich auch. Ich schleppte mich zu Papa, sagte ihm, dass auch ich mich nicht gut fühlte, und konnte mich gerade noch umdrehen, auf ein Bett sinken und unter eine Decke krabbeln.

Ein paar Stunden später schleppte sich Papa zum Kurzwellenradio und rief die Dschungelbasis Danau Bira um Hilfe. Innerhalb einer halben Stunde war der Helikopter – der zu dieser Zeit gottlob funktionierte – in der Luft und machte sich auf den Weg zu uns. In unserem Haus in Danau Bira bekamen wir die richtige Pflege und waren nicht mehr allein auf uns gestellt.

Den anderen ging es auch bald wieder besser, doch bei mir stimmte etwas nicht. Ich wurde immer kränker, das Fieber wollte nicht sinken. Ich bettelte um eine Wärmflasche, mir war so kalt. Mama brachte mir die Flasche, die sie in ein Tuch gewickelt hatte, und legte sie auf meine Brust. Als sie aus dem Zimmer ging, entfernte ich sofort das Tuch, denn das Wasser war mir nicht heiß genug. Etwa eine halbe Stunde später kam Mama wieder in mein Zimmer. Sie sah das Tuch neben mir liegen, riss entsetzt die Decke von meinem Körper und die Wärmflasche von meiner Brust. Es war schon zu spät: Ich hatte massive Verbrennungen auf der Brust und hatte es nicht bemerkt – mir war so elend kalt!

Eine amerikanische Krankenschwester, die sich gerade in Danau Bira aufhielt, kam zu uns, untersuchte mich und sagte etwas zu Papa. Ihm stiegen Tränen in die Augen. Er kniete neben meinem Bett nieder und betete.

Ich konnte nichts davon einordnen. Gleich darauf wurde alles schwarz. Als ich wieder aufwachte, fühlte ich etwas Hartes unter mir, mein Kopf lag auf einem Stein, ich befand mich in einem dunklen Tal, sah in weiter Ferne ein Licht.

»Mama, das Bett ist so hart, bitte gib mir ein Kissen«, flüsterte ich mit schwacher Stimme, hatte aber das Gefühl, ich würde schreien.

Wie aus weiter Ferne hörte ich Mama antworten: »Aber Liebes, du hast doch ein Kissen, das ist weich.«

»Bitte, Mama, hilf mir, komm doch zu mir«, flüsterte ich ganz verzweifelt.

»Ich bin doch hier, ich bin hier«, wiederholte Mama immer wieder. Sie muss mindestens ebenso verzweifelt gewesen sein. Dann wurde alles wieder schwarz um mich herum.

Papa und Mama standen neben mir, hielten meine Hände und weinten. Die Krankenschwester hatte ihnen zuvor gesagt, dass sie nichts mehr für mich tun könne und dass diese Nacht

entscheidend für mein Überleben sein würde. Doch es war noch nicht meine Zeit zu gehen. Am nächsten Morgen wurde ich wach, die Sonne strahlte wieder – und ich hatte einen Bärenhunger.
Erst viel später erzählte mir Mama, dass ich damals fast gestorben wäre und dass sie und Papa die ganze Nacht neben mir gewacht und für mich gebetet hätten.
Es war nicht allein Malaria, die mich so niedergestreckt hatte. Wir hatten uns zusätzlich mit einem unbekannten Virus angesteckt, den wahrscheinlich die Fayu übertragen haben – deswegen wurden wir auch alle gleichzeitig krank. Unser schon von dem Virus geschwächtes Immunsystem hat die Malaria nicht mehr aufhalten können, und bei mir kam es dadurch zu einer lebensgefährlichen Attacke.
Später haben wir noch öfter Malaria bekommen, und auch von Hepatitis blieb ich nicht verschont. Aber die Anfälle wurden mit der Zeit immer weniger. Unsere Körper entwickelten eine Art Immunität, wir wurden immer seltener krank.
Seit meiner Rückkehr nach Europa hatte ich gar keine Malaria mehr. Aus medizinischer Sicht bin ich geheilt.

Malaria war jedoch nicht die einzige Krankheit, mit der wir zu kämpfen hatten. Am meisten machten uns Wundinfektionen zu schaffen. Es genügte manchmal schon ein einfacher Moskitostich oder ein kleiner Kratzer, den wir uns meist unbewusst zuzogen, und schon konnte sich quasi über Nacht eine schmerzhafte Infektion entwickeln, die manchmal Tage andauerte, bevor wir sie wieder unter Kontrolle hatten. Glücklicherweise sind wir niemals wegen einer Entzündung in Lebensgefahr geraten, doch ich fand es mehr als lästig.
Jeden Abend, bevor wir zu Bett gingen, musste Mama nachsehen, ob wir kleine Wunden hatten, die sich infizieren konn-

ten. Später, als wir älter waren, kontrollierten wir selbst, waren aber leider oft nicht gründlich genug und liefen am nächsten Tag mit einer schmerzhaften Infektion herum, die alle paar Stunden neu verbunden werden musste.

Eines Morgens zum Beispiel wachte ich auf, und mein Knie tat weh, doch ich ignorierte es. Ein neuer Tag stand vor der Tür, spannende Abenteuer warteten auf mich – was störte mich da ein kleiner Schmerz? Also sprang ich aus dem Bett, frühstückte, erledigte meine Schularbeiten, so schnell es mein unaufmerksames Hirn erlaubte, und lief nach draußen, um zu spielen. Nach einiger Zeit schmerzte mein Knie immer mehr; ich hatte das Gefühl, als bearbeite ein Hammer im Inneren den Knochen. Allem Anschein nach hatte ein Moskitostich sich entzündet. Als ich schließlich nicht mehr laufen konnte, humpelte ich zu meiner Mama, die gerade sehr beschäftigt war und mich bat, kurz zu warten. Ich setzte mich auf die Holzbank in der Küche und konnte zusehen, wie die Infektion sich verschlimmerte. Vor allem konnte ich fünf rote Linien sehen, die sich von dem Stich aus in verschiedene Richtungen vorschoben. »Interessant«, dachte ich und beobachtete weiter.

Kurze Zeit später kam Mama – und erschrak furchtbar. Ich musste mich sofort hinlegen, und sie erklärte mir, dass ich eine Blutvergiftung hätte, die gefährlich werden könnte, sollten die roten Linien es bis zu meinem Herzen schaffen. Sie machte es dramatisch, ich aber hörte ihr nur halb zu. Die roten Linien schienen langsam wie Schnecken, und ich langweilte mich schon wieder in meinen Kissen und hoffte, dass ich bald wieder auf den Beinen wäre – was dank Mamas Verbänden und Antibiotika dann auch der Fall war.

Überhaupt war ich ziemlich sorglos bis fahrlässig in dieser Zeit. Sogar tiefe Wunden, die ich mir irgendwie zuzog, beeindruckten mich nicht. Ich habe mich mehrmals mit einem

Messer stark verletzt, schaute ungerührt auf die blutende Stelle, ging ins Haus, holte Verbandszeug, wischte und wickelte und klebte ein bisschen und ging wieder nach draußen zum Spielen.

Fast immer hatte ich auch mit Infektionen an den Zehen zu kämpfen, denn ich trug kaum Schuhe, und da meine Fußsohlen anfangs noch nicht so hart waren wie die der Fayu, verletzte ich mich schnell. Mama war verzweifelt, ständig rannte ich mit schmutzigen Verbänden an den Füßen herum, doch mir war es egal: Ich war zu beschäftigt, um mich darum zu kümmern.

Eines Tages aber erzählte Mama mir mit ernstem Gesicht, dass mir alle Zehen abfallen würden, wenn ich so weitermachte. Dann wäre ich verstümmelt für den Rest meines Lebens. Doch was kümmerte es mich? Wer würde mich im Urwald sehen außer den Fayu, die selbst genug Verstümmelungen hatten? Im Gegenteil, ich hätte es erstrebenswert gefunden, auch ein paar Narben zu tragen, auch ein paar Zehen weniger zu haben. Dann hätte ich wenigstens eine spannende Geschichte erzählen können, wie ein Krokodil sie mir abgebissen hat.

Was mir aber tatsächlich Sorgen machte, war der Ringwurm, eine Art Hautpilz, der sich über den ganzen Körper verbreiten konnte. Die Fayu-Frauen hatten ihn häufiger als die Männer, sie waren aus irgendeinem Grund anfälliger dafür. Es dauerte nicht lange, und ich bemerkte eines Abends auf meinem Arm eine Stelle, die juckte, sah aber keinen Stich. Am nächsten Morgen im Sonnenlicht schaute ich genauer hin und erkannte sofort die charakteristische Rötung. Ich rannte zu Mama, weinte und dachte, nun sei ich für den Rest meines Lebens von diesem schrecklichen Hautpilz entstellt. Ringwurm war langweilig, hatte keinen Abenteuerwert wie fehlende Gliedmaßen und juckte zudem wie wahnsinnig. Mama beruhigte mich und holte eine Creme, die sie jeden Morgen und jeden Abend auftrug, bis die Sache ausgestanden war. Ich war sehr erleichtert.

Was immer wir hatten, was immer uns passierte – irgendeine Lösung oder Linderung würde Mama finden. In diesem Vertrauen wuchsen wir Kinder im Dschungel auf. Und meine Mutter tat ihr Möglichstes, um auch die Fayu an ihrem Wissen teilhaben zu lassen.

Vergeben lernen

Wir hatten wieder einmal ein köstliches Stück Krokodilschwanz bekommen; Papa hatte es gegen einen Topf eingetauscht. Das Wasser lief uns schon im Mund zusammen. Wir zündeten hinter unserem Haus ein Feuer an und legten das Fleisch auf dem Holzgestell über die Flammen, um es zu räuchern. Einige Stunden würden wir noch warten müssen, bis wir es genießen konnten.
Mama war hinten im Haus und wollte etwas holen. Zufällig fiel ihr Blick aus dem Fenster, von wo aus man das brutzelnde Fleisch sehen konnte.
Da plötzlich kam ein halbwüchsiger Fayu aus dem Urwald, der Sohn von Häuptling Baou. Er schaute sich vorsichtig um und schlich sich langsam zum Feuer. Natürlich hatte er Mama nicht gesehen, die alles vom Fenster aus beobachtete. Blitzartig schnappte er sich ein Stück Fleisch und wollte damit abhauen.
Mama war völlig perplex und rief laut: »Hey!«
Der Junge sah sich erschrocken um, warf das Fleisch wieder zurück auf das Holzgestell und rannte in den Urwald.
In kürzester Zeit wussten alle, dass jemand uns etwas stehlen wollte. Häuptling Baou hatte seine Hütte ungefähr dreihundert Meter von unserem Haus entfernt im Urwald gebaut. Wir hörten seine Schreie, als er erfuhr, was sein Sohn getan hatte. Denn nach Fayu-Bräuchen war Papa jetzt berechtigt, die Tat zu rächen. Häuptling Baou bangte um seinen Sohn, sah ihn schon als verloren an.

*Christian und ich mit
Häuptling Baou (links) und Ohri (rechts)*

Wir hingegen saßen an unserem Holztisch und überlegten, was wir am besten tun sollten.
Da sagte Mama: »Klaus, weißt du was, in der Bibel steht schließlich, wenn jemand dir was wegnimmt, dann gib ihm noch etwas dazu. Hier ist ein schönes Stück Krokodilfleisch – warum bringst du es nicht einfach dem Häuptlingssohn und sagst ihm, dass wir nicht böse auf ihn sind?«
Wir nickten und fanden die Idee gut. Gerade hatten uns andere Fayu erzählt, dass der Junge sich im Urwald versteckte, in panischer Angst vor seinem Vater und vor uns, denn er wusste nicht, was wir mit ihm vorhatten.
Papa ging los, ich folgte ihm. Wir schlenderten den kleinen Urwaldpfad hinunter bis zu Häuptling Baous Hütte. Die ganze Familie saß dort zusammen, und als sie uns sahen, kam Unruhe auf. Papa fragte Häuptling Baou, wo sein Sohn sei, er

wolle ihn sprechen. Ich schaute dem Häuptling ins Gesicht; nie hatte ich diesen mächtigen Mann so traurig gesehen.

Der Sohn trat langsam aus dem Urwald. Er zitterte am ganzen Leibe, hatte wahnsinnige Angst. Papa ging auf ihn zu und tat nun das, was keiner erwartete: Er nahm den jungen Fayu in den Arm, sagte ihm, dass er nicht böse sei, und um dies zu beweisen, habe er ihm ein großes Stück Fleisch mitgebracht. Die ganze Familie starrte Papa verständnislos an. Keiner wusste, was er sagen oder tun sollte. Der Sohn nahm das Fleisch und verschwand wieder im Wald.

In diesem Augenblick änderte sich etwas im Herzen von Häuptling Baou. Dieser Mann hatte niemals Gnade oder Vergebung gekannt und war durch seine unvorstellbare Brutalität zum gefürchtetsten Krieger unter den Stämmen der Umgebung geworden. Was der weiße Mann tat, war ihm vollkommen fremd. Doch es war eine Geste, die später dazu führte, dass Häuptling Baou zum Friedensträger wurde. Er schaute Papa an, Tränen in den Augen. Keiner sagte ein Wort.

Als wir wieder zum Haus zurückkehrten, wurde mir einmal mehr Papas Lebensprinzip klar, das Grundprinzip seiner Arbeit: dass die Liebe stärker ist als der Hass und dass wir nicht durch große Worte, sondern nur durch unsere Lebensweise, unser eigenes Verhalten, die Herzen dieser Menschen ändern können.

Wie ich so hinter ihm herlief, wurde mir bewusst, dass ich gerade etwas ganz Besonderes erlebt hatte. Nur eine kleine Geste – aber für dieses vergessene, von Hass und Vergeltung geprägte Volk war es ein Schritt auf dem Weg zum langersehnten Frieden.

Viele Rückschläge gab es noch durch die Jahre. Vergebung und friedlichen Umgang kann man nicht von einem auf den anderen Tag lernen. Heute jedoch leben die Fayu in Frieden, abgesehen von den Konflikten, die es überall gibt, wo Menschen zusammenleben. Doch sie haben gelernt, diese Konflikte anders zu bewältigen und gemeinsam Lösungen zu suchen.

Es war nicht immer leicht, und es gab Tage, an denen nicht nur wir, sondern auch die Fayu entmutigt und niedergeschlagen waren. Sie gaben aber nicht auf: Sie waren ein Volk, das ein gemeinsames Ziel gefunden hatte und gemeinsam kämpfte, um dieses Ziel zu erreichen.

Es war auch nicht das letzte Mal, dass die Fayu uns etwas stahlen. Jedes Mal, wenn wir aus Danau Bira zurückkehrten, fehlte ein Teil unserer Sachen, die wir im Haus zurückgelassen hatten. Tief im Dschungel Ersatz zu finden war langwierig und oft unmöglich. Es war eine schwierige Situation für Mama und Papa. Immer von neuem hofften sie, dass sich die Fayu ändern würden, immer wieder mussten sie enttäuscht feststellen, dass es – noch – nicht der Fall war. Doch meine Eltern hielten durch.

Manchmal hatte es ja auch seinen Reiz, wenn ein Häuptling oder Krieger plötzlich in Mamas Unterhose herumlief oder den Schlüpfer als Hut auf dem Kopf trug. Die Fayu stahlen übrigens mit Leidenschaft die Nägel aus Papas Handwerkszeug. Papa wunderte sich immer, was sie wohl damit anfingen. Eines Tages sahen wir es: Sie benutzten sie als Nasenschmuck!

Nicht lange nach der Begebenheit mit Häuptling Baous Sohn passierte wieder etwas. Papa war mit seinem Boot gerade aus dem Dorf Kordesi zurückgekehrt, wohin uns ein Flugzeug wichtige Waren aus der Hauptstadt geliefert hatte. Dazu gehörte auch ein neuer blauer Plastikeimer, den wir dringend brauchten, zum Wasserholen, Wäschewaschen und vielem mehr. Mama konnte es kaum erwarten.

*Papa reibt die Stirn mit Nakire,
eine Freundschaftsgeste*

Ein junger Fayu-Mann war zum Boot gekommen und fing an zu betteln. Er wollte ein Messer haben, doch Papa hatte keins mehr und bat ihn zu warten, bis er neue bekam. Der junge Mann drehte sich um und ging davon. Er war wütend, und nach einigen Metern blieb er abrupt stehen, hob einen Stein auf und warf ihn mit voller Wucht auf Papa. Der Stein verfehlte meinen Vater gottlob, doch stattdessen traf er den neuen blauen Eimer und zerbrach ihn. Das war zu viel selbst für Papa. Er kochte vor Wut und rannte hinter dem jungen Mann her, wollte ihn zur Rechenschaft ziehen, konnte es einfach nicht fassen, dass dieser lang ersehnte Eimer schon wieder kaputt war.
Noch im Laufen bemerkte er, dass alle Fayu in ihren Tätigkeiten innehielten und ihn beobachteten. Sie dachten wohl gespannt bei sich: »Schaut euch den Klausu an. So wild haben wir ihn ja noch nie gesehen. Er wird jeden Moment explodieren.«

Papa hatte den Fayu-Jungen fast eingeholt, da ging eine plötzliche Veränderung in ihm vor. Die Wut verschwand, und etwas wie Ruhe trat an ihre Stelle. Es war ein Geschenk des Himmels, wie Papa mir später erzählte. In diesem Moment wurde ihm bewusst, was Vergebung wirklich bedeutet.
Als er den Jungen endlich erreicht hatte, fasste er ihn freundschaftlich am Arm und rieb seine Stirn an der des anderen – das Fayu-Zeichen für Verbundenheit. Die Fayu-Zuschauer blickten erstaunt und überrascht. Wieder hatten sie ein zunächst unfassbares Beispiel für Vergebung erlebt.
Diese Geschichte bringt mich jedoch auch auf meine Mutter. Ich weiß nicht, ob man die Wichtigkeit eines Eimers im Dschungel ermessen kann, wenn man in der Sicherheit aufgewachsen ist, dass alles schnell ersetzbar ist. Ein Eimer ist nur ein Eimer. Doch stell dir vor, du lebst im Dschungel, hast kein Wasser mehr in den Regentonne, kannst die Toilette nicht spülen, musst alles Wasser vom Fluss zum Haus transportieren. Du musst deine Kleidung waschen, Essen wie Süßkartoffeln oder Ähnliches zum Fluss tragen, um es zu waschen, und so weiter. Alles wird einfacher mit dem Eimer. Und jetzt hast du diesen kostbaren Gegenstand verloren, bevor du ihn überhaupt nutzen konntest. Wieder heißt es improvisieren und andere Lösungen finden, um den Alltag zu meistern.
Es war nicht einfach für jemanden wie meine Mutter, die in Deutschland aufgewachsen ist und dann mit solchen Gegebenheiten fertig werden musste. Ich bewundere sie und habe großen Respekt vor der Gelassenheit, mit der sie unser Leben zusammenhielt, und auch davor, dass sie niemals wütend oder frustriert war, wenn etwas nicht klappte. Wie schwer muss es in diesen ersten Jahren gewesen sein, das ständige Stehlen ohne zu klagen über sich ergehen zu lassen!
Während des Geschehens stand Christian neben mir und sagte: »Ein Glück, dass du den Eimer nicht kaputtgemacht

hast, du wärst in viel mehr Trouble gewesen.« Ich nickte und war froh darüber, dass ich zufällig einmal nicht der Übeltäter war.

Als wir das nächste Mal nach Danau Bira mussten, baute Papa vorher eine geheime Kammer ins Haus ein, um dort unsere Sachen zu verstecken. Er hoffte, dass die Fayu diesen Raum, den er mit Brettern zunagelte, um ihn wie eine normale Wand aussehen zu lassen, nicht finden würden.
Darin hatten wir alles in großen blauen Plastiktonnen verstaut, um es vor den Tieren zu schützen.
Doch als wir wiederkamen, war die Wand aufgebrochen. Mama und Papa waren so entmutigt, wussten einfach nicht mehr weiter. Wir saßen am Holztisch, und keiner sagte ein Wort. All unsere Bettwäsche, alle Kleidung, Küchenbesteck, Töpfe, Handtücher, Seife, einfach alles war weg. Wir hatten nur noch das, was wir im Gepäck mit uns führten.
Plötzlich klopfte es leise an unsere Tür. Papa öffnete, und Nakire stand vor ihm. »Psst, Klausu, komm mit«, raunte er.
Wir folgten ihm alle nach draußen. Dort standen mehrere Fayu vom Iyareki-Stamm. Als sie uns sahen, verschwanden sie mit Nakire im Urwald, doch wir sollten warten. Gespannt standen wir vor unserem Haus und harrten der Dinge. Da hörten wir ein Rascheln, und vor unseren erstaunten Augen brach Nakire mit den Männern durchs Gebüsch, jeder mit einer unserer blauen Tonnen vor sich, all den Sachen, die wir verloren geglaubt hatten. Papa konnte es kaum fassen.
Nakire erklärte ihm stolz, dass die anderen Fayu-Stämme die Tonnen klauen wollten, doch er sei ihnen zuvorgekommen und habe alles im Urwald versteckt. Wir waren so glücklich. Dies war das erste Mal, dass die Fayu etwas taten, das nicht ihrer Denkweise entsprach. Für uns war es ein kleines Wunder.

Nach und nach wurde immer weniger bei uns eingebrochen. Dann hörte es eines Tages ganz auf. Und dann, wir waren gerade einmal wieder aus Danau Bira zurückgekommen, hörten wir draußen Stimmengewirr. Wir sahen nach, was los war, und da kamen sie, die Männer der vier Fayu-Stämme: die Iyarike, die Sefoidi, die Tigre und der Tearü-Stamm.
Sie stellten sich fast bis zum Ufer in einer Reihe auf und kamen dann einzeln zu uns. Zu unserer größten Überraschung legten sie auf unsere Veranda alles, was sie uns jemals gestohlen hatten: Töpfe, Kleidung, Messer, Löffel, Teller, Boxen, Fischhaken, Bänder und so weiter. Und ganz vorne stand Häuptling Baou.
Obwohl das meiste in einem so schlechten Zustand war, dass wir es nicht mehr gebrauchen konnten, freuten wir uns riesig. Dieser Moment war ein besonderer für uns. Angeführt von Häuptling Baou hatten alle Fayu gemeinsam als Volk die Entscheidung getroffen, nicht mehr vom weißen Mann und seiner Familie zu stehlen.

Judith wird erwachsen

Nicht immer war die ganze Familie vereint. Eines Montagmorgens kam der Hubschrauber, um Mama abzuholen; sie wollte nach Jayapura, um dringende Einkäufe zu erledigen. Der Reissack war leer, Tee und Kaffee fast aufgebraucht, und die Konserven waren ebenfalls zur Neige gegangen. So verließ uns Mama und versprach, uns etwas ganz Tolles mitzubringen. Wir winkten ihr fröhlich hinterher und träumten schon von den Dingen, die da kommen würden.

Kurz nach ihrer Abreise wachte ich nachts von einem leisen Geräusch auf. Es war stockdunkel draußen, nur ein schwacher Lichtschimmer kam vom Badezimmer her. Judith lag nicht in ihrem Bett, und durch den Türvorhang sah ich die Gestalt meiner Schwester auf dem Boden knien. Da stimmte etwas nicht. Judith stand nie nachts auf, und schon gar nicht, um auf dem Badfußboden herumzusitzen.

Leise kroch ich aus meinem Moskitonetz und schlich zum Vorhang. »Judith«, flüsterte ich, »ist alles okay?«

Ein gedämpftes Schluchzen war die Antwort. Ich fing an, mir wirklich Sorgen zu machen, schlüpfte ins Badezimmer und erschrak beim Anblick meiner Schwester. Sie hatte zwei Kerzen angezündet, ihr Nachthemd lag auf dem Boden und war mit Blutflecken bedeckt. Große Tränen kullerten über ihre Wangen, und sie war dabei, mit einem Handtuch Blut vom Fußboden aufzuwischen.

Mein erster Gedanke war: ein Schlangenbiss! Nein, es musste

ein Krokodil gewesen sein, für eine Schlange war da viel zu viel Blut. Ich schaute meine Schwester mit großen Augen an und flüsterte ängstlich: »Stirbst du jetzt, Judith?«
Judith schüttelte den Kopf.
»Hast du dich geschnitten«, fragte ich weiter, »soll ich Papa holen?«
»Nein!«, rief sie etwas zu laut. Wir schraken beide zusammen. Ich setzte mich vorsichtig neben sie auf den Boden, starrte auf das frische Blut und dachte nach. Nach einigen Minuten fiel es mir wie Schuppen von den Augen: Judith hatte Krebs! Mama hatte uns erst kürzlich von dieser Krankheit erzählt, weil eine Bekannte daran gestorben war. Und ich hatte Judith in letzter Zeit so viel geärgert, dass sie Krebs bekommen hatte! Jetzt würde sie vielleicht auch sterben, und alles war meine Schuld ...
Ich fing an zu weinen. »Es ist meine Schuld«, schluchzte ich verzweifelt. »Ich bin immer so gemein zu dir und habe dir letzte Woche Würmer unter dein Kopfkissen gelegt, und jetzt hast du dich so aufgeregt, dass du Krebs bekommen hast. Ich werde in die Hölle kommen!«
Ich schaute völlig verstört zu ihr hinüber, doch zu meinem Erstaunen fing sie an zu kichern. War sie jetzt völlig durchgedreht? Hatte der Krebs schon ihr Gehirn erreicht?
»Sabine«, kicherte Judith, »ich habe keinen Krebs, ich habe meine Tage bekommen.«
»Was ist *das* denn?«, fragte ich. Bei so viel Blut konnte es nur etwas Gefährliches sein.
»Hörst du denn nie zu, wenn dir Mama etwas erklärt?«, fragte Judith entgeistert. »Wenn ein Mädchen älter wird und ihr Körper bereit ist, Kinder zu bekommen, dann blutet sie jeden Monat für ein paar Tage.«
»Wirst du jetzt ein Baby bekommen?«, fragte ich aufgeregt.
Entsetzt flüsterte meine Schwester: »Ich hoffe nicht!«

»Na ja, Christian und ich werden dir jedenfalls morgen eine Hütte im Urwald bauen, so wie es die Fayu machen.«
Da Judith keinen Mann hatte, beschloss ich, dass Christian und ich auf sie aufpassen würden.
»Ich will aber nicht allein in den Urwald gehen!«, sagte Judith.
»Du musst!«
»Mama geht nicht jeden Monat in den Urwald, also denke ich mal, dass ich es auch nicht muss«, erwiderte Judith.
Darüber musste ich erst nachdenken. Judith hatte Recht. Warum ging Mama nicht in den Urwald, wenn sie ihre Tage hatte? Ich wollte unbedingt so eine kleine Hütte bauen, und dies war meine Gelegenheit. Mama war nicht da, und Papa konnte man immer leicht von allem überzeugen. Es ging schließlich um das Wohlergehen meiner Schwester!
Da fiel mir noch etwas ein. »Aber, Judith, warum hast du noch keinen Mann?«
»Weil ich zu klein bin«, war ihre Antwort.
»Aber Mama sagt doch, dass die Fayu-Mädchen schon mit neun oder zehn gestohlen werden. Warum hat dich denn keiner gestohlen?«
»Weil ich kein Fayu-Mädchen bin, und in Deutschland ist man viel älter, wenn man heiratet. Mama war neunundzwanzig, als sie Papa geheiratet hat!«
»So alt?«, fragte ich entsetzt.
Judith grinste. »Außerdem habe ich keine Lust zu heiraten«, sagte sie. »Immer arbeiten, Sago machen und auf Kinder aufpassen ... Außerdem will ich keine großen Brüste bekommen.«
Da musste ich meiner Schwester Recht geben. Das hörte sich wirklich nicht sehr verlockend an.
»Ich heirate auch nicht«, sagte ich entschlossen, »Ich will auf einer Farm leben und viele Tiere haben.«
Judith seufzte. »Hilfst du mir beim Saubermachen?«, fragte sie schließlich.

*Judith und Christian
am Frühstückstisch*

Ich nickte. Zusammen wischten wir im Kerzenschein den Boden auf und überzogen Judiths Bett mit frischen Laken.
»Gute Nacht«, flüsterte ich schließlich durch mein Moskitonetz.
»Danke schön«, flüsterte Judith zurück.

Am nächsten Morgen weigerte sich Judith aufzustehen. Als Papa sie zum dritten Mal ungeduldig zum Frühstückstisch rief, konnte ich die Neuigkeit nicht mehr bei mir behalten.
»Judith hat ihre Tage bekommen«, flüsterte ich ihm zu.
Er schaute mich nur groß an, und ich nickte eifrig mit dem Kopf. »Jetzt müssen Christian und ich ihr eine Hütte im Urwald bauen.«
»Wird sie sterben?«, fragte Christian ängstlich.
»Nein«, seufzte Papa vor sich hin, »sie wird nicht sterben, und hoffentlich werde auch ich es überleben!«

Nach dem Frühstück schaltete er das Radio an. »Foida hier, Foida hier, wir haben einen Notfall, ich muss dringend eine Nachricht nach Jayapura durchgeben.«
»Klaus, hier ist Jayapura. Was ist passiert?«, kam die besorgte Stimme des Missionspiloten durchs Radio.
»Jim«, antwortete Papa, »ich muss dringend mit meiner Frau sprechen. Kannst du ihr bitte sagen, dass Judith ihre Tage bekommen hat und ich nicht weiß, was ich machen soll?«
Ein spitzer Schrei kam aus dem Schafzimmer. »Musst du gleich ganz Irian Jaya mitteilen, dass ich meine Tage habe?«, heulte Judith wütend vom Bett aus. »Es geht niemanden was an! Und wenn ich die ganze Woche im Bett bleiben will, dann tu ich das auch!«
Ich verdrehte die Augen. Warum musste Judith immer so dramatisch sein? Der arme Papa sah völlig verzweifelt aus.
»Können wir dir vielleicht eine Hütte im Urwald bauen?«, fragte Christian hilfsbereit.
»Nein!«, schrie Judith zurück.
Zu unserer großen Erleichterung kam Mama zwei Tage später wieder. Sie übernahm die Kontrolle, und nach ein paar Tagen hatte sich das Leben wieder beruhigt.
Mein Verhältnis zu meiner Schwester jedoch hat sich von da an verändert. Wir waren Verbündete geworden, und obwohl ich sie immer noch nicht so recht verstand, merkte ich doch, dass wir uns näher standen. Judith war gerade zwölf Jahre alt geworden.

Meine Freundin Faisa

Zu Beginn unseres Aufenthaltes bei den Fayu spielten wir ausschließlich mit Jungen. Die Fayu-Mädchen waren sehr schüchtern und beteiligten sich nicht an den wilden Spielen, die wir so liebten. Ich kann mich nicht erinnern, dass sie jemals mit uns im Wasser Krokodile nachgeahmt oder mit Pfeil und Bogen Insekten gejagt hätten. Sie beobachteten uns nur, oft ganz aus der Nähe. Der Grund dafür lag in ihrer Kultur, in der die Aufgaben der Frauen und Männer von Kindheit an völlig verschieden und klar getrennt waren.

Doch es gab ein Fayu-Mädchen, sie war ungefähr in meinem Alter, die sich besonders gern in meiner Nähe aufhielt und sehr neugierig meine Tätigkeiten verfolgte. Ich weiß nicht mehr genau, wie unsere Freundschaft begann – habe ich sie angesprochen oder sie mich? Irgendwann jedenfalls war sie einfach ein Teil meines Lebens. Ihr Name war Faisa.

Faisa war ein besonders hübsches Mädchen. Sie hatte große, klare Augen, ihre Haut war sehr rein und nicht von Hautpilz oder anderen Krankheiten verunstaltet. Wenn sie lächelte, strahlte ihr Gesicht so hell wie die Sonne. Immer mehr Zeit verbrachte ich mit ihr, und sie begann, mir die Aufgaben der Frauen beizubringen. Wie man zum Beispiel aus Baumrinde lange Fäden spinnt und daraus Netze häkelt, mit denen man dann fischen gehen kann. Oder wie man ein kleines Tier in Sago einwickelt und kocht. Manchmal, nach dem Schwim-

men, legte sie sich neben mich auf einen Baumstamm, und wir wärmten uns gemeinsam in der Sonne. Und manchmal saßen wir einfach zusammen am Feuer und starrten vor uns hin.
Als wir ungefähr zehn Jahre alt waren, setzte bei Faisa die Pubertät ein. Ihre Brüste begannen sich zu entwickeln. Ich wusste zwar, dass die Fayu-Mädchen schon in diesem Alter zur Frau genommen wurden, doch bei Faisa konnte ich mir das einfach nicht vorstellen. Sie war meine Freundin, war gleichaltrig. Für mich war sie noch ein Kind, genau wie ich.
Faisa hatte auch eine »beste Freundin« unter den Fayu-Mädchen. Ich erinnere mich leider nicht mehr an ihren Namen. Sie war etwas älter als wir, und ich mochte sie nicht besonders; sie ärgerte uns manchmal und lachte schrill und laut, wenn wir etwas taten, was sie als komisch empfand. Ihr Körper war übersät mit Hautpilz, ihr fehlten bereits Zähne, und sie konnte richtig gemein sein, wenn ihr irgendetwas nicht passte. Ich spielte trotzdem mit ihr, denn bei so wenigen Spielkameradinnen kann man nicht wählerisch sein. Und eines Tages erwies sich auch, dass sie eine sehr gute und mutige Freundin war.
Es war spät am Nachmittag, ich spielte gerade mit Faisa auf der Sandbank. Wir waren vollkommen vertieft, als ich plötzlich aus der Ferne Schreie hörte. Es war mal wieder Faisas Freundin, doch diesmal war es nicht das übliche Gezeter, sondern es lag etwas anderes, Dringliches in diesem Schrei. Ich spürte sofort, dass Gefahr im Anzug war, bemerkte aber nichts Bedrohliches – kein Wildschwein, keine Schlange, keine feindlichen Krieger ... Da kam Faisas Freundin aus dem Urwald gerannt, sprang in ein Kanu, das ganz am Ende der Sandbank angebunden war, und paddelte wie eine Verrückte auf uns zu. War sie in Gefahr? Wollte sie uns vor etwas warnen?
Faisa schaute verwirrt um sich, konnte aber auch nicht aus-

*Mit Faisa (rechts) und
Klausu Bosa*

machen, was geschehen war. Ihre Freundin gestikulierte wild in Richtung Dorf. Wir drehten uns um, und da sahen wir Nakires Bruder, der mit einem Buschmesser auf uns zurannte.
Faisa brach in Panik aus, fing an zu schreien und lief zum Wasser. Auch ich bekam panische Angst, als ich begriff, was vor meinen Augen geschah: Mir wurde in diesem Moment klar, dass ein Mann Faisa zur Frau haben wollte und dass sie sich geweigert hatte. Und es war ausgerechnet der aggressive, taubstumme Bruder Nakires.
Faisa lief, so schnell sie nur konnte, und ich schrie immer wieder: »*Hau, hau, hau*«! – »Nein, nein, nein!«
Nakires Bruder aber kam näher und näher, er konnte sehr schnell laufen und holte Faisa langsam ein. Von den Schreien angelockt, versammelten sich immer mehr Fayu am Ufer und beobachteten stillschweigend das Drama, das sich auf der Sandbank abspielte. Warum half uns denn niemand, warum standen alle nur mit ausdruckslosen Gesichtern herum? Ich

hatte keine Ahnung, was ich machen sollte, wie ich helfen konnte. Denn mir war klar, wenn er sie fing, würde er auf sie einschlagen, bis sie sich fügte.

Faisa hatte jetzt fast das Wasser erreicht, als Nakires Bruder brüllend an mir vorüberlief. Es fehlten nur noch ein paar Meter, da stolperte Faisa plötzlich und fiel. Mir stockte der Atem, ich war wie gelähmt. Nakires Bruder erreichte Faisa und versuchte mit dem Buschmesser auf sie einzuschlagen. Doch sie war schneller, drehte sich instinktiv zur Seite, und das Buschmesser verfehlte sie knapp. Sie rappelte sich wieder auf und rannte ins Wasser. Ihre Freundin mit dem Kanu war nur wenige Meter von ihr entfernt. Nakires Bruder setzte ihr nach und wollte sie festhalten, aber Faisa hatte sich bereits in die Strömung geworfen und erreichte das Kanu in Sekundenschnelle.

Sie zog sich ins Boot, während ihre Freundin versuchte, es mit einem langen Stock ins tiefe Wasser zu stoßen, damit die Strömung sie erfasste. Nakires Bruder stand im Wasser, schwang das Buschmesser über dem Kopf und schrie weiter. Ich sehe heute noch das verzweifelte Gesicht Faisas vor mir, die von der Strömung ins Ungewisse davongetragen wurde.

Ich schaute ihr nach, bis sie hinter der Flusskurve verschwand, und war tieftraurig. Danach wartete ich jeden Tag auf ihre Rückkehr, doch umsonst – sie kam nicht wieder, sie durfte nicht wiederkommen, denn solch eine Flucht würde ihr nicht noch einmal gelingen. Das Leben schien leer ohne Faisa. Ich vermisste ihr Lächeln, ihre Kameradschaft und ihre Freude, wenn sie mir etwas Neues beibrachte.

Jahre später erfuhr ich, dass Faisa sich lange Zeit im Urwald versteckt gehalten hatte, bis sie einen Mann fand, der auch ihr gefiel. Ich habe sie jedoch nie wiedergesehen.

Nun hatte ich zum ersten Mal aus nächster Nähe mitbekommen, was passierte, wenn ein Fayu-Mädchen einen Mann verschmähte. Es schockierte mich tief. Und auch im Normalfall hatte die Frau wenig zu sagen bei der Frage, mit welchem Mann sie leben würde. Inzwischen hat sich dies geändert. Aber man wird jetzt noch besser verstehen, welche Ausnahme Nakire und seine große Liebe Fusai damals darstellten.
Weit entfernt von unseren westlichen Paarungsritualen mit heimlichen Blicken, vielen Treffen, langsamer Annäherung und irgendwann vielleicht dem Tausch der Ringe, hatten die Fayu keine besondere Zeremonie oder Festlichkeit, wenn es ums Heiraten geht. Entweder der Vater der Frau entschied, wen seine Tochter heiraten sollte, gab sie dem erwählten Mann, und dieser nahm sie mit nach Hause. Oder ein Fayu-Mann sah, dass ein Mädchen in die Pubertät kam und reif für die »Ehe« wurde. Wenn sie ihm gefiel, nahm er sie einfach mit sich oder »stahl« sie, wie die Fayu selbst es nannten. Weigerte sie sich, wie im Falle Faisas, so nahm er sie mit Gewalt.
Doch manchmal war die Situation noch ein wenig komplizierter:
Es kam vor, dass ein Mann ein bestimmtes Mädchen zur Frau haben wollte, doch ihr Vater wehrte sich dagegen. Vielleicht beauftragte er andere, sie zu bewachen. Also wartete dieser Mann geduldig auf den richtigen Zeitpunkt, und wenn das Mädchen kurz einmal ohne Begleitung war, nahm er sie ohne Vorwarnung und zerrte sie in den Urwald. Dort versteckte er sich mit ihr, bis sie bereit war, bei ihm zu bleiben.
Was ich an diesen ziemlich krassen Bräuchen am eigenartigsten fand, war die Tatsache, dass das Paar, wenn es wieder aus dem Urwald zurück ins Dorf kam, von allen fraglos als »Ehepaar« akzeptiert wurde. Auch der zunächst feindlich gesonnene Vater hatte sich dann zu fügen, genauso wie eine vielleicht bereits vorhandene andere Ehefrau des Mannes. Das

Thema wurde nicht mehr erwähnt, und das Leben ging weiter wie immer. Mit dem Unterschied, dass das Mädchen nun in der Hütte ihres neuen Mannes und seiner Familie lebte. Wie sie sich dabei fühlte, wage ich nicht zu sagen. Nur Faisa wäre mir nahe genug gewesen, um mir diese Frage eines Tages beantworten zu können.

Die Uhr des Dschungels

Auch für mich blieb die Zeit nicht stehen – mein elfter Geburtstag nahte. In der Nacht zuvor konnte ich kaum schlafen, und die Spannung stieg ins Unerträgliche, als der Morgen kam. Mama und Judith waren schon aufgestanden, der Duft von Kaffee füllte unser kleines Haus. Ich sprang aus dem Bett, doch Mama schickte mich wieder zurück, sie war mit den Vorbereitungen noch nicht fertig. Christian kroch mit mir unter die Decke, und zusammen warteten wir auf den großen Augenblick. Wir feierten nämlich unseren Geburtstag immer gemeinsam: er hatte am zweiundzwanzigsten, ich am fünfundzwanzigsten Dezember.

Endlich war es dann so weit. Judith machte den Vorhang auf, der den Schlafraum vom Wohnraum trennte, und wir rasten an ihr vorbei zum Esstisch. Dort breitete sich ein wunderschön gedeckter Frühstückstisch vor uns aus, mit bunten Servietten, Kerzen und dem, was uns am meisten interessierte: Geschenke. Papa saß schon am Tisch, Mama machte unser Lieblingsessen, Pfannkuchen mit Zimt und Zucker. Es roch herrlich! Unsere Augen leuchteten, als wir das bunte, glänzende Papier sahen, das die Geschenke umhüllte. Zum Essen waren wir zu aufgeregt, also durften wir sofort auspacken.

Wie Mama und Papa es immer schafften, die Sachen so lange Zeit zu verstecken, ist mir heute noch ein Rätsel. Als Kinder empfanden wir es einfach als Elternmagie. Plötzlich waren da

An meinem elften Geburtstag mit der neuen Armbanduhr

all diese unglaublichen Gaben, und zwischen ihnen und dem nächsten Geschäft lagen Hunderte von Kilometern undurchdringlichster Dschungel.

Ich weiß nicht mehr, was ich an diesem Tag alles bekam, doch an ein Geschenk kann ich mich noch gut erinnern: Ich bekam meine erste Armbanduhr, und was für eine! Sie hatte ein schwarzes Band, die Zeiger leuchteten im Dunkeln, und obendrauf gab es einen flachen roten Ring mit vielen kleinen Zahlen, den man drehen konnte. Wozu er diente, wusste ich nicht so genau, aber das war nicht wichtig – die neue Technologie des Drehens war entscheidend. Und das Allerbeste: Sie war wasserdicht! Noch nie hatte ich so ein tolles Geschenk bekommen.

Ich band die Uhr um mein dünnes braunes Handgelenk und fühlte mich modern und erwachsen. Jetzt hätte ich jedem sagen können, wie spät es war. Doch anders als in Europa wollte es eigentlich niemand wissen. Im Dschungel brauchte man keine Uhr, um die Zeit zu erkennen; man brauchte sie, weil es einfach cool aussah, eine anzuhaben ...

Während meiner Jahre in West-Papua entwickelte ich eine andere Art von Zeitsinn. Die Zeit war viel langsamer als anderswo, kroch vor sich hin, von Sonnenaufgang bis Sonnenuntergang. Sie blieb sich in ihrer Langsamkeit stets treu, jeden Tag, jede Woche und über die Jahre hinweg.
Und so langsam wie die Zeit wurde auch ich, denn niemand war in Eile, keiner machte sich Sorgen, irgendwohin zu spät zu kommen. Was sollte schon groß passieren? Wenn man sich verabredete, so wartete man einfach geduldig, bis derjenige da war, und wenn er heute nicht kam, dann kam er am nächsten Tag, und so fort. Wenn er niemals kam, dann wollte er entweder nicht kommen, oder er war tot.
Auch meine körperlichen Bewegungen waren langsamer, einmal, weil es ja keinen Grund gab, sich zu beeilen, und dann natürlich wegen der extremen Hitze. Bewegte man sich zu schnell, wurde man müde und schlapp. Und warum müde und schlapp werden? Es gab ja auch noch morgen und übermorgen, es gab so viele Tage und Jahre, eine Ewigkeit vor mir. Es war ein Gefühl, als wäre die Zeit, in der ich lebte, stehen geblieben, und in vieler Hinsicht war es ja auch so.
Hinzu kam noch, dass wir keine Jahreszeiten hatten, nur Regenzeit und Trockenzeit. So flossen die Tage, Wochen und Monate ineinander über und bildeten eine lange, geradlinige Bahn, so dass ich bald nicht mehr sagen konnte, ob wir Juni oder November hatten. Der einzige Monat, auf den ich genau achtete, war der Dezember, mein Geburtsmonat.

Auf der anderen Seite gab es sehr wohl eine Art Zeiterkennung, eine sehr präzise sogar: die so genannte Uhr des Dschungels. Und nach ihr richtete sich der gesamte Urwald, sei es nun Tier, Pflanze oder Mensch.
Die Sonne, der Mond und die Insekten waren bessere Indikatoren für mich als das Metall, das um meinen Arm gebunden war. Die Uhr des Dschungels war präzise, musste nie aufgezogen, niemals gestellt und niemals korrigiert werden. Durch das ganze Jahr hindurch, pünktlich um sechs Uhr, ging die Sonne auf, weckte mich und rief mich nach draußen. Langsam machte sie ihre Reise über den Himmel. Wenn sie genau über mir stand, war es Zeit, im Schatten Schutz zu suchen und etwas zu essen, und siehe da, auf meiner Armbanduhr war es zwölf Uhr mittags. Später dann kamen die Moskitos. Pünktlich um sechs Uhr abends strömten die dunklen Wolken hungernder Blutsauger aus ihren Verstecken hervor. Es war kühler geworden, und nun war ihre Zeit zum Essen gekommen. Es gab sogar eine Pflanze, die über die Mittagszeit ihre Blätter schloss, um sich vor der Hitze zu schützen, und um Punkt fünf Uhr öffnete sie sich wieder. Wenn schließlich der Mond den Himmel übernahm, war es Zeit zum Schlafengehen, und am nächsten Tag fing alles wieder von vorne an.
Als ich nach Europa kam, musste ich lange kämpfen, um mich an die neue Geschwindigkeit der Zeit zu gewöhnen. Ein Tag vergeht hier so wie eine Woche im Urwald, eine Woche wie ein Monat. Manchmal bekam ich Panik, konnte nicht verstehen, wo die Zeit wieder geblieben war, hatte das Gefühl, alles geriet außer Kontrolle.
Im Dschungel aber ließ ich die Tage über mich hinwegziehen, nahm Situationen an, wie sie kamen, und regte mich auch nicht auf, wenn sich Pläne änderten – das taten sie nämlich öfters. Denn so lässig, wie sich die Zeit betrug, waren auch jegliche Pläne, die wir machten. Über die Jahre lernten wir,

nie weiter als eine Woche im Voraus zu planen, denn man wusste nicht, was alles noch geschehen konnte. Manchmal war das Motorboot kaputt, ein andermal das Flugzeug, dann wieder gab es eine Überschwemmung, oder der Pilot lag mit Malaria im Bett. Dadurch entwickelten wir Gelassenheit, regten uns nicht mehr auf, wenn etwas nicht klappte. Wir haben gelernt, von einem Tag zum anderen unsere Pläne zu ändern.

Das westliche Vorgehen, dass man zehn Jahre oder noch weiter vorausplant, schien mir äußerst merkwürdig, als ich zum ersten Mal davon hörte. Es war eine neue Denkweise für mich, die ich nach Jahren erst zu akzeptieren und zu verstehen begann. Ich sah überall um mich herum, dass Planung wichtig ist, wusste aber nicht, wie ich es für mich selbst anstellen sollte. Zwar gibt es Mengen von Büchern oder Kursen über so genanntes Zeitmanagement – aber natürlich war niemand darauf eingestellt, mir die Unterschiede im Lebensrhythmus klar zu machen, mit denen ich als »Rückkehrer« aus dem Dschungel zu kämpfen hatte. Erst um meinen dreißigsten Geburtstag herum, vor zirka zwei Jahren also, habe ich angefangen, mein Leben zu planen – so lange dauerte es, bis ich diese neue Art der Zeitbehandlung verstand und auch umsetzen konnte.

Gute Geister, böse Geister

Nicht oft sprach ich mit meinen Fayu-Freunden über Gefühle oder das, woran wir glaubten. Zu sehr beschäftigten uns die reellen Dinge des Alltags, unser Spiel, das Essen, Menschen und Tiere. Manchmal aber kam es doch dazu.
Ich stand mit Bebe auf der Sandbank. Ein grauenvoller Gestank erfüllte die schwüle Luft. Es waren gerade ein paar Kanus von flussaufwärts angekommen, und in einem davon lag ein toter Junge, etwa zwölf oder dreizehn Jahre alt. Sein Körper war bedeckt mit Fliegen, er war aufgebläht, und als ich ihn sah, wurde mir schlecht.
Die Mutter des Jungen saß im Boot und strahlte mich an, als sei sie stolz darauf, ihren toten Jungen zu uns gebracht zu haben. Normalerweise ließen die Fayu die Toten in ihren Hütten liegen. Sie schickte sich an, die Leiche aus dem Boot zu heben, da kam schon Nakire angelaufen und bat sie, ihren Sohn woanders aufzubahren. Die Frau wurde wütend und schrie ihn an, jemand habe ihren Sohn durch einen Fluch getötet, immer wieder schrie sie das. Damit wollten wir nichts zu tun haben, und so blieb Nakire stur, bis die Frau schließlich unter lauten Verfluchungen mit dem Kanu unser Gebiet verließ.

»Bestimmt hat Tohre den Jungen umgebracht«, sagte Bebe ängstlich, als die trauernde Mutter verschwunden war. »Heute

Abend bleibe ich in meiner Hütte. Er könnte wiederkommen und auch mich töten!«
»Wer ist Tohre?«, fragte ich.
Bebe schaute sich vorsichtig um, dann rückte er ganz nah an mich heran und flüsterte: »Er ist der böse Geist; er kommt nachts aus dem Urwald und frisst einen auf.«
»Wenn er einen auffrisst«, fragte ich, »warum ist der Körper des toten Jungen dann noch da?«
»Er frisst nicht den Körper selbst, sondern viel schlimmer, er frisst das Leben im Körper«, raunte Bebe.
»Und wie heißt dann der gute Geist?«, wollte ich wissen.
Bebe war verwirrt. »Was für ein guter Geist? Es gibt keinen guten Geist!«
»Es muss doch auch einen guten Geist geben, wenn es einen bösen gibt«, sagte ich ebenso verwirrt.
Bebe schaute mich verdutzt an. Nein, es gab definitiv keinen guten Geist. Wie traurig, dachte ich mir. Jetzt verstand ich, warum die Fayu nachts nicht gern ins Freie gingen.

In dieser Nacht hatte ich einen Albtraum. Ich träumte, dass an der Tür eine Gestalt stand, groß und hässlich, mit schwarzer Haut und spitzen Zähnen. Sie schaute mich an, kam immer näher zu meinem Bett. Ich verkroch mich unter der Decke und hoffte, dass sie nicht durch das Moskitonetz dringen könnte. Aber sicher war ich nicht – würde mein Leben jetzt auch aufgegessen? Ich hatte solche Angst, dass ich noch nicht einmal zu schreien wagte. Ich schloss die Augen und betete. Als ich am Morgen wach wurde, beruhigte ich mich zunächst, dass es nur ein böser Traum gewesen war. Doch was, wenn es wirklich einen bösen Geist gab, der das Leben im Körper fraß?
Das Leben im Urwald war voller mystischer Geschichten und Erlebnisse. Der Dschungel war eine Welt, in der sich Fantasie

und Realität miteinander mischten. Aber in meinem Glauben gab es immer noch einen guten Geist, einen Geist, der uns beschützte, uns liebte und stärker war als sein böser Gegenspieler.
Dies erzählte ich Bebe, als wir das nächste Mal darüber sprachen. Er sollte keine Angst haben, denn wir glaubten an das Gute; nur deshalb hatten wir den Mut gehabt, alles aufzugeben und in eine fremde Welt einzutauchen. Es war der Glaube an das Gute, der uns nie aufgeben ließ. Auch wenn die Zeiten schwierig wurden, besiegte doch das Gute am Ende den bösen Geist.
Bebe saß neben mir, nahm meine Hand und kaute auf meinen Fingern. Es war ein Zeichen enger Freundschaft in der Kultur der Fayu. Wir schauten in die Flammen des Lagerfeuers, hörten die Nachttiere, die ihre Lieder sangen, hörten die Stille, die sich über den Urwald gelegt hatte. Ja, wir glaubten an den guten Geist, denn hier im Verlorenen Tal waren wir ihm ganz nah, wir konnten ihn spüren und fühlten uns in seiner Gegenwart sicher.

Der entscheidende Krieg

Auf dem langen, langsamen Weg zum Frieden, den die Fayu beschritten, gab es schließlich ein dramatisches Ereignis, das einen Wendepunkt markierte.
Eines Tages trafen wieder einmal zwei Stämme vor unserem Haus aufeinander. Sie fingen an zu streiten, bald darauf begann der Kriegstanz, und es war absehbar, dass sich die Auseinandersetzung bis Sonnenuntergang fortsetzen würde. Die letzten Male war es Mama gelungen, die Männer zu beruhigen und aus ihrer Trance zu reißen, indem sie einen Kassettenrekorder auf die Veranda stellte und in höchster Lautstärke eine Kassette mit Liedern abspielte. Zu unserem größten Erstaunen hatten sich die wilden Krieger allesamt vor unser Haus gesetzt und zusammen den schönen Melodien gelauscht.
Doch nun half auch dieses probate Mittel nicht mehr. »*Uwha, Uwha, Uwha*«, so tönte seit Stunden das Kriegsgeschrei. Christian und ich schauten vorsichtig aus dem Fenster, und ich bemerkte, dass die Bewegungen der Krieger sich schon verändert hatten, ihre Schreie waren grell und unheimlich geworden. Es waren die Tigre und die Iyarike, die sich gegenüberstanden, und sie hatten all die alten Geschichten ausgegraben: Jemand war gestorben, man hatte Rache geübt, ein Gegenfeldzug war die Antwort, und so immer hin und her, bis niemand mehr wusste, worum sich das alles drehte. Die Blutrache war zum Selbstzweck geworden.
Judith saß auf ihrem Bett; sie hatte Angst, und Mama versuchte sie durch Vorlesen zu beruhigen. Doch sie wurde immer

nervöser und fing schließlich an zu weinen. Stundenlang hatte sie mit uns das Kriegsgeschrei angehört, immer im Wissen, dass jede Sekunde das Blutvergießen beginnen konnte. Obwohl wir es nur einmal wirklich miterlebt hatten, war diese Erinnerung tief in ihr verwurzelt.
Plötzlich wurde es zu viel für Judith. Sie fing an zu schreien, hielt sich die Ohren zu und wollte nicht mehr aufhören mit dem Schreien.
Dann passierte alles ganz schnell. Papa sah rot und tat etwas, von dem er heute sagt, es hätte ihn das Leben kosten können. Er riss die Tür auf, nahm beim Hinausrennen noch das Buschmesser mit und lief in die Mitte des Kriegsschauplatzes. Christian und ich hielten den Atem an; so hatten wir unseren Vater noch nie erlebt.
Der Krieg war jetzt auf seinem Höhepunkt angelangt, die Männer hatten Pfeile in ihre Bogen gespannt und zielten aufeinander. Ihre Körper waren in Schweiß gebadet, ihre Augen starr, unbeweglich, als könnten sie nichts mehr wahrnehmen. Und genau so schauten sie auch Papa an, als er in ihre Mitte rannte.
Als er zwischen den sich bekriegenden Stämmen stand, nahm er den Bogen des nächstbesten Mannes, und mit einem Hieb seines Buschmessers durchtrennte er die Sehne des Bogens. Der Krieger stand vor ihm und starrte einfach durch ihn hindurch. Papa drehte sich um, nahm den nächsten Bogen und tat dasselbe. Dann noch einen und noch einen. Plötzlich wurde es ruhig, alles starrte Papa ungläubig an, keiner bewegte sich mehr. Papa ging zu den beiden Häuptlingen und schleppte sie vor unser Haus. Drinnen hörte man die Schreie von Judith, die sich nicht mehr beruhigen ließ.
»Hört ihr das, hört ihr die Schreie meiner Tochter?«, brüllte Papa. »Sie schreit, weil sie schreckliche Angst hat. Hört selbst, was ihr mit meiner Familie macht!«

Keiner sagte ein Wort. Ich starrte ungläubig auf die Szene, die sich vor meinen Augen abspielte.

Er fuhr fort: »Ich kann meiner Familie dies nicht mehr antun.« Dann drehte er sich zu den Häuptlingen, die beschämt zum Haus hinaufblickten, und sagte: »Ich gebe euch zwei Möglichkeiten. Entweder ihr hört auf, um dieses Haus herum Krieg zu führen, und geht woandershin, um einander abzuschießen – oder ich verlasse euch mit meiner Familie. Entscheidet euch.«

Mit diesen Worten drehte er sich um und ging ins Haus, knallte die Tür zu und setzte sich auf die Holzbank. Er zitterte am ganzen Leibe. Wir wagten nicht, uns zu bewegen, schauten zwischen Papa und den Fayu-Kriegern hin und her, die sich jetzt versammelt hatten und beratschlagten.

Judith hatte sich immer noch nicht ganz beruhigt. Sie wimmerte, dass sie von hier fortwolle. Papa ging zu ihr und fragte sie, ob er den Hubschrauber rufen solle, um sie nach Danau Bira zu bringen. Sie sagte ja. Also ging er schweren Herzens und organisierte ihre Abreise für den nächsten Tag.

Kurz danach hörten wir ein leises Klopfen an unserer Haustür. Häuptling Baou stand vor der Tür und bat Papa, nach draußen zu kommen. Er folgte ihm und stand vor den versammelten Kriegern.

Häuptling Baou sagte, dass er für alle spreche: Keiner wolle, dass Papa und seine Familie Foida verließen; Papa habe ihnen Hoffnung gebracht, sie liebten ihn und uns alle, und es tat ihnen Leid, dass seine Tochter solche Angst bekommen hatte. »Bitte, Klausu, bleibt bei uns, wir werden keinen Krieg mehr vor deinem Haus führen. Wir wollen, dass unsere Herzen gut werden. Bitte bleib mit deiner Familie. Wir werden sie mit unserem Leben schützen. Es wird euch niemals etwas geschehen. Das versprechen wir. Bitte, Klausu!«

Papa hatte keine Worte mehr – vor Erleichterung, vor Rührung, vor Staunen. Er schaute nur diese wilden Krieger an, die sich gerade noch umbringen wollten, jetzt aber vereint vor ihm standen und ihn baten zu bleiben.

Wir blieben; Judith aber wurde am nächsten Tag vom Hubschrauber abgeholt und nach Danau Bira gebracht, wo sie bei der Familie des Piloten wohnen konnte. Die Fayu sangen Trauerlieder, als der Hubschrauber abhob. Sie machten sich vielleicht zum ersten Mal klar, welche Wirkung ihr Tun auf andere haben konnte.

Am selben Abend noch nahm Häuptling Kologwoi plötzlich ein Stück rohes Fleisch und befahl seinen Kriegern, sich in einer Reihe aufzustellen. Der Erste in der Reihe nahm seinen Bogen und spannte ihn, so weit es ging. Dann traten alle Krieger vom Stamm der Iyarike nacheinander durch den gespannten Bogen, bis Häuptling Kologwoi selbst an der Reihe war und schließlich vor Häuptling Baou stand. Mit einer kleinen Verbeugung reichte er Häuptling Baou das Stück Fleisch.

Ich sah, wie Papas Augen leuchteten. Er rief schnell nach Nakire und fragte ihn, was gerade geschehen war.

Nakire erklärte, dass die Iyarike, Häuptling Kologwois Stamm, einen Mann von Baou umgebracht hatten und dass die Tigre, Baous Stamm, eigentlich das Recht hatten, sich zu rächen. Das hatte ursprünglich den Konflikt ausgelöst. Aber die Häuptlinge hatten nun anders entschieden. Durch die Zeremonie des gespannten Bogens und durch die Übergabe des Fleisches wurde die Versöhnung besiegelt. Zusammen würden sie das Fleisch dann braten und essen. Nakire kommentierte: »Nachdem das Feuer der Rachsucht geschluckt war, war die Tür offen zur Vergebung.«

An diesem Tag schlossen die Iyarike und die Tigre als erste der vier Fayu-Stämme einen Frieden miteinander, der bis heute angehalten hat. Und als Judith schließlich wieder zu uns zurückkehrte, gab es ein großes Friedens- und Freudenfest.

Häuptling Kologwoi (rechts) schließt Frieden mit einem Krieger vom Stamm der Tigre (links)

Von dieser Zeit an wurde nie wieder in unserer Nähe ein Krieg ausgetragen. Häuptling Baou stellte eine neue Regel auf: Jeder, der zu unserem Haus kam, musste Pfeil und Bogen in seiner Hütte oder im Boot liegen lassen. So wurde das Gebiet, auf dem unser Haus stand, ein Ort des Friedens, ein Ort, an dem sich Angehörige aller Stämme versammeln konnten, ohne Angst zu haben, von einem Pfeil getötet zu werden. Bald zogen Fayu von allen Stämmen zu uns und fühlten sich sicher in unserer Umgebung.

Langsam änderte sich die Stimmung im Dschungel, eine Ruhe kehrte ein, die sogar ich spüren konnte. Ein neues Zeitalter begann für dieses kleine Volk, das jahrhundertelang von der Außenwelt abgeschnitten war: eine Zeit, in der sie zum ersten Mal in ihrer Erinnerung ohne Angst leben konnten. Die Stämme fanden langsam wieder zueinander, Kinder lachten, Väter unterhielten sich friedlich miteinander, und Mütter

gingen zusammen Sago ernten. Die dauernde Angst verschwand aus Tuares Augen; wir spielten manchmal tagelang, ohne dass er plötzlich in den Urwald verschwand.
Es gab ab und zu noch Auseinandersetzungen, und danach kamen die Verletzten zu uns, um ihre Wunden versorgen zu lassen. Doch über die Jahre wurde dies immer seltener. Wenn wir im Dorf waren, kamen die Fayu aus ihren verschiedenen Gebieten und lebten gemeinsam mit uns auf der Lichtung. Fuhren wir kurzzeitig weg, kehrten sie zurück in den Urwald. Sie waren Sammler und Jäger und werden es immer bleiben – wahre Menschen des Dschungels. Aber sie hatten den Frieden, nach dem sie sich so lange gesehnt hatten, endlich gefunden.

Die Zeit vergeht

Tuare sah mich eines Tages an und meinte, lang werde es wohl nicht mehr dauern, bis ich gestohlen würde. Erstaunt fragte ich ihn, warum.
»Da«, sagte er und zeigte auf meine wachsenden Brüste, die durch mein Hemd sichtbar waren, »du wirst zur Frau.«
Ich schaute nach unten und war selbst ein wenig überrascht. Tuare fragte mich, ob ich die Fayu jetzt verlassen würde, um einen Mann zu suchen.
»Nein«, beruhigte ich ihn lachend, »ich will noch nicht heiraten. Vielleicht in vielen, vielen Monden.« Ich war gerade zwölf Jahre alt.
Tuare schien besorgt. Wenn ich so lang wartete, wäre ich wohl bald zu alt, und kein Mann wolle mich mehr stehlen.
»Das macht nichts, Tuare«, antwortete ich unbeeindruckt, »dann heirate ich eben nicht und bleibe für immer hier.«
»*Asahägo* – einverstanden«, sagte Tuare mit einem zufriedenen Kopfnicken. Und so war das Thema Erwachsenwerden für uns erst einmal erledigt.
Ich lebte vergnügt in einer abgeschirmten Welt und konnte mir nichts anderes vorstellen. Es schien mir, als ob das Universum nur aus unserem Urwald und den Fayu bestünde. Mit den Jahren hatte ich mich von Kopf bis Fuß und mit Leib und Seele in ein Urwald-Kind verwandelt. Aber so gern ich die Zeit auch aufgehalten hätte – sie kroch dennoch ohne jegliche Rücksicht auf meine Wünsche voran.

Eines Abends, im Schein der Kerosinlampe, änderte sich mein Leben. Papa erzählte uns, dass wir in Kürze auf Heimaturlaub gehen würden, zurück nach Deutschland.
Ich war plötzlich so aufgeregt, wie ich es nie für möglich gehalten hätte, konnte mir diese Welt, von der ich so viel gehört hatte, nicht vorstellen. Weiße Menschen, Geschäfte, Autos, Hochhäuser, fließend warmes Wasser und Spielsachen ...
»Wie im Himmel muss es sein«, dachte ich mir.
Ich stellte mir all die neuen Dinge vor, die ich kaufen würde, die vielen weißen Menschen, die mich begrüßen und mich freundlich zu sich nach Hause einladen würden. Der Gedanke war fast zu viel für mich, und ich schlief erst spät ein.
Am nächsten Morgen informierte ich Tuare über unsere Pläne. Seine Begeisterung hielt sich in Grenzen. Er sah unglücklich aus, hörte nicht auf zu fragen, wann wir zurückkehren würden und warum wir überhaupt wegwollten. Das wusste ich auch nicht. Die Hauptsache war für mich, dass wir bald wiederkommen würden.
Ein paar Wochen später war es dann so weit. Wir hatten alles in unser Boot gepackt und verabschiedeten uns von den Fayu. Tuare kam zu mir, er hatte Tränen in den Augen und schien am Boden zerstört. Als er vor mir stand, drückte er mir etwas in die Hand. Es war ein Krokodilzahn. Doch es war nicht der Zahn, der nun auch mir die Tränen in die Augen trieb, sondern das, was darin steckte ...
In der Fayu-Kultur gibt es drei Stufen der Freundschaft:
Die erste ist, nebeneinander einzuschlafen und die Zeigefinger ineinander zu haken. Die zweite: an den Fingern des anderen zu kauen. Und um die dritte und höchste Form der Freundschaft auszudrücken, nimmt man einen Krokodilzahn, steckt eine Haarsträhne in den Hohlraum und bindet ihn dem anderen um den Hals. Mit dieser letzten Geste gibt man regelrecht sein Leben in die Obhut des Freundes. Denn

Ein letzter Blick zurück ...

in der Kultur der Fayu werden die Haare eines Menschen auch dazu benutzt, ihn zu verfluchen, damit er sterben soll. Mit anderen Worten: Tuare hatte mir sein Leben anvertraut. Es war für mich ein todtrauriger Moment, wie wir da mit unserem Boot abfuhren und schließlich nur noch die Trauerlieder der Fayu weithin über den Fluss schallen hörten.
Kurze Zeit später verließen wir Indonesien und kehrten in die Heimat meiner Eltern zurück.

Teil 3

Urlaub in der »Heimat«

Vor kurzem rief ich meine Schwester an. Sie lebt mit ihrem Mann und ihrem Sohn in Amerika.
»Judith, kannst du dich an unseren Heimaturlaub erinnern?«, fragte ich.
Ein Moment der Stille. »Komisch, eigentlich nicht«, antwortete sie.
Es ist eigenartig – ich auch nicht. Nur Bruchstücke von Erinnerungen sind mir geblieben.

Wir wollten nur für ein Jahr in Deutschland bleiben, blieben aber länger. Denn während unseres Heimaturlaubs fingen meine Eltern an, für eine neue indonesische Vereinigung namens YPPM (Yayasan Persekutuan Peninjilan Mairey) zu arbeiten, und es dauerte eine Weile, bis wir neue Arbeitsvisa bekamen.
YPPM ist eine einheimische Entwicklungshilfe-Organisation, die Menschen unterstützt, die keinen Zugang zu einer Schulausbildung haben. Sie schickt Lehrer auf ehrenamtlicher Basis in verschiedene Stammesgebiete und leistet auch Hilfe anderer Art, zum Beispiel medizinisch. Durch eine Holländerin, die in Indonesien arbeitete, hatten meine Eltern von dieser Organisation gehört. Bald darauf trafen sie den Indonesier Pak Theis, der die Organisation leitet, und eine tiefe Freundschaft entstand, die bis heute anhält. Inzwischen hat YPPM die Arbeit bei den Fayu zum großen Teil übernommen, obwohl meine Eltern noch im Dschungel leben.

Die ersten Monate in Deutschland waren aufregend! Wir sahen zum ersten Mal all die Dinge, von denen wir bisher nur gehört oder gelesen hatten: Geschäfte, weiße Menschen, die wir nicht kannten, die Autobahn, Heizungen und dann endlich – Schnee.
Wir waren bei meiner Großmutter in Bad Segeberg zu Besuch. Sie wiederzusehen war das schönste Erlebnis für mich. Über all die Jahre hatte sie uns wunderschöne Briefe und Pakete geschickt, und bis heute habe ich ein besonderes Verhältnis zu ihr.
Der Wind blies zu dieser Zeit eisig kalt, und der Himmel war bedeckt mit dunklen Wolken. Ich hatte mal wieder vergessen, Strumpfhosen anzuziehen, und träumte eingehüllt in eine Decke vor mich hin. Auf einmal hörte ich Christian aufgeregt rufen: »Schau mal aus dem Fenster!«
Und tatsächlich: Riesige Schneeflocken schwebten vom Himmel herab und bedeckten den Rasen. Christian, Judith und ich schossen zum Fenster und starrten voller Entzücken hinaus. Es war ganz still, wir wagten kaum zu atmen.
»Bitte lass es nicht aufhören«, betete ich zum Himmel hoch, und ich wurde erhört. Es schneite immer heftiger, bald war alles mit einer weißen Schicht bedeckt.
»Die Deutschen müssen bestimmt dankbar sein, dass sie so etwas Wunderschönes jedes Jahr erleben«, seufzte Judith.
Oma, die sich köstlich über unser Erstaunen amüsierte, hatte eine Idee: »Na, Judith, wenn es dir so gut gefällt, kannst du ja gleich mit dem Schneeschippen anfangen«, sagte sie trocken.
»Können wir nach draußen gehen?«, fragte ich aufgeregt.
Und ohne auf eine Antwort zu warten, flitzte ich schon zur Tür und rannte hinaus. Schneeflocken tanzten um meine Nase herum, und ich steckte erwartungsvoll die Zunge heraus.

»Nicht essen!«, rief Christian ganz besorgt. »Du weißt doch nicht, ob es giftig ist!«
Schnell spuckte ich alles aus und rieb meine Zunge am Hemd ab. Doch Judith beruhigte uns schnell. »Es ist doch nur gefrorenes Wasser«, belehrte sie uns grinsend, »so wie Eiscreme.«
Christian schaute sie zuerst skeptisch an, doch als auch sie begann, mit ihrer Zunge Schneeflocken zu fangen, waren wir Dschungelkinder wieder beruhigt.
Ein eigenartiger Schmerz kroch an meinem Bein hoch, und ich bemerkte auf einmal, dass ich barfuß im Schnee stand. Mit einem gewaltigen Schrei rannte ich wieder durch die Tür ins warme Wohnzimmer.
»Siehst du«, sagte Mama gerade zu Oma, »da ist sie ja schon wieder. Na, Sabine, war's schön …?«
Aber ich beachtete sie gar nicht, zog schnell Mantel und Schuhe über, um den restlichen Nachmittag mit meinen Geschwistern im Schnee herumzutollen.

Mama und Papa verstanden es, uns sehr langsam an die deutsche Kultur zu gewöhnen. Wir hatten keinen Fernseher, kein Radio und wurden extrem abgeschirmt.
Trotzdem waren manche Dinge schwierig zu verstehen. Als wir zum Beispiel zum ersten Mal einen Supermarkt betraten, hörte das Staunen nicht auf. Christian brach in Tränen aus, und Judith war nicht mehr von dem Gang mit all den Schokoladentafeln wegzukriegen. Welche Sorte sollte sie nehmen? Sie hatte in ihrem ganzen Leben noch nie so viel Schokolade gesehen! Immer wieder lief sie zurück, um noch einmal zu schauen, bis Mama ihr schließlich sämtliche Varianten kaufte.
Ich fand die Menschen im Supermarkt genauso interessant wie das Essen. So viele weiße Menschen auf einmal waren

allein schon ein Schock. Und warum waren viele von ihnen so dick? Wenn jemand bei uns im Urwald so einen dicken Bauch hatte, kam es von den Würmern.

»Haben denn alle hier Würmer?«, fragte ich Mama.

Sie lachte und erklärte mir, dass das eher vom vielen Essen kam. Das fand ich spannend und war neugierig darauf, ob ich auch einen dicken Bauch bekommen würde, wenn ich viel aß. Aber ich blieb spindeldürr, da wir das deutsche Essen nicht vertragen konnten. Mama kochte meistens nur das, was wir gewöhnt waren, Reis und Gemüse. Doch bei Oma gab es immer Schokolade und Kuchen.

»Mir ist so schlecht«, jammerte ich, nachdem ich wieder mal drei Stück Kuchen hintereinander gegessen hatte.

»Da bist du selbst schuld, Sabine«, antwortete Mama.

Aber für uns blieb es unbegreiflich, dass es nie ein Ende hatte mit dem Essensvorrat. Einmal, als ich das letzte Stück Schokolade gegessen hatte, weinte Christian bitterlich. Also nahm Mama ihn mit zum Laden und kaufte eine neue Tafel. Als sie zu Hause ankamen, hatte Christian die ganze Schokolade bereits aufgegessen: »Nur damit Sabine es mir nicht gleich wieder wegisst!«, meinte er zu Mama.

»Christian, im Notfall können wir doch noch eine im Laden kaufen«, belehrte sie ihn.

»Ja, aber was ist, wenn der Laden ausverkauft ist?«, antwortete Christian ängstlich.

»Dann bestellen sie mehr bei der Fabrik«, sagte Mama.

»Und wenn die Fabrik keine mehr hat?«

»Christian, die Fabrik hat immer Schokolade. Und wenn eine Fabrik keine mehr hat, dann geht man zu einer anderen.«

Mama bekam langsam das Gefühl, dass noch ein weiter Weg vor ihr lag.

Christian wurde jetzt wütend, stampfte auf den Boden und rief: »Aber wenn alle Deutschen jeden Tag Schokolade essen,

dann ist sie doch irgendwann mal alle, und die Fabriken haben auch keine mehr!«
Verzweifelt fragte sich Mama, wie sie dem Jungen eine befriedigende Antwort geben könnte. Dann hatte sie es.
»Christian«, sagte sie zu ihm, »du hast Recht, wenn zum Beispiel ein Krieg kommt, gibt es keine Schokolade mehr.«
»Hab ich es doch gewusst!«, rief er aus. Krieg war etwas Vertrautes, und damit war das Problem gelöst.

Bei uns im Dschungel ging es ganz anders zu. Zweimal im Jahr besuchten Mama oder Papa die Hauptstadt und kauften ein: Säcke mit Reis, Gemüse in Dosen, Toilettenpapier, Schuhe und so weiter. Alle paar Monate konnte man auch eine Bestellung nach Jayapura schicken. Doch mit der Lieferung dauerte es ewig lange, die Flüge waren teuer und selten. Wenn schließlich noch ein wenig Platz auf einem Flug war, wurden die Sachen nach Danau Bira gebracht, und wir konnten sie von dort abholen. So war alles, was wir im Dschungel besaßen, rar, und auch für Mama war es am Beginn unseres Aufenthaltes in Deutschland schwierig, nicht immer gleich einen Großeinkauf zu machen.
Als die Zeit verging und unsere Rückreise sich immer wieder verschob, wurde ich auf der Realschule in Bad Segeberg eingeschult. Ich hatte in meinem ganzen Leben noch nie solche Angst gehabt. Deshalb war ich sehr erleichtert, als man mich nach ein paar Wochen wieder von der Schule nahm. Der Direktor hatte meinen Eltern gesagt, dass ich zu alt war, den Sprung in das deutsche Schulsystem zu schaffen.
Kurz darauf verließen wir Deutschland und flogen in die USA. Wieder eine neue Kultur, eigenartige Menschen mit komischem Verhalten, dachte ich mir. Ich sehnte mich immer mehr nach dem Dschungel zurück und fing an, wie in einem Traumzustand zu leben. Mein Körper war hier, meine Ge-

danken weit weg. Ich habe nachts viel geweint. Es ist eine Zeit, an die ich nicht zurückdenken möchte. Auch für die anderen war es kein Zuckerschlecken. Es ging uns Kindern immer schlechter, Mama und Papa machten sich große Sorgen. Wir fühlten uns fremd in dieser Kultur, ob es nun Deutschland oder Amerika war, und wollten einfach nur zurück in unseren geliebten Urwald.

Ich kam in die Pubertät, bekam meine Tage, nahm viel an Gewicht zu. Ich aß aus Frust und aus Heimweh. Es half ein wenig, dass Papa während der Zeit des Wartens viele Vorträge über seine Arbeit hielt, und hin und wieder zeigte er auch seine Fayu-Filme. Manchmal kamen die Leute nach dem Vortrag zu ihm und sagten: »So etwas gibt es doch nicht mehr. Du hast es nur fürs Fernsehen gemacht, oder?« Sie konnten nicht glauben, dass so eine abgeschiedene Welt noch existierte.
Zunächst verletzten mich diese Bemerkungen, doch allmählich lernte ich, darüber zu lachen. Ich stellte mir vor, wie ich den Fayu so manches über die westliche Welt erzählen würde – sie würden mir auch nicht glauben.

Und dann endlich war es so weit! Der Tag, an dem wir unsere Visa bekamen, war ein reiner Freudentag für uns. Papa reservierte gleich einen Flug, und kurze Zeit später ging es los. Als ich den Urwald unter mir sah, weinte ich vor Glück. Ich konnte es kaum glauben – ich war wieder zu Hause. Dass die Zeit in der Zivilisation mich geprägt hatte, mehr als ich es wollte, konnte ich noch nicht ahnen.
Das Wiedersehen mit den Fayu war unglaublich. Wir umarmten uns, tanzten herum wie kleine Kinder, die Fayu weinten und erzählten uns, dass sie nicht mehr an ein Wiedersehen mit uns geglaubt hatten.
Am Abend saß ich mit Christian, Tuare, Dihida, Ohri, Bebe,

*Christian und ich kurz nach unserer Rückkehr
in den Dschungel*

Isore, Diro, Klausu Bosa und vielen anderen ums Feuer. Wir waren alle erwachsener geworden und doch verbunden geblieben. Wir waren eine Familie, und, wie Christian vor dem Schlafengehen hoffnungsvoll sagte, es würde auch immer so sein. Als ich unter mein Moskitonetz schlüpfte, fühlte ich mich zum ersten Mal seit langer Zeit glücklich.
»Ja«, dachte ich mir, »hier gehöre ich hin.« Und mit diesem Gedanken schlief ich ein.

Der Dschungel ruft

Voller Energie und Vorfreude richteten wir uns in unserem alten Dschungelleben wieder ein, als wären wir gerade mal zwei Tage fort gewesen. Doch bald ließ es sich auch mit viel gutem Willen nicht mehr leugnen: Unser Haus brach auseinander. Papa war schon zweimal durch den Boden gefallen, die Bretter brachen unter seinem Gewicht. Außerdem war der Wasserspiegel des Flusses gestiegen, und das Haus war ständig überschwemmt. Es war Zeit, umzuziehen, höheres Land zu suchen.
Kurze Zeit später fanden wir den perfekten Ort. Eine halbe Stunde flussaufwärts mit dem Boot gab es einen Hügel. Die Fayu hatten uns davon erzählt – er sei nicht weit entfernt vom Fluss. Die Aussicht auf kühlen Wind, weniger Moskitos, einen wunderschönen Rundblick und nicht zuletzt das Fehlen von Wildschweinen überzeugte uns.
Papa ging mit den Fayu, um den Hügel zu erkunden. Er kam zurück und war begeistert. Ein paar Wochen später stießen vier Freunde aus Amerika zu uns, die sich bereit erklärt hatten, beim Hausbau zu helfen. Und schon bald fingen auch die Fayu an, neue Hütten auf dem Hügel zu bauen. Da die Überschwemmungen ihre alten Häuser ebenfalls zerstört hatten, entschlossen sie sich, das ganze Dorf dorthin umzusiedeln. Es waren Fayu vom Stamm der Iyarike, der Tigre und teilweise der Tearü; das Gebiet der Sefoidi war sehr weit weg, doch zu Besuch kamen sie oft.
Zum ersten Mal in der Erinnerung der Fayu lebten so viele

unterschiedliche Stammesgruppen zusammen – ein wunderschönes Erlebnis für uns alle.

Doch wenn ein Fayu sagt, etwas sei nicht weit vom Fluss entfernt, dann darf man ihn nicht beim Wort nehmen. Was für ihn nicht weit ist, ist für uns noch lange nicht nah …
Voller Vorfreude auf die kleine Dschungelwanderung, die vor mir lag, machte ich mich auf den Weg zu unserem neuen Haus. Wir stiegen aus dem Boot und liefen los – oder besser gesagt, wollten laufen. Denn vor uns erstreckte sich tiefer Sumpf, noch dazu über und über mit Sumpfpalmen bedeckt, die spitze Dornen haben.
»Und wie kommen wir da rüber?«, fragte ich Papa.
»Laufen«, meinte er, ohne mit der Wimper zu zucken.
»Laufen? Auf was? Da ist kein Boden!«, rief ich entsetzt.
»Sabine! Bist du etwa ein Weichei geworden?«, lachte Papa. »Siehst du nicht den Baumstamm dort?«
Ich trat näher und betrachtete skeptisch den dünnen Stamm, der sich kaum über die Wasseroberfläche hob.
»Keine Angst, Sabine, ich pass schon auf, dass du nicht runterfällst«, sagte Ohri und fiel in Papas Lachen ein.
Jetzt war mein Stolz verletzt. »Nein, ich schaff das schon«, erwiderte ich, packte, was ich tragen konnte, und begann den Marsch.
Doch durch den Sumpf zu laufen ist nicht so einfach. Die Baumstämme waren glitschig, und wenn man ins Rutschen kam, konnte man sich nirgends festhalten, denn die Sumpfpalmen waren, wie erwähnt, übersät mit Stacheln. Dazu kam, dass Tausende von Insekten nur darauf warteten, sich auf einen zu stürzen. Während einer dieser Überquerungen war ich einmal von Kopf bis Fuß mit großen schwarzen Spinnen bedeckt. Sogar einen Skorpion musste ich aus meinem Ärmel schütteln. Und wenn man in den Schlick fiel, was mir auch

mehrmals passierte, sank man fast so schnell wie in klarem Wasser und konnte sich eitrige Infektionen holen, die monatelang anhielten.

Aber letztlich machte es mir doch Spaß. Ich liebte das Abenteuer, wie schon als Kind. Und wenn wir besonderes Glück hatten, war das ganze Gebiet überflutet, und wir konnten mit einem kleinen Kanu bis zum Rand des Hügels fahren.

Der Weg durch den Sumpf betrug ungefähr 750 Meter. Danach mussten wir noch eine halbe Stunde bergauf laufen. Dieser Teil der Reise war angenehm. Fauna und Flora beeindruckten uns jedes Mal tief, die riesigen Bäume schützten vor der Hitze, und es gab unglaublich viele Vögel in diesem Teil des Urwalds.

Endlich auf dem Hügel angekommen, bot sich unseren Augen ein unbeschreibliches Bild. 360 Grad purer Dschungel, so weit das Auge reichte – wie ein sattgrüner Teppich, der sich Hunderte von Quadratkilometern weit über das Land breitete. Ich verliebte mich von der ersten Sekunde an in diesen Ausblick. Wir hatten wahrlich einen paradiesischen Ort für unser neues Haus gefunden.

Und direkt auf der Spitze des Hügels prangte es nun, bei weitem besser gebaut als unser altes, zweistöckig sogar, ein wahrer Palast für uns. Unten war ein großer Raum, der als Küche und Essplatz diente. Links gab es ein kleines Badezimmer, und dazwischen führte eine kleine Treppe nach oben. Dort lagen die drei Schlafzimmer: eines für Mama und Papa, eines für Christian, und wir Mädchen teilten uns das dritte.

Es begann eine ruhige Zeit. Unsere alte Dschungelroutine war im Nu wiederhergestellt. Ich war inzwischen fünfzehn Jahre alt und saß immer noch gern mit meinen Kindheitsfreunden ums Feuer, die zu jungen Männern herangewachsen waren. Sogar Ohri, einst klein und gelähmt, war ein großer, stolzer

*Unser neues Haus
auf dem Hügel*

Mann geworden. Wenn ich ihn beobachtete, füllte sich mein Herz mit schwesterlicher Liebe. Ich dachte an die Zeit zurück, als er fast an einer Infektion gestorben war und wie er dann langsam zu einem engen Familienmitglied wurde. Jetzt saß er dort, strahlte mich an und sagte mir immer wieder, wie sehr er uns vermisst, wie sehr er geweint hatte. Und wie sehr er sich jetzt freute. »Meine Familie ist wieder bei mir«, das waren seine Worte.

Doch ganz allmählich wurde mir bewusst, dass das Gefühl, alles sei wie immer, eine Illusion war. Wir hatten uns verändert. Unsere wilden Spiele hatten wir aufgegeben, wir spielten nicht mehr Krokodil-im-Wasser, bauten keine Feuerstellen und fingen auch keine kleinen Tiere mehr, um sie zu essen. Dass wir so weit vom Fluss entfernt waren, störte mich nicht; früher hätte ich darunter gelitten. Obwohl ich noch immer gern im Fluss schwamm, interessierten mich jetzt andere Dinge, zum Beispiel das Leben meiner Geschlechtsgenossinnen. Es war, als würde mir plötzlich eine andere Rolle zugewiesen. Ich wanderte langsam hinüber von der Welt der Männer in die der Frauen, und je älter ich wurde, desto mehr Zeit verbrachte ich mit ihnen. Wir saßen in Gruppen zusammen oder gingen zusammen fischen, machten Sago, oder ich half den Müttern mit ihren kleinen Kindern. Ich glaube, dass dies schwierig für Tuare war. Er saß öfters in unserer Nähe, beobachtete alles, was ich tat, und schien nicht sehr glücklich über die Veränderung. Er war nicht in mich verliebt; ich hatte schon als Kind immer das Gefühl gehabt, dass ich weder männlich noch weiblich für ihn war. Ich glaube eher, dass er die kleine Sabine wiederhaben wollte, und plötzlich war ich erwachsen.

Dass ich noch nicht »gestohlen« war, wunderte die Fayu täglich mehr. Nach ihrer Einschätzung war ich ja schon alt. Nie aber hätte sich ein Fayu-Mann einfallen lassen, Judith oder mich anzurühren. Für sie waren wir von einer anderen Welt, und als mein Vater sie einmal darauf ansprach, sagten sie: »Bleibt ihr bei eurer Haut, und wir bleiben bei unserer.« Sie dürften sich niemals die Frage gestellt haben, ob ich oder meine Schwester gute Ehefrauen wären.
Umgekehrt war dies eher der Fall! Als ich Judith mal wieder zum Thema Ehe befragte, antwortete sie lachend: »Mit uns könnten sie sowieso nichts anfangen, meinst du nicht? Wir können noch nicht mal richtig Sago ernten oder Fische fangen oder Netze häkeln. Die Männer hätten Angst, dass sie ihr Essen nicht bekommen, also nehmen sie sich lieber eine Frau, die besser zu ihren Wünschen passt. Und Sabine, ich kann mir auch nicht vorstellen, dass du deinen Mund halten könntest, wenn dir etwas nicht passt, oder brav bei den Frauen sitzen bleibst, während die Männer jagen gehen!«

Damals musste ich über die Vorstellung, die weiße Frau eines Fayu-Kriegers zu sein, auch lachen, aber wenn ich heute tief in mich hineinschaue, bin ich mir nicht mehr so sicher. Vielleicht hätte ich durchaus in ihr Leben gepasst, vielleicht wäre es gar nicht so undenkbar gewesen, durch und durch ein Teil des Stammes zu werden. Ich glaube fast, dass es für mich einfacher gewesen wäre, mein Erwachsenenleben im Dschungel aufzubauen. Einfacher jedenfalls als das, was ich in den Jahren in Europa durchgemacht habe.
Doch zu jener Zeit beschäftigten mich solche Fragen noch nicht. Ich war einfach froh, wieder bei den Fayu zu sein und einen Teil meines Herzens wiedergefunden zu haben.

Am Abend, mit der untergehenden Sonne im Rücken, saßen wir manchmal gemeinsam am Feuer. Es war kühler als unten am Fluss, ein leichter Wind hauchte über uns hinweg, und später konnte ich am Horizont Blitze beobachten, obwohl ein klarer Sternenhimmel über uns lag. Dann erzählten die jungen Männer ihre Geschichten, meist über die Jagd und die Frauen. Hin und wieder musste ich in mich hineinlachen – Männer waren wirklich überall gleich. Zum Beispiel, wenn Bebe mir erklärte, dass er später eine Frau mit riesigen Brüsten haben wollte. Dabei stand er auf und machte eine ausholende Bewegung mit den Händen, die die gewünschten Dimensionen anzeigte.
»Bebe«, lachte ich, »so große Brüste gibt es nicht bei euch!«
»Gibt es sie denn bei euch?«, fragte er interessiert.
»Ja, aber die sind nicht echt«, antwortete ich.
»Nicht echt?« Verwirrung spiegelte sich in den Gesichtern der Jungs. Alle schauten mich an. Jetzt bereute ich, so etwas gesagt zu haben. Es war zu kompliziert, zu weit weg, einfach zu ... anders.
»Vergesst es«, gab ich ihnen zu verstehen.

Während unserer Abwesenheit hatte sich eine große Änderung ergeben: Die Dschungelbasis Danau Bira war aufgegeben worden, es lebten nicht mehr genug Familien im Dschungel, um sie aufrechtzuerhalten. So kam es, dass wir nun zwischen dem Fayu-Dorf und der Hauptstadt Jayapura pendelten, wo wir uns ein Haus gemietet hatten. Inzwischen gab es dort auch eine neue Highschool, die Hillcrest International School, die wir zusammen mit ungefähr vierzig anderen weißen Kindern besuchten, die auch in West-Papua aufgewachsen waren. Das bedeutete, dass wir immer mehr Zeit in der Stadt verbrachten und nur während der Ferien mit unseren Eltern bei den Fayu leben konnten. Jayapura wurde zu einer Art Zwischenwelt für mich, zwischen der uralten Welt des Dschungels und ein wenig Zivilisation.

Eines Tages, kurz bevor die Ferien wieder einmal zu Ende gingen, wurde mir bewusst, dass dieses Gefühl des »Dazwischen«, das Jayapura in mir auslöste, nun mein Lebensgefühl und auch mein Problem war.
Mama, Christian und Judith waren bereits in der Stadt, während ich mit Papa die letzten Ferientage bei den Fayu auskostete. Papa fragte mich, ob ich Lust hätte, mit ihm flussaufwärts zu fahren. Natürlich hatte ich, und so machten wir uns auf den Weg zum Sefoidi-Stamm. Den Hügel hinunter und über den Sumpf gingen wir zum Boot, wo Tuare schon auf uns wartete. Mit ihm saß ich ganz vorn am Bug; wir waren dafür verantwortlich, eventuelle Gefahren wie schwimmende Baumstämme oder eine Unterwassersandbank möglichst früh anzusagen.
Es war herrlich auf dem Fluss, die Sonne in meinem Gesicht, die Natur um uns, der süße Duft. Da Mama nicht dabei war, gab Tuare mir ein Stück Zuckerrohr, und wir rissen die harte Haut mit den Zähnen ab, warfen sie ins Wasser und saugten

den süßen Saft heraus. Wir schmatzten laut, der Saft lief an unseren Armen herunter, und bald waren wir über und über mit dem klebrigen Zeug bedeckt. Aber wir brauchten ja nur ins Wasser zu springen, und schon waren wir wieder sauber. Der Motor dröhnte vor sich hin, die dichten grünen Urwaldbäume neigten sich tief über den kühlen Fluss. Eine wundervolle Ruhe kam auf einmal über mich, die ich immer seltener verspürte. In letzter Zeit war ich innerlich rastlos geworden. Der Dschungel war noch immer ein magischer Ort für mich, meine allererste Heimat, doch ich hatte das Gefühl, dass ich diese Heimat langsam verlor. Ich wollte sie mit aller Kraft festhalten, und doch, mit dem Vergehen der Zeit, entschlüpfte sie mir immer mehr.
Ich wusste nicht mehr genau, wer ich war und wo ich hingehörte. Die Zeit im Westen hatte mich stärker beeinflusst, als ich es zugeben wollte. Ich fühlte mich zerrissen zwischen dem Wunsch, ein Dschungelkind zu bleiben, und der immer näher rückenden Möglichkeit, eine moderne junge Frau zu werden.

Tuare riss mich plötzlich aus meinen Gedanken. Er rüttelte an meinem Arm und zeigte auf einen riesigen Baum am Ufer. Als ich genauer hinschaute, sah ich es: Tausende von kleinen schwarzen Punkten hingen an den Ästen.
»Kannst du dich erinnern? Haben die nicht gut geschmeckt?«, fragte Tuare.
»Ja. Oh, ja«, sagte ich, fast mehr zu mir selbst als zu ihm.
Plötzlich bewegten sich die kleinen Punkte, und in Sekundenschnelle war der Himmel mit Fledermäusen bedeckt. Ich schaute zu ihnen hinauf und fragte mich wieder einmal, warum ich mir denn so viele Gedanken machte. Dies war doch meine Heimat, mein Zuhause, meine Familie. Was konnte mir schon Schlechtes hier passieren? Es war doch alles so, wie es schon immer war, und es würde sich nichts ändern …

Ein paar Tage später musste ich zurück nach Jayapura, die Schulferien waren vorbei.

Beim nächsten Wiedersehen mit den Fayu hielt das seltsame Gefühl an. All meine Freunde waren da, um mich zu begrüßen, und ich freute mich sehr. Aber sie spürten auch, dass etwas nicht stimmte, und wussten nicht, was sie machen sollten. Und da ich es auch nicht wusste, beschloss ich, diese immer stärker werdenden Gefühle einfach zu ignorieren. Ich konzentrierte mich darauf, mein Leben im Urwald weiterhin so zu gestalten, als ob nichts wäre, als ob das Glück der Kindheit ungebrochen sei.

Das Baby
ohne Namen

Auch wenn es schmerzte, dass ich nicht mehr so selbstverständlich eins war mit meinem Stamm, hatte dies doch einen Effekt, der mir heute zugute kommt: Es half mir, einen genaueren, erkennenden Blick auf die Kultur und die Bräuche der Fayu zu werfen, mit denen wir so selbstverständlich aufgewachsen waren.

Ich ging mit Fusai, Nakires Frau, Fische fangen. Sie hatte ein Netz aus Baumrinde geflochten, und ich folgte ihr in den Urwald. Ein kleiner Fluss drängte sich durch das Unterholz. Fusai stieg ins Wasser, legte das Netz aus, und kurze Zeit später war es voll mit reichem Fang.
Als wir nach einiger Zeit zurückkehrten ins Dorf, wartete Tuare schon aufgeregt auf mich und erzählte, eine Frau sei zu unserem Haus gekommen, deren Baby sehr krank war. Mama war nicht da, also war ich gefragt. Ich nahm das Baby auf den Arm, ein kleines Mädchen, nicht älter als ein paar Monate. Sie hatte hohes Fieber. Was tun?
Ich entschloss mich für das Naheliegendste: ein Bad, denn das Kind starrte vor Schmutz.
Ich füllte eine große Schüssel mit Wasser, das ich auf dem Herd gewärmt hatte. Aber als ich das Baby aufnehmen wollte, schritt plötzlich der Vater ein. Er hatte Angst, denn er verstand nicht, was ich mit seinem Baby vorhatte. Mir fiel ein,

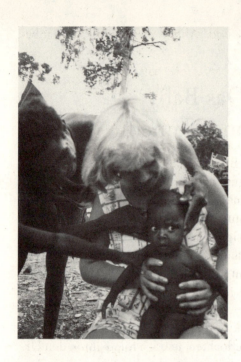

Ich kümmerte mich immer gern um den Nachwuchs meiner Fayu-Freunde (hier mit dem jüngsten Kind von Häuptling Kologwoi)

dass die Fayu ihre Babys nie wuschen – der Fluss war zu kalt dafür.
»Ich tu deinem Baby nichts«, versuchte ich zu erklären, »im Gegenteil, der Schmutz ist schlecht für die Kleine!«
Doch er war nicht einverstanden. »Das ist gefährlich«, meinte er aggressiv und zeigte zum Wasser.
»Nein«, widersprach ich, »fühl mal mit der Hand.«
Vorsichtig tauchte er seine Hand ins Wasser und schaute erstaunt, als er die Wärme spürte. Nach vielem Hin und Her erlaubte er mir endlich, dass ich sein Kind badete; die Mutter war von vornherein einverstanden gewesen.
Alle umringten mich und beobachteten gespannt diese neue Vorgehensweise. Ich legte das kranke Baby ins Wasser; es wurde sofort still und schien die Wärme zu genießen. Hinter

mir hörte ich ein »Uhh« und »Ahh« – mein Publikum war begeistert.
Nachdem ich das Kind gewaschen hatte, legte ich es in ein trockenes Handtuch und gab es der Mutter zurück. Ich fragte, ob das Baby schon einen Namen hatte.
»Nein«, sagte man mir, »sie hat noch keine Zähne...«
Am nächsten Morgen kam die Mutter zu unserem Haus, um mir zu zeigen, dass ihr Baby kein Fieber mehr hatte und wieder trank. Glücklich ging ich durch den Tag und schlief so zufrieden ein wie schon lange nicht mehr.
Doch als ich wieder aufwachte, hörte ich Trauerlieder. Ich wusste sofort, was passiert sein musste: In der Nacht war das Baby gestorben. Ich saß im Bett und weinte, erdrückt von der Verantwortung. Warum hatte ich nicht mehr getan? Hatte ich etwas falsch gemacht? Ich fühlte mich so hilflos, machtlos. Als ich noch jünger gewesen war, hatte ich das Sterben und den Tod, mit denen ich viel häufiger konfrontiert war als ein Kind im Westen, als etwas Natürliches hingenommen. Warum war ich jetzt so betroffen?
Im Rückblick glaube ich, dass ich schon vom westlichen Prinzip der »Machbarkeit« beeinflusst war. Ich war wütend, dass ich nichts hatte tun können, um das Schicksal zu wenden.

Ich ging nach draußen, Papa war schon da. Die Mutter hielt ihr totes Baby im Arm, wiegte es hin und her und sang ein Trauerlied. Den ganzen Tag und die Nacht hindurch hielt die Klage an, ich schlief ein mit dem Klang der Stimmen, die draußen vor unserem Haus das Todesritual zelebrierten, und wachte mit ihnen wieder auf.
Drei Tage dauerte die Trauerzeit, und am dritten Tag ging die Frau mit ihrem Mann in den Urwald. Ich folgte ihnen mit Ohri. Wir kamen zu einer Lichtung, wo der Vater des verstorbenen Babys schon ein Todeshaus gebaut hatte. Die Fayu

hatten vor einiger Zeit aufgehört, die Körper in ihren eigenen Hütten verwesen zu lassen. All die Bakterien und Insekten, die davon angezogen wurden, hatten kleine Kinder und ältere Menschen in Lebensgefahr gebracht.
Stattdessen bauten sie nun ein hohes Gestell im Urwald. Vier lange hölzerne Stäbe wurden in den Boden gerammt und ganz oben eine Plattform gebaut, worauf sie die Leiche legten. Ich bemerkte, dass zusätzlich zwei lange Pfeile im Boden steckten, die über die Leiche und die Plattform hinausragten. Ich fragte Ohri, der neben mir stand, was das bedeutete.
»Die Pfeile helfen den Geistern, den Toten zu finden«, gab er zurück.
Ich beobachtete, wie die Mutter ihr Kind auf die Plattform legte, und dazu legte sie das Einzige, was dem Kind gehörte: das Handtuch, worin ich das Baby eingewickelt hatte.
Tränen liefen mir die Wangen herab. Ich fühlte mich so schrecklich. Ohri hielt fest meine Hand und sagte ganz leise: »Sei nicht traurig, kleine Schwester, ich werde dich nie verlassen.«
Ich drückte seine Hand, so froh, dass er bei mir war.

Papa war erstaunt darüber, dass nur so kurz um das Baby getrauert worden war.
Die Fayu erklärten ihm, dass sie dieses Kind noch nicht gut gekannt hatten: »Wir waren mit ihm niemals jagen, haben nie Essen mit ihm geteilt oder uns mit ihm unterhalten. Dieses Baby hat noch nicht einmal Zähne gehabt.«
So ist die Trauerzeit in der Fayu-Kultur vom Alter des Verstorbenen abhängig. Je älter der Tote, umso länger trauerten sie, bei alten Menschen oder Häuptlingen manchmal wochenlang. Die Knochen, die nach dem langen Verwesungsprozess schließlich übrig blieben, wurden in den Hütten aufgehängt, wie man bei uns Fotografien aufstellt, und sie wurden bei

jedem Ortswechsel mitgenommen. Oft kam ich in eine Hütte, und stolz präsentierte man mir die Schädel mit den Worten: »Das ist mein Onkel, das mein Großvater und hier meine Schwester ...«
Was uns hier im Westen makaber erscheinen mag, war der Weg der Fayu, die Erinnerung an ihre Lieben lebendig zu halten.

Die Schöne und das Biest

Unsere Aussicht vom Hügel war eine ständige Quelle der Freude und des Staunens. Wir hatten den Eindruck, von hier aus könnten wir den ganzen Urwald und den ganzen Himmel sehen. Fast jeden Abend erlebten wir einen traumhaften Sonnenuntergang. Und manchmal konnte ich auch beobachten, wie der Nebel aus dem Urwald stieg. Er war unheimlich, mysteriös und mächtig. Stärker als die Millionen von Baumriesen schien der Nebel zu sein, denn er begrub sie mühelos, bis nur noch ihre Spitzen zu sehen waren.

Ich wachte eines Morgens früh auf und fühlte, dass etwas Besonderes in der Luft lag. Ich kletterte aus dem Bett und schlich mich nach unten. Alles schlief noch. In der Küche wollte ich mir meine übliche Tasse Kaffee machen, doch als ich aus dem Fenster blickte, erschrak ich: Ich konnte den Boden nicht mehr sehen, alles war weiß!
Ich ließ den Topf fallen und lief zur Tür hinaus. Der Anblick war grandios: Über mir blauer Himmel und am Horizont stand die aufgehende Sonne, deren Strahlen golden über mich hinwegstrichen. Doch am verblüffendsten war, dass unter mir kein Boden mehr zu sehen war. Dicker Nebel lag über dem ganzen Urwald und hatte unseren Hügel eingehüllt. Ich konnte kaum meine nackten Füße sehen. Vorsichtig machte ich einen Schritt, dann noch einen.

Ich stand auf einer Wolke, wie ich es mir schon immer erträumt hatte, stand dort und fühlte mich unschlagbar, fühlte mich wunderschön, einfach unbeschreiblich. Ich stand dort, bis die Sonne den Nebel verjagte. Dieses Erlebnis habe ich bis heute nicht vergessen.
Ich ging wieder ins Haus, machte mir endlich Kaffee und setzte mich dann nach draußen auf die Treppe. »Ja«, dachte ich mir, »hier ist es, hier ist der Ort, wo ich immer glücklich sein werde.« Und gleich darauf überkam mich Traurigkeit. Es war so seltsam: Warum hatte mir die Natur meinen Wunschtraum, einmal auf einer Wolke zu stehen, gerade jetzt und hier erfüllt? Wo ich doch immer mehr das Gefühl hatte, nicht mehr richtig hierher zu gehören?
Plötzlich musste ich an die Zeit in Deutschland denken, an meine Großmutter in Bad Segeberg. Wie gut der deutsche Kaffee geduftet hatte im Vergleich zu der Instantbrühe, die ich gerade in der Hand hielt. Und deutsche Brötchen, wie sehr ich sie vermisste! Dick bestrichen mit Nutella ... Ich dachte an das kühle Wetter und unsere Spaziergänge um den See.
Gleich darauf bekam ich wieder ein schlechtes Gewissen. Da saß ich nun und wünschte mich in die Heimat meiner Eltern, wo mir die Natur doch gerade ein Erlebnis beschert hatte, das ich nie vergessen würde, das ich mir so lange gewünscht hatte, das nur hier, an diesem magischen Ort, zu haben war. Nein, ich hatte kein Recht, Sehnsucht nach dem fremden Land zu haben. Hier war meine Heimat. Hier gehörte ich hin.
Wollte die Natur, mit der ich im Dschungel so verbunden war, mich an etwas erinnern? Hatte sie mir ihre Wunder offenbart, um mich für immer an sich zu binden? So musste ich hier bleiben. Denn ein Freund bleibt immer ein Freund, man hält zusammen und verlässt einander nie. Das war die Regel der Natur, wie ich sie von den Fayu gelernt hatte, die Regel des Überlebens.

Nicht lange nach diesem aufwühlenden Erlebnis wachte ich unerwartet mitten in der Nacht auf. Irgendetwas stimmte nicht. Ich lauschte, konnte aber nichts hören. Vollkommene Stille lag über dem Urwald, was Gefahr bedeutete. Ich saß verwirrt in meinem Bett, noch vom Schlaf umnebelt.
Dann hörte ich ein leises Geräusch. Ein Rauschen, das sich wie Meereswellen anhörte. Es wurde lauter, und in mir stieg Angst hoch. Immer näher, immer lauter und dann ... vibrierte plötzlich alles, der Boden, das ganze Haus, mein Bett. Ich zog mir die Decke über den Kopf und war sicher, dass das Haus jetzt einstürzen würde. Wie eine Ewigkeit schien mir, was nur einige Sekunden gedauert haben konnte. Dann kehrte langsam Ruhe ein.
Natürlich wurde mir schnell bewusst, was ich gerade gespürt hatte. Ich hatte schon mehrere Erdbeben miterlebt, niemals aber etwas so Mächtiges. Der Dschungel war zu einem gewaltigen, rauschenden Meer von Wellen geworden. Es war einzigartig.
Und wieder war mir so, als wolle der Urwald mich nicht gehen lassen. Zuerst der weiche, sanfte Nebel und jetzt diese Urgewalt. Die Natur hatte dafür gesorgt, dass ich sie nicht vergaß, wollte sichergehen, dass ich sie nicht nur sah, sondern tief in mir fühlte.

Am nächsten Morgen fragte ich Papa, ob er es auch mitbekommen hätte.
»Welches Erdbeben?«, fragte er. »Nein, ich hab geschlafen.«
Für mich war es das Erdbeben des Jahrhunderts gewesen, und er schlief. Ganz klar: Die Botschaft hatte mir gegolten.

Bisa und Beisa

Und dann, eines Abends, erfuhren wir, woher die Fayu kamen. Kloru, der Vater von Tuare und Bebe und einer der besten Geschichtenerzähler, die ich kenne, sprach uns zum ersten Mal vom Mythos ihrer Entstehung.
»Es war einmal ein großes Dorf mit vielen Menschen, die alle nur eine Sprache hatten«, fing Kloru an. Das Abendfeuer erleuchtete unsere Gesichter; wir saßen alle gemeinsam da und warteten auf das leckere Schweinefleisch, das in der Mitte vor sich hin brutzelte.
Kloru redete in einer Sprache, die ich nicht ganz verstand. Ich fragte Papa, der neben mir saß. Er wirkte begeistert, als er mir erklärte, dass Kloru einen sehr alten Dialekt benutzte, den seine Vorfahren gesprochen hatten. Papa ließ nebenher ein Tonband laufen, um die Legende aufzunehmen. So konnte er später sichergehen, dass er auch alles verstanden hatte. Da Papa die Fayu-Sprache aber inzwischen sehr gut beherrschte, konnte er mir an diesem Abend Klorus Erzählung übersetzen:

»Diese Menschen lebten in Frieden. Doch eines Tages kam ein großes Feuer vom Himmel, und plötzlich gab es lauter verschiedene Sprachen. Nur jeweils ein Mann und eine Frau sprachen dieselbe Sprache, mit den anderen konnten sie sich nicht mehr verständigen.
Sie wurden über die ganze Erde verstreut. Unter ihnen waren ein Mann und eine Frau namens Bisa und Beisa. Sie sprachen die Sprache der Fayu.

Steinskulptur von Bisa und Beisa

Tagelang sind sie gelaufen, um ein neues Heim zu finden. Eines Tages waren sie im Urwald angelangt, als es anfing zu regnen. Es hörte nicht mehr auf, tage- und wochenlang regnete es. Das Wasser stieg immer höher.
Bisa und Beisa bauten sich ein Kanu und nahmen viele Tiere auf, die auch dem Wasser entfliehen wollten. Sie saßen in ihrem Kanu, Rücken an Rücken, und paddelten.
›Regen, hör auf, Donner hör auf, wir haben Angst!‹, riefen Bisa und Beisa immer wieder.
Doch der Regen hörte nicht auf. Das Wasser stieg, bis alle Bäume versunken waren. Alles kam in den Fluten um; Bisa und Baisa und die Tiere, die sie in ihrem Kanu hatten, waren die Einzigen, die noch am Leben waren.
Nach vielen Tagen, als sie die Hoffnung schon aufgegeben hatten, stießen sie plötzlich auf Land. Sie stiegen mit ihren Tieren aus dem Boot und fanden sich auf einem

kleinen Hügel wieder. Vor sich sahen sie eine Höhle, die ins Innere der Erde führte. Erleichtert krochen sie hinein und fanden den lang ersehnten Schutz.
Bald darauf hörte es auf zu regnen, und das Wasser verschwand. Die Tiere schwärmten aus in den Urwald, doch Bisa und Beisa blieben in der Höhle und bauten sich ein Heim, bekamen Kinder, die wiederum Kinder bekamen, bis sie zu einem großen Stamm heranwuchsen. Sie nannten sich die Fayu.
Bisa und Beisa leben noch heute dort, aber nicht in menschlicher Gestalt. Sie haben sich verewigt, indem sie zu Stein wurden. Kennt ihr die großen Steine dort unten an der Höhle? Rücken an Rücken sitzen sie, und wenn wir Probleme haben, gehen wir zu ihnen, setzen uns daneben und erzählen ihnen unsere Sorgen.«

»Wie schön«, dachte ich, »wie fremdartig und wie bekannt! Alle Menschen sind gleich …«
Ich schaute über den dunklen Urwald hin, konnte nur noch die Umrisse der Bäume erkennen und stellte mir vor, wie es für Bisa und Beisa gewesen sein musste, ganz allein in einem Boot über das kalte Wasser zu treiben.
»Sie müssen sich sehr verloren gefühlt haben«, dachte ich mir und rückte näher an Ohri heran.

Rückwärtsgang

Nachdem Kloru uns seine Geschichte erzählt hatte, trat etwas Erstaunliches zutage: Tuare nämlich, Klorus Sohn, war darüber genauso überrascht wie wir, denn er hatte die Geschichte ebenfalls noch nie gehört! Wohl kannte er die Steinfiguren Bisa und Beisa, doch von der dazugehörigen Legende hätte er nie erfahren, wenn Papa nicht danach gefragt hätte.

An diese Begebenheit muss ich immer denken, wenn ich versuche zu verstehen, wie die einst so blühende Kultur der Fayu sich plötzlich rückwärts anstatt vorwärts entwickeln konnte.

Man weiß, dass ein Volk vom Aussterben bedroht ist, wenn das Wissen nicht von Generation von Generation weitergegeben wird. Ich kann es heute noch nicht fassen, dass kein Fayu uns von den weißen Menschen erzählt hat, die in den 40er Jahren zu ihnen gekommen waren; die Erinnerung an jene Holländer war in »unserer« Fayu-Generation offensichtlich bereits verloren gegangen.

Es ist ja nicht so, dass sie keine Zeit gehabt hätten, einander Geschichten zu erzählen. Stundenlang saßen die Männer zusammen, erzählten von der Jagd oder vom Krieg oder sprachen lange Zeit kein Wort. Auf diese Weise geht das besondere Wissen, das ein Mensch sich zeit seines Lebens erarbeitet hat, verloren. Die nächste Generation muss wieder ganz von vorn anfangen. Langsam vergeht auch das Verlangen nach

Wissen überhaupt, und alles, was bleibt, ist das Überlebensnotwendige.

Und wenn dann hinzukommt, dass ein Volksstamm wie in einer Glaskugel lebt, abgeschnitten von anderen Kulturen, ohne Anregungen von außen, so wird die Rückwärtstendenz verstärkt. Die einzigen fremden Stämme, die die Fayu kannten, waren die anliegenden Kirikiri und die Dou, aber wegen des dauernden Kriegszustands mischten sie sich nicht untereinander. Kein neues Wissen drang in ihre Abgeschiedenheit, keine Idee entstand, wie sie ihre Lebensbedingungen verbessern könnten. Und was das Schlimmste war: Niemand mischte sich je in ihre Angelegenheiten.

Ich werde hin und wieder darauf angesprochen, ob es denn nicht besser gewesen wäre, wir hätten diese »glücklichen Wilden« in ihrem Paradies in Ruhe gelassen, um sie nicht schlechten Einflüssen auszusetzen.

Ich frage dann zurück, was es denn wohl für ein Paradies sei, in dem die Menschen einander abschlachten, weil sie in selbstzerstörerischen Traditionen gefangen sind? In dem Kinder tagtäglich in Angst und Schrecken leben? Ob das Paradies nicht vielleicht drauf und dran war, sich in eine Hölle zu verwandeln?

Hätten wir die Fayu, als wir diese Dinge schließlich verstanden hatten, ihrem Schicksal überlassen sollen? Unsere »Einmischung« bestand für die Fayu in einem sanften Anstoß von außen, selbst und von innen heraus Dinge zu verändern, um wieder zu einem menschenfreundlicheren Volk zu werden.

Schlechte Einflüsse werden ohnehin nicht ausbleiben. Irgendwann kommen sie auch in den abgelegensten Winkel, in das verlorenste Tal der Erde. Das Entscheidende wird sein, wie die Fayu darauf vorbereitet sind.

Es ist nicht gut,
dass der Mensch allein sei

Ganz zu Anfang, als wir zu den Fayu gezogen waren, hatten wir uns manchmal überlegt, ob sie wohl Lieder kannten. Bis dahin hatten wir die Fayu noch nicht singen gehört.
Bald bekamen wir die Antwort. Wir waren gerade aus Danau Bira ins Dorf zurückgekehrt, und unsere Sachen waren mal wieder gestohlen worden. Da hörten wir Gesang von der anderen Seite des Flusses. Es war Nakire, der sang, ein wenig monoton und doch wunderschön:
»Oohhh«, sang er, »die Fayu sind wie die Vögel, ohhhh, sie picken und nehmen immer vom selben Baum, ohhh, so schlechte Menschen, oohhh, armer Klausu, arme Doriso, sie sind so traurig und fragen nach ihren Sachen, oohhh …«
Papa war begeistert, und bald wurde uns klar, dass die Fayu in jeder Situation auf der Stelle ein Lied improvisieren können. Aus nur drei verschiedenen Tönen bestand ihr Lied, mit dem sie Freude, Trauer und alle anderen Emotionen ausdrückten, die sie in diesem Moment fühlten. Es war nicht der raffinierteste aller Gesänge, doch es war ein Klang, den ich sehr früh zu lieben begann.
Vielleicht hatte es auch mit diesem Lied zu tun, dass die Fayu eigentlich keine Depressionen oder psychischen Krankheiten kannten. Allen Gefühlen wurde unmittelbar freier Lauf gelassen, und es gab sogar vorbestimmte Zeiten, in denen für den

Gefühlsausdruck alles stehen und liegen gelassen wurde – wie zum Beispiel bei der Totenklage. Wenn die Zeit der Gefühle abgelaufen war, wurde ein Schlussstrich gezogen, und die Menschen lebten weiter, als ob nichts geschehen wäre.
Wenn jemand eine schlimme Erfahrung gemacht hatte, lag er manchmal für Wochen in seiner Hütte, ohne ein Wort zu sagen, oder sang stundenlang vor sich hin. Während dieser Zeit wurde er mit Essen versorgt. Eines Tages dann stand er wieder auf, und kein Schock oder Trauma war zurückgeblieben. Er war wie gereinigt, strahlte über das ganze Gesicht und nahm seine Aufgaben in der Gesellschaft wieder wahr.
Und so war das Singen ein Ventil, wenn man von Gefühlen überwältigt wurde – für Glück oder Unglück gleichermaßen.

Als wir aus dem Heimaturlaub zurück waren und zwischen dem Fayudorf und der Hauptstadt zu pendeln begannen, kam es öfter vor, dass die Familie auf beide Standorte verteilt war. Papa konnte sich schlecht daran gewöhnen, von Mama getrennt zu sein, er vermisste sie sehr und machte mir in diesen Zeiten einen ganz verlorenen Eindruck.
Und so saß er eines Abends auf unserem neuen Hügel. Mama war in Jayapura geblieben, denn Christian hatte Malaria, und sie wollte ihn nicht allein lassen. Die Fayu waren schon in ihren Hütten verschwunden, und ich saß im Haus und las im Schein meiner Taschenlampe ein Buch.
Plötzlich hörte ich von draußen ein eigenartiges Heulen. Ich sah nach, und da stand mein Papa ganz allein vor dem Haus und sang, in den klassischen drei Tönen, ein Trauerlied in der Fayu-Sprache:
»Oohh Doriso, wo bist du, oohh Doriso, ich bin ganz allein, ooohhh, Häuptling Kologwoi hat eine tolle Frau, und auch Nakire, oohhh, nur ich bin allein, ohhh, mein Herz ist so traurig«, sang er in den Urwald hinaus.

Ich konnte mir kaum das Lachen verbeißen; mein Papa war wirklich lustig manchmal. Kaum hatte er die zweite Strophe begonnen, kamen die Fayu aus ihren Hütten. Sie rannten zu ihm, nahmen ihn in den Arm und versuchten ihn zu trösten. Dann stimmten sie alle gemeinsam ein neues Trauerlied an: »Ooohh Doriso, komm schnell, ooohh Doriso, dein Mann braucht dich, oohh Doriso, er ist so traurig, ooohhh Doriso, komm schnell«, so schallte es in die Nacht. Es war ein herrlicher Klang, den ich nie vergessen werde.

Am nächsten Morgen kam Ohri zu mir. Er wollte mir etwas zeigen. Ich folgte ihm zum Rand des Dorfes, wo er auf eine neu gebaute Hütte zeigte.
»Mein neues Haus!«, sagte er mit viel Stolz.
Ich bewunderte es über alle Maßen, wie es üblich war bei den Fayu. So eine schöne Hütte hätte ich noch nie gesehen, versicherte ich ihm. Er strahlte über das ganze Gesicht.
Die Hütte war einfach gebaut und doch mit viel Liebe und Sorgfalt fertig gestellt. Das Dach war aus Palmblättern geflochten, und die Wände hatte er mit breiten Holzbrettern vernagelt. Eine einfache Treppe führte hinauf zum Eingang. Doch was mich berührte, war, dass Ohri seine Hütte geschmückt hatte, eine Seltenheit bei den Fayu. Der Boden war mit flachem Bambus ausgelegt, und in der Mitte gab es einen Platz zum Feuermachen. In der westlichen Welt mag man es sich ja nicht vorstellen, aber nachts im Dschungel wird es manchmal richtig kalt. Die Feuerstelle war also genau das Richtige zum Heizen, zum Kochen und um die Moskitos fern zu halten. Ich lächelte in mich hinein, denn in diesem Moment wurde mir bewusst, dass Ohri ans Heiraten dachte.
»Ohri wird bestimmt ein guter Ehemann«, dachte ich ein wenig neidvoll. Ich war stolz auf Ohri. Er hatte so viel in seinem Leben überstanden und erreicht und war für mich, wie

für viele andere, ein wichtiger Halt geworden. Wenn ich mich nicht gut fühlte, war es immer Ohri, der neben mir saß und meine Hand hielt. Allein seine Anwesenheit gab mir die Ruhe zurück, nach der ich mich so sehnte. Er war ein wichtiger Teil meines Daseins; nicht zuletzt seinetwegen hielt ich an meinem Leben im Dschungel fest. Und in diesem Moment fühlte ich ganz besonders, wie wichtig es mir war, ihn als meinen Freund und Bruder bezeichnen zu dürfen.
Gemeinsam gingen wir wieder zu unserem Haus. Dort wartete schon eine heiße Tasse Kaffee auf mich. Ich fragte Ohri, ob er auch eine wolle, doch er runzelte wie alle Fayu nur die Nase und sagte »*Hau*«.
Ohne ein Wort zu sagen, saßen wir dann auf dem Baumstamm vor unserem Haus und bewunderten einmal mehr das traumhafte Land vor uns. In diesem Augenblick fühlte ich mich wirklich wohl. Ich musste nicht an die Zukunft denken oder daran, was aus mir werden sollte. Zusammen mit Ohri hatte ich inneren Frieden und wandte meine Gedanken ihm zu: Ich wünschte ihm Glück für seine Pläne.

Ehebruch und andere Wirren des Lebens

Wie jedes Vergehen war der Ehebruch bei den Fayu bis vor kurzem noch mit dem Tod bestraft worden. Doch die Zeiten hatten sich auch hier geändert. Es erstaunte uns, wie es den Fayu nun gelang, all ihre Probleme neu zu lösen. Wie immer hatte Papa den Weg verfolgt, sich aus den Stammesregeln herauszuhalten. Der Stamm sollte seine Entscheidungen selbst treffen – wir waren nicht dort, um zu regieren, sondern um zu dienen.

Ich stand am Rand des Dorfes und sah einen Mann und eine Frau in der Mitte der Lichtung auf dem Boden sitzen. Ihre Hände waren gebunden. Die beiden hatten eine »Affäre« miteinander gehabt, obwohl sie mit anderen Partnern zusammenlebten, im Fayu-Sinne also als verheiratet galten.
Gespannt schaute ich zu, was jetzt passieren würde. Zuerst hielt Häuptling Kologwoi eine Rede und sagte, dass die beiden etwas Falsches getan hatten. Er redete und redete, es kam mir vor wie eine Ewigkeit. Doch als er fertig war, war dies noch lang nicht das Ende. Als Nächstes stand Nakire auf und sagte in einer ebenso langen Rede ungefähr dasselbe wie Häuptling Kologwoi. Die Sonne stieg und brannte schließlich hoch am Himmel. Nach und nach wurden von verschiedensten Stammesmitgliedern Reden gehalten, alle bekräftigten das, was schon gesagt wurde, und verdammten den

Ein Fayu-Ehepaar

Ehebruch. Endlich, am späten Nachmittag, war die Zeit für Häuptling Kologwoi gekommen, seine Strafe zu verkünden. Ich hatte Durst und Hunger. Es verblüffte mich immer, wie lange die Fayu ohne Wasser auskamen. Vor allem die beiden, die in Fesseln auf dem Boden saßen, taten mir Leid. Sie schauten die ganze Zeit über beschämt zu Boden.
Häuptling Kologwoi stand auf, er hatte entschieden. Die Strafe bestand darin, dass beide Wiedergutmachung leisten mussten. Jeder musste dem betrogenen Ehepartner der anderen Seite Geschenke geben, bis er zufrieden war, und so geschah es: Der Schuldige brachte dem Mann seiner Geliebten Messer, Pfeile und ein Schwein, bis der Betrogene nickte. Die Frau brachte Sago, Netze und Kleidung und gab alles der Frau ihres Geliebten.

Inzwischen war es schon dunkel geworden, aber ich saß immer noch am Feuer, von wo aus ich alles beobachten konnte. Ehebruch war selten hier im Dschungel. Ich fragte Papa, ob es Liebe zwischen den Ehepartnern gab.
»Ich weiß es nicht«, antwortete er wahrheitsgemäß, »außer bei Nakire und Fusai habe ich noch nichts davon gesehen. Sie küssen oder umarmen sich nie öffentlich. Wenn ich die Männer bitte, sie sollen für ein Foto den Arm um ihre Frauen legen, lachen sie und benehmen sich wie schüchterne Kinder.«
Ich dachte meinerseits an die Situationen, die ich miterlebt hatte, in denen Männer ihre Frauen einfach mit einem Pfeil anschossen, weil sie wütend waren. Es sprach alles dafür, dass die Fayu eher zum Überleben heirateten denn aus Liebe …
Und die Sexualität wurde äußerst diskret behandelt. Wenn ein Mann eine Frau gestohlen hatte, verschwand er einfach ein paar Tage mit ihr im Dschungel, bis sie ihn als Mann akzeptierte.
»Was machen sie eigentlich, wenn sie mehrere Frauen haben und mit einer von ihnen schlafen wollen?«, fragte ich Papa weiter.
»Auch dann gehen sie in den Urwald mit ihr«, antwortete Papa, »aber die Polygamie gibt es im Grunde nicht mehr. Die älteren Männer, die früher immer die jungen Mädchen wegschnappten, um sie als Zweit- oder Drittfrau zu nehmen, haben beschlossen, diese den jungen Männern zu überlassen.«
»Eine weise Entscheidung«, dachte ich. Alles passte zusammen: Wenn keine Frauen mehr geraubt wurden, wurde weniger getötet, weniger gerächt, kam es zu weniger Kriegen.
Doch dass es keine Liebe zwischen Männern und Frauen geben sollte, konnte ich mir einfach nicht vorstellen. Ich hatte während meines kurzen Aufenthalts in Amerika ein paar Filme gesehen, in denen es nur um Liebe, Gefühle und Sex ging. Das konnte doch nicht auf die westliche Welt beschränkt

sein? Auch Mama und Papa waren glücklich zusammen, doch sie hatten beide dasselbe Ziel im Leben gehabt und liebten das, was sie taten. In meinem fünfzehnjähriges Hirn drehte sich alles; ich war froh, dass ich noch zu jung war, um ans Heiraten zu denken.

Häuptling Kologwoi schaute sich nun die mitgebrachten Geschenke an und fragte die Betrogenen, ob es zur Genugtuung reiche. Alle Parteien waren zufrieden, und von diesem Tag an war alles vergessen und vergeben.
In der Fayu-Kultur war Ehebruch eine ernste Sache. Wir haben niemals erlebt, dass eine Affäre anhielt; sie wurde schnell beendet und flammte nie wieder auf. Ich glaube, man muss strenge Regeln aufstellen, wenn man in so beengten Verhältnissen lebt wie die Menschen im Urwald. Um unter solch harten Bedingungen zu überleben, braucht man einander, muss zusammenhalten, sonst ist man verloren.
Viele Gedanken gingen mir durch den Kopf, als ich abends in meinem Bett lag. Ich dachte immer mehr an die Zukunft, auch was die Liebe betraf. Ich war nicht nur unsicher, zu welcher Welt ich gehörte, ich konnte auch meine Gefühle nicht mehr ordnen.
In Jayapura war ich inzwischen in der elften Klasse, bereitete mich darauf vor, später einmal zu studieren. Dafür würde ich zurückgehen müssen in die Zivilisation. Doch der Dschungel war mein Zuhause, meine vertraute Umgebung. Obwohl – wie vertraut war das alles eigentlich noch? Im Dschungel hatte sich das Leben auch sehr verändert, zum Guten natürlich, wie das heutige Beispiel gezeigt hatte – und doch spürte ich eine Sehnsucht nach etwas, was ich nicht einordnen konnte. Auf der einen Seite sehnte ich mich nach dem ruhigen Leben, das der Dschungel bot, auf der anderen Seite nach all den Möglichkeiten, die es hier nie geben würde. Wie sollte ich im

Dschungel eine Ausbildung machen? Wie sollte ich einen Mann finden? Wie sollte ich mich in eine Gesellschaft einfinden, zu der ich eigentlich nicht gehörte? Ich war doch eine Deutsche, ein weißes Mädchen von weißen Eltern. Äußerlich war ich weiß, doch was war ich innerlich? Wer war ich wirklich?

Der Tag, als Ohri starb

Immer wenn wieder die Ferien nahten und die Rückkehr in den Dschungel lockte, hüpfte mein Herz, und die düsteren Zukunftsgedanken waren für eine Weile weit weg.
Wir waren nach Kordesi geflogen und fuhren von dort aus mit unserem blauen Boot ins Fayu-Gebiet. Christian und ich saßen ganz vorn auf dem Aussichtsposten. Seit wir Teenager waren und Mama sich nicht mehr täglich um unsere Körperpflege kümmerte, vergaßen wir regelmäßig, Sonnencreme aufzutragen. So auch diesmal: Als wir im Dorf ankamen, spürte ich noch nichts, doch als ich am nächsten Morgen aufwachte, konnte ich mich kaum noch bewegen. Christian und ich hatten schlimme Verbrennungen am Rücken. Meine Haut war schon an manchen Stellen schwarz und fiel ab wie Papier. Mama schimpfte mit uns; unsere schmerzverzerrten Mienen lösten keinerlei Mitleid bei ihr aus.
Wenn wir gewusst hätten, was an Entsetzlichem auf uns zukam, hätten wir diesen Sonnenbrand jedoch keines Gedankens gewürdigt. Ich wundere mich heute, dass die Erinnerung daran durch das, was folgte, nicht vollkommen ausgelöscht wurde.

An einem der nächsten Tage fiel Mama auf, dass Ohri uns noch nicht besucht hatte. Wir hatten ihn seit unserer Ankunft nicht gesehen.

»Ich werde mal im Dorf fragen, wo er ist«, sagte ich. »Bestimmt hat er sich eine Frau ›gestohlen‹«, dachte ich mir dabei schmunzelnd.

Später am Tag hörte ich prompt ein Rufen; es war Ohris Stimme.

Ich sprang auf und lief am Haus vorbei in Richtung Dorf, um ihn zu begrüßen. Mama war mir vorausgeeilt; sie hatte sofort bemerkt, dass etwas nicht stimmte.

Ich sah Mama, wie sie rannte, und sah Ohri: Er war so dünn geworden, so blass im Gesicht. Mit mühsamen, zittrigen Schritten kam er auf uns zu. Dann brach er zusammen.

Plötzlich erschien mir alles wie in einem Albtraum; ich war nicht mehr im Geschehen, sondern beobachtete die Szene wie aus nebliger Ferne.

Ich blieb am Rande des Dorfplatzes stehen und sah, wie Mama Ohris Kopf in ihren Schoß bettete, ihm sanft über die Wange strich.

Ich nahm nichts mehr um mich herum wahr, nicht mehr den Urwald und auch die Menschen nicht – Christian, der am Rand des Hügels stand; Papa, der zu Mama lief. Ich sah nur noch Ohri, der kraftlos im Gras lag.

Mama beugte sich zu ihm herunter. Er sagte etwas zu ihr, sie flüsterte in sein Ohr, und er lächelte schwach. Dann ging ein Zittern durch seinen Körper, er bewegte sich nicht mehr. Er war tot.

Ich habe Mama selten weinen sehen, doch hier, mitten im Urwald, mit Ohri in ihren Armen, weinte sie. Ich sank zu Boden, es war mir, als ob die Zeit stehen geblieben wäre, als ob die Vögel, der Wind, die Bäume sich nicht mehr bewegten. Ich saß dort und weinte, ich hatte meinen Bruder verloren, der doch gegen alle Widerstände immer überlebt hatte. In diesem Augenblick wurde der Boden unter meinen Füßen weggezogen. Ich fing an zu fallen.

Ohri war an Tuberkulose gestorben, einer Krankheit aus der westlichen Welt, in den Dschungel eingeschleppt durch einen Mann vom Stamm der Dani. Ohri hatte uns ein letztes Mal sehen wollen. Das hatte er Mama ins Ohr geflüstert, bevor er starb. Es war ein schwarzer Tag für uns, ein Tag, an den ich mich am liebsten nicht mehr erinnern möchte. Ohri, der doch versprochen hatte, bei mir zu bleiben, war tot. Alles schien plötzlich ohne Bedeutung. Alles, woran ich geglaubt hatte, woran ich festhielt, war weg.

An diesem Abend starrte ich unaufhörlich in die Flammen, in denen Ohris Hütte verbrannte, die er so liebevoll gebaut hatte, und alles andere, was ihm gehörte. Mit Tränen in den Augen verfolgte ich, wie ein Teil meines Lebens verschwand, in Flammen, die alles verschlangen und mit sich nahmen. Das Feuer nahm auch einen Teil meines Herzens mit. Ohri, der so lange überlebt hatte, so mutig und stark war, hatte sich immer nach dem Leben gesehnt. Warum musste ausgerechnet er sterben?

Tagelang hatte ich Kopfschmerzen, und plötzlich stellten sich die Albträume ein. Ich sah Ohri in seiner Hütte verbrennen, sah, wie die Flammen seinen Körper umzüngelten. Ich versuchte in diesen Träumen verzweifelt, ihn aus dem Feuer zu retten, sah ihn schreien und um Hilfe rufen. Doch ich konnte ihn nicht erreichen und musste stets von neuem mit ansehen, wie er verbrannte.

Immer wieder hatte ich diesen Albtraum, immer wieder versuchte ich ihn zu retten – vergebens. Ohri, der an ein gutes Leben geglaubt hatte, Ohri, der heiraten wollte und eine Familie gründen, der mir Halt und Frieden in meinem Leben gegeben hatte, würde nie wieder zurückkehren.

Es war an einem Mittwochnachmittag, nicht lang danach. Ich lag auf meinem Bett und versuchte zu schlafen, da mich in der Nacht zuvor wieder einmal Albträume geplagt hatten. Die Hitze schien unerträglich, und ich spürte, wie sich mein Hals auf einmal zuschnürte. Ich bekam keine Luft mehr.
»Nein, nein, nein!«, schrie es in meinem Kopf.
Doch meinen Mund konnte ich nicht bewegen, er war so trocken.
Ich wollte Ohri retten, aber diesmal sah ich die Flammen auf mich zukommen. Ihre Hitze brach über meinen Körper herein, und ich spürte regelrecht, wie meine Hände anfingen zu brennen. Eine gewaltige Angst stieg in mir hoch. Ich schrie. Wie ein wildes Tier schlug ich um mich und versuchte die Flammen zu löschen. Mein ganzer Körper schmerzte, doch ich kämpfte verbissen weiter.
Da merkte ich, wie sich ein Paar kühle Arme um meinen Körper legten und mich ganz fest hielten. Von weitem hörte ich Mamas Stimme: »Sabine, Mama ist da, halte dich an mir fest. Es ist gleich vorbei ...«
Immer wieder sprach sie beruhigend auf mich ein, bis mein Schreien zu einem haltlosen Schluchzen wurde. Lange saßen wir so zusammen, bis es dunkel wurde.
»Ich kann nicht mehr hier bleiben«, flüsterte ich Mama zu.
»Ich weiß«, antwortete sie traurig.
Während sie weiterhin zärtlich die nassen Haare aus meinem Gesicht strich, hörte ich Papas Stimme neben mir. Ich hatte gar nicht bemerkt, dass er zu uns getreten war.
»Onkel Edgar hat angeboten, dich auf einem Internat in der Schweiz unterzubringen. Möchtest du das annehmen?«, fragte er.
Stumm nickte ich.
Nicht nur mein Umfeld, sondern auch meine Einstellung zu Tod und Leben hatten sich plötzlich komplett verändert.

Noch konnte ich das nicht begreifen – das Einzige, was mich in diesem Moment umtrieb, war der Wunsch, so weit weg wie möglich zu flüchten vor diesen Albträumen. Ich wollte weg von den Flammen, weg von dem Schmerz, weg von dieser Welt, einfach nur weit weg.
Sosehr mir die Vorstellung vor einem ganz neuen Leben auch Angst machte, ich hatte mich dazu entschlossen und war bereit, allein auf die andere Seite der Welt zu reisen.

Ich blickte ein letztes Mal über die unendliche Weite des Dschungels hinweg, sah die mächtigen Bäume, eine grüne Woge bis zum Horizont. Ich hörte das Singen der Vögel, das Zirpen der Insekten, sog den wundervollen Duft noch einmal tief in meine Lungen ein. Und dann, mit einem letzten Blick zurück, schritt ich den Hügel hinunter.
Hinter mir ertönten die Trauerlieder meines Stammes. Die Fayu sahen zu, wie das kleine Mädchen, das sie vor Jahren bei sich im Dschungel aufgenommen hatten, sie jetzt verließ. Sie weinten und trauerten, sangen mir zu, ich solle doch bleiben, sie liebten mich doch so sehr. Tuare stand ganz vorn, und ich höre noch seine vertraute Stimme, die sich zu einem Trauerlied erhob: »Ohhh, meine Schwester, oohh, warum verlässt du mich?«
Mit tränenverschmiertem Gesicht lief ich weiter und verließ Ende 1989 den Dschungel von West-Papua, Indonesien.

Ein Jahr zuvor bereits war meine Schwester nach England gereist, um ihr Kunststudium aufzunehmen. Ein Jahr später würde auch Christian den Urwald verlassen, um an einer Universität in Hawaii zu studieren. Und so hatte unser gemeinsames Leben im Urwald ein Ende gefunden. Wir waren als Familie durch dick und dünn gegangen, hatten miteinander gespielt und uns Geschichten erzählt, hatten uns gestritten und uns immer geliebt. Und jetzt war dieses Idyll zerbrochen, durch unser Erwachsenwerden, durch das unaufhaltsame Verrinnen der Zeit. Ein Abschnitt meines Lebens war unwiderruflich vorbei.

Mein neuer Stamm

Wieder einmal träumte ich. Flammen züngelten um mich herum, versuchten mich zu verschlingen. Ich hörte Ohris Schreie, wollte ihn retten, doch ich kam nicht durch. Ein schmerzerfülltes Gesicht, eine Hand, die sich hilfesuchend nach mir ausstreckte – dann brach alles zusammen, und ich sah nur noch Asche auf dem Boden.
Es wurde immer kälter, alles war von Dunkelheit umhüllt. Ich suchte nach Wärme, nach Licht. Panik und Verzweiflung brachen sich Bahn, ich konnte nicht mehr atmen, schnappte nach Luft … es war so kalt, so kalt …
Ruckartig wurde ich wach und wusste im ersten Moment nicht, wo ich war. Ich schaute mich um, alles war immer noch dunkel. Dann kam die Erinnerung wieder: der Flug nach Deutschland, der verwirrende Bahnhof in Hamburg und der Zug, in dem ich mich jetzt befand und der mich in die Schweiz ins Internat bringen sollte. Ich war auf dem Weg in mein neues Leben!
Fröstelnd wickelte ich meinen Mantel enger um mich. Die Landschaft draußen flog an mir vorbei, es wurde heller draußen, und ich hatte Glück: Mein erster Tag als Europäerin würde ein sonniger Tag werden.
Ein paar Stunden später war ich am Ziel. Freunde von Mama und Papa holten mich am Züricher Hauptbahnhof ab und fuhren mich mit dem Auto nach Montreux, zum Internat. Schnell waren wir am Genfer See, und meine Aufregung stieg. Ich hatte die Prospekte der Schule immer wieder durch-

gelesen, hatte die Bilder im Detail studiert. Es war ein Mädcheninternat und gleichzeitig eine »Finishing School«: Ich sollte dort mein Abitur machen, dabei aber auch soziale Umgangsformen lernen. »Eine richtige Dame werden«, so hatte es mein Onkel ausgedrückt und damit wohl gemeint, dass es Zeit für mich wäre, die Dschungelmanieren abzulegen.
Der Genfer See lag vor uns in all seiner Pracht. Berge umsäumten ihn, Häuser waren am Ufer und die Hügel hinauf verstreut. Die Sonne strahlte, und zum ersten Mal seit meiner Ankunft fühlte ich mich etwas besser.
Bald stand ich vor dem Internat, einem kleinen grauen Schloss direkt am See. »Château Beau Cèdre« sagte das Schild über dem Eingang – mein neues Heim. Eine große Tür wie aus dem Mittelalter öffnete sich knarrend, und wir wurden von einer jungen Frau begrüßt, die französisch sprach. Ich verstand kein Wort und lächelte nur freundlich zurück.
Wir wurden in eine Eingangshalle geleitet, wo eine breite Treppe nach oben führte. Ich fühlte mich wie in einem Traum. Es war alles so elegant und luxuriös, ich hatte so etwas noch nie in meinem Leben gesehen. Dicke Teppiche bedeckten den Boden, alte Ölgemälde hingen an den Wänden, die Möbel waren mit teurem Stoff überzogen. Ich wagte es nicht, mich hinzusetzen, sondern staunte nur meine neue Umgebung an.
Bald waren alle Formalitäten erledigt, und ich wurde auf mein Zimmer begleitet. Es war ein großer Raum mit vier Betten; zwei davon waren schon belegt, von einem deutschen und einem australischen Mädchen, wie mir gesagt wurde. Ein Balkon mit einem fantastischen Ausblick direkt auf den Genfer See lag vor unserem Zimmer. Ich bekam den Mund nicht mehr zu.
Es war wie im Bilderbuch. Die Trauer, der Dschungel, die Fayu, meine Familie, alles verschwand in Windeseile irgend-

wo in den Tiefen meiner Erinnerung, um später umso schmerzhafter wieder aufzutauchen. Jetzt aber war ich in einer anderen Welt angelangt, einer Welt, die neu und spannend war. So viel zu sehen, so viel zu erforschen – ich hatte das Gefühl, das größte Abenteuer meines Lebens hatte gerade erst begonnen.
An diesem Abend saß ich auf meinem Bett, ganz mitgenommen von all dem, was ich an diesem Tag gesehen hatte. Kopfschmerzen plagten mich, doch ich ignorierte sie. Ich ging auf den Balkon, schaute über den blauen See und dachte unwillkürlich: »Was würde Tuare denken, wenn er mich jetzt sehen könnte?«
Der Gedanke an Tuare machte mich traurig, aber ich ließ es nicht zu.
»Nein«, wies ich mich zurecht, »ich werde es alles vergessen. Ich will nicht mehr daran denken. Ich bin jetzt da, wo ich eigentlich hingehöre – schließlich ist meine Haut weiß, meine Haare sind blond und meine Augen grün. Dies ist meine Welt, Europa ist meine Herkunft, und dies ist meine neue Heimat!«
In diesem Augenblick fasste ich den tapferen Entschluss, dass ich alles über diese neue Welt lernen wollte. Ich wollte so werden wie eine Europäerin, wollte so denken wie sie, mich benehmen wie sie und wie sie aussehen. Dies war jetzt mein neuer Stamm.
Mit diesem Gedanken ging ich zu Bett, und das erste Mal seit Wochen wurde ich nicht von Albträumen geplagt.

Château Beau Cèdre

Und ich stürzte mich ins pralle westliche Leben. Aufgewachsen an einem der ursprünglichsten Flecken der Erde, brannte ich darauf, meine Lebenserfahrung nun bei den Reichen der Welt zu erproben!
In der ersten Woche ging ich mit ein paar Mädchen einkaufen. Die Schule hatte offiziell noch nicht angefangen, und wir wollten Montreux ein wenig erkunden. Wir gingen in einen Supermarkt. Ich weiß nicht mehr, was ich kaufen wollte, erinnere mich nur noch, dass es zehn Schweizer Franken kosten sollte.
»Hm«, dachte ich mir, »viel zu teuer!« Ich ging zur Kassiererin und sagte ihr, dass ich ihr fünf Franken geben würde.
Sie schaute mich verblüfft an. Die Mädchen, die schon gemerkt hatten, dass ich irgendwie anders war, kamen schnell und zogen mich weg.
»Was machst du da, Sabine?«, wisperten sie.
»Dieser Preis ist doch viel zu hoch, ich will ihn runterhandeln«, antwortete ich mit großer Selbstverständlichkeit.
»Das kannst du nicht machen, du musst das zahlen, was auf dem Preisschild steht!«
Ich verstand nichts mehr. Handeln war doch das Normalste von der Welt! In Indonesien hatten wir immer gehandelt, es war sogar wichtig, um die Preise zu stabilisieren.
»Ja, aber wer entscheidet denn, wie viel etwas kosten soll?«, fragte ich. Die Mädchen sagten mir, dass es der Verkäufer der Ware entscheide.

Das war doch wohl unfair. Er konnte ja irgendeinen Fantasiepreis angeben, und ich musste ihn bezahlen … Als ich den Mädchen meine Argumente vorlegte, wussten sie bald selbst nicht mehr, was sie antworten sollten.
Ich verließ den Supermarkt fast wütend, fühlte mich irgendwie hintergangen. Obwohl ich natürlich schon damals im Heimaturlaub einkaufen war, hatten Mama und Papa immer bezahlt, und ich hatte mir nie Gedanken gemacht, wo die Unterschiede lagen. Das hatte ich jetzt auf vielen Gebieten nachzuholen.

Als ich am nächsten Tag mit zwei Mädchen am »Bord du Lac« spazieren ging, begrüßte ich freundlich alle, die uns begegneten. So wie ich es im Dschungel ebenfalls getan hatte – aus gutem Grund. Manche grüßten zurück, andere schauten mich nur skeptisch an.
Nach einer Weile fragte mich eins der Mädchen, wie ich es bloß geschafft hätte, in so kurzer Zeit so viele Menschen kennen zu lernen?
Ich schaute sie erstaunt an. Ich kannte überhaupt niemanden außerhalb der Schule!
»Und warum begrüßt du dann alle?«, fragten sie mich.
»Das macht man doch so«, antwortete ich.
Sie lachten. »Also, hier begrüßt man nur die Menschen, die man persönlich kennt!«
Und wieder hatte ich etwas gelernt, das ich nicht verstand. Beim nächsten Passanten kniff ich die Lippen zusammen und sagte nichts. Doch ich hatte ein schlechtes Gewissen, empfand mich als unhöflich und unzivilisiert. Wenn man jemanden im Urwald traf, so begrüßte man sich, oder man brachte einander um. Lange Zeit hatten es die Fayu so gehalten, und so war mir eingeschärft worden, dass es allemal sicherer war, jedem Hallo zu sagen.

Nach diesen Erlebnissen hatte ich meine ersten kleinen Kulturschocks weg.

Als ich am Nachmittag zurück ins Internat kam, waren meine Zimmergenossinnen schon da: Leslie aus Australien und Susanne aus Deutschland. Wir verstanden uns sofort und unterhielten uns bis spät in die Nacht, da wir alle drei sehr gesprächig waren. Leslie hatte gottlob sofort bemerkt, dass ich viel zu lernen hatte. Sie nahm sich vor, sich meiner Unwissenheit anzunehmen, und über die nächsten Monate wuchs eine enge Freundschaft zwischen uns.

Ein paar Tage später bekam ich meinen ersten Brief aus Indonesien. Jeden Tag nach dem Mittagessen wurde die Post verteilt, und wir standen alle vor dem Esszimmer und warteten sehnsüchtig darauf, dass unser Name aufgerufen wurde. Ich ging gleich auf mein Zimmer und riss Mamas Brief gespannt auf – der einzige Faden, der mich noch mit dem Urwald verband …

»O Tochter der Morgenröte, du Freude meines Herzens. Du wirst kaum glauben, was mir passiert ist: Da sitze ich bei glühender Sonne im Fayu-Dorf und schreibe dir im Schweiße meines Angesichts einen fünf bis sechs Seiten langen Brief. Einen Tag später kommen wir nach Jayapura, und zu meinem größten Entsetzen merke ich, dass ich den Brief an dich im Dschungel vergessen habe! In diesem Brief hatte ich dir sehr ausführlich beschrieben, wie ein großer Tausendfüßler Papa ins Ohr gebissen hat. Und wie Papa in hohem Bogen aus dem Bett bis fast an die Decke sprang. Mit diesem Sprung wäre ihm bei den nächsten zwanzig Olympiaden die Goldmedaille sicher gewesen!

Als Papa mich am nächsten Tag fragte, was ich mir denn gedacht hätte, als er gebissen wurde, musste ich ihm leider sagen: ›Ich habe gedacht, was ein Glück, dass es nicht mich erwischt hat!‹ Da musste Papa lachen. Ihr wisst ja alle, ich bin ein ehrlicher Mensch. Und deshalb sag auch du ehrlich, mein Schatz: Wie geht es dir? Ich vermisse dich so sehr. Ob ich mich wohl je daran gewöhnen werde, dich nicht mehr täglich um mich zu haben?«

Lächelnd tauchte ich wieder bei den Mädchen auf. Meine Mutter hatte es geschafft, mit einem Tausendfüßler ein Stück Dschungel in die Schweiz zu bringen …
Doch Leslie schaute mich kritisch an.
»Was ist?«, fragte ich.
»Du brauchst unbedingt einen neuen Haarschnitt«, stellte sie fest, »deine Frisur sieht schrecklich altmodisch aus. Und deine Kleidung! Wir müssen was dagegen machen.«
Und so gingen wir am Nachmittag los. Erst zum Friseur, wo ich gleich losweinen wollte, weil meine Haare plötzlich so kurz waren – aber Leslie versicherte mir, dass dies jetzt Mode sei. Dann weiter zu den Geschäften. Bald darauf trug ich dieselben Hosen, Hemden und Schuhe wie meine Freundin. Die Betreuerinnen im Internat schmunzelten über unser Unternehmen, doch ich fühlte mich endlich wirklich angekommen. Auch ein Paar neue Stiefel hatte ich mir gekauft, halbhoch und vorne spitz zulaufend, nach Cowboyart. Ich war mächtig stolz auf diese Errungenschaft. Und so wie ich es auch im Dschungel jahrelang getan hatte, saß ich jeden Morgen auf dem Boden und schüttelte die Schuhe aus, bevor ich sie anzog. Susanne und Leslie beobachteten mich kopfschüttelnd.
»Sabine, was machst du da eigentlich?«, fragten sie eines Tages vorsichtig.
Endlich konnte ich ihnen mal etwas beibringen! Ich erklärte,

dass gefährliche Insekten sich gerne in Schuhen verkrochen und dass es übel ausgehen könne, wenn man sie vor dem Anziehen nicht ausklopfte.

»Aber – sooo gefährliche Insekten gibt es hier eigentlich nicht ...«, grinste Susanne.

Ich glaubte ihr nicht. Ich konnte mir einfach nicht vorstellen, keine Insekten oder Spinnen mehr in meinen Schuhen zu finden. Erst nach einigen Monaten – ich war gerade wieder beim Ausschütteln – starteten die Mädchen einen neuen Versuch:

»Sabine«, fing Leslie an, »in der ganzen Zeit, die du jetzt hier bist – hast du da jemals ein Insekt in deinen Schuhen gefunden?«

Ich überlegte. Überraschenderweise: nein.

»Dann versuch doch morgen einfach mal, sie ohne Ausklopfen anzuziehen«, schlug sie vor.

Am nächsten Morgen überlegte ich einen Moment, und dann, zum ersten Mal in meiner Erinnerung, zog ich meine Schuhe einfach an. Es war ein eigenartiges Gefühl. Ich kniff die Augen zu, schob meinen Fuß hinein und erwartete einen Stich. Doch es passierte nichts. Ich öffnete die Augen wieder, stolz, auch diese Mutprobe überstanden zu haben.

»Meine liebste Sabine!
Das Leben ist so anders hier ohne euch. Christian ist jetzt in Hawaii, um zu studieren. Nachdem er weg war, ging ich durch das leere Haus und fragte mich ernsthaft, wie es nun weitergehen sollte. Ihr seid zwanzig Jahre lang meine größte ›Aufgabe‹ gewesen. Alles andere kam für mich erst an zweiter Stelle, auch wenn die zweite Stelle oft mehr an Zeit und Aufmerksamkeit verlangte.
Da hatte ich eines Morgens DIE Idee. Die Fayu-Kinder saßen mal wieder gelangweilt herum, besonders die größeren. Diro ist inzwischen ihr Anführer geworden. Es

schien mir schon länger, als hätte sich eine bestimmte Gruppe von Jungen von ihren Familien abgesondert und ließe sich überhaupt nichts mehr sagen. Und dann hatte ich es: Warum eröffnete ich nicht eine Fayu-Schule, um den Jugendlichen eine Beschäftigung zu geben?

Beim nächsten Besuch in der Stadt habe ich sofort Schreibhefte, Zeichenblöcke, Malstifte und Bleistifte besorgt – alles, was man eben für eine Schule braucht. Gleich als ich zurück war, rief ich alle Kinder zusammen, gab ihnen ein Stück Seife und bat sie, am nächsten Morgen bei Sonnenaufgang zu uns zu kommen. Ich nahm an, dass sie dann so gegen 9°° Uhr auftauchen würden. Die meisten Kinder müssen ja erst über den Klihi-Fluss rudern, dann durch den Sumpf laufen und schließlich den ganzen Hügel heraufsteigen. Unter einer Stunde ist das nicht zu machen, du weißt es ja selbst.

Aber deine arme Mutter hatte sich sehr verrechnet! Kaum war es hell geworden, da wurde ich von Kinderstimmen wach, und zwar von sehr lauten Kinderstimmen. ›Oh nein, Klaus-Peter, so war das aber nicht gemeint‹, habe ich zu deinem Papa gesagt.

›Tja, meine Liebe‹, antwortete er, ›du hast vergessen, ihnen zu sagen, wo die Sonne stehen soll, wenn sie hier ankommen!‹

Das war meine erste Lektion in Sachen Schule. Mir blieb nichts anderes übrig, als aufzustehen und mich fertig zu machen für die erste Schulstunde.

Erst einmal habe ich sie alle in einer langen Reihe aufgestellt und ließ die 10- bis 14-Jährigen einen Schritt vortreten. Na ja, die Ältesten eben – darunter auch Tuare, der dauernd nach dir fragt, Klausu Bosa, Diro, Bebe, Atara, Isori und Abusai. Sie sollten sich zusammen auf den Rasen setzen, und ich sagte ihnen, dass sie nun die ›Claas

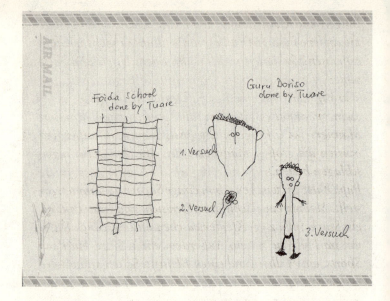

Tiga‹ (Klasse drei) seien. Von jetzt an sollten sie jeden Morgen sauber gewaschen vor der Schule erscheinen, und zwar durften sie wohl bei Sonnenaufgang losgehen, nicht aber schon hier auf dem Hügel ankommen! Die sonst so wilden Jungen saßen ruhig da und hörten meinen Erklärungen aufmerksam zu.

Danach teilte ich die übrigen Kinder in zwei Gruppen auf: die Mittleren so zwischen 8 und 11 Jahren – ihnen gab ich den Namen ›Claas Dua‹ (Klasse zwei) – und die ganz Kleinen, die ich auf 5 bis 7 Jahre schätzte. Sie waren die ›Claas Satu‹ (Klasse eins). Alle sind sehr stolz auf ihre Namen, ich höre, wie sie sich austauschen: ›Ich bin Claas Satu‹, oder: ›Ich bin Claas Dua‹, und ihre Gesichter strahlen dabei. Sie freuen sich, dass etwas ganz Neues in ihr Leben gekommen ist.

Claas Tiga nahm ich dann mit mir auf die Veranda, die Papa vor kurzem hat bauen lassen. Es waren dreizehn

Jungen und zwei Mädchen, die eine ist Doriso Bosa und die andere Fusai. Du würdest Doriso Bosa nicht wiedererkennen! Sie ist eines der hübschesten Fayu-Mädchen hier.
Warum nur zwei Mädchen? Das weiß ich leider auch nicht genau, aber wie du weißt, gibt es einen enormen Männer- und Jungenüberschuss hier, und außerdem müssen die großen Mädchen ihren Müttern beim Sagoschlagen helfen.
Papa hatte inzwischen schon einige Sachen zusammengestellt. Meine neuen Schüler setzten sich, und jeder bekam: ein Stück Seife zum Kleiderwaschen und ein Stück Seife, um im Fluss zu baden. Außerdem ein T-Shirt, ein Paar Shorts, ein Malheft und einen Bleistift. So begann unsere erste Schulstunde.«

»Wir wollen nach Vevey, uns ein wenig umschauen. Hast du Lust mitzukommen?«, fragte mich Leslie.
»Oh ja!«, antwortete ich.
Wir gingen los, und plötzlich machten die Mädchen an einer Busstation Halt.
»Was ist los?«, fragte ich erschrocken. »Ich dachte, wir wollten nach Vevey?«
»Da fährt man mit dem Bus hin, es ist zu weit zum Laufen.«
Ich schaute besorgt die Straße hinunter.
»Was ist, Sabine?«, fragte Leslie.
»Leslie«, flüsterte ich ihr zu, »ich bin noch nie in meinem Leben mit einem Bus gefahren. Was muss ich tun? Ich habe Angst!«
Leslie lachte und klärte mich über alles Nötige auf. Es dauerte aber noch eine ganze Weile, bis ich den Mut hatte, allein in einen Bus zu steigen.
Überhaupt machte mir der Straßenverkehr am allermeisten

zu schaffen. Autos kannte ich natürlich, aber hier gab es so unglaublich viele, und sie rasten so unglaublich schnell! In Jayapura waren die Straßen zum größten Teil so mit Löchern übersät gewesen, dass die wenigen Autos, die darauf fuhren, dazu noch sehr langsam waren.
Jedes Mal, wenn wir ohne Ampel eine Straße überqueren mussten, fing ich an zu schwitzen. Ich konnte die Geschwindigkeit nicht einschätzen, hatte panische Angst, angefahren zu werden.
Eines Tages standen wir wieder einmal auf dem Bürgersteig, Autos rasten von beiden Seiten an uns vorbei, und als es eine kleine Lücke gab, rannten all meine Freundinnen über die Straße. Ich aber blieb wie versteinert stehen.
»Sabine, komm endlich!«, riefen mir die Mädchen zu. Ich schaute die Straße hinauf, sah Autos und immer nur Autos, sah die Mädchen in weiter Ferne winken.
Fünf Minuten später stand ich immer noch am selben Platz. Die Angst war einfach zu groß. Die Mädchen berieten sich und hatten immer neue Ideen, wie sie mich über die Straße kriegen könnten, doch vergebens: Ich lief einen riesigen Umweg, bis ich endlich eine Ampel fand. Von diesem Tag an wussten alle, dass man Straßenüberquerungen mit mir weit im Voraus planen muss. Und bis heute habe ich noch Angst vor dem brausenden Verkehr der Städte.

Doch in mancher Hinsicht hatte ich meinen Freundinnen auch etwas voraus.
Madame Etiquette nannten die Mädchen unsere Lehrerin, die uns gutes Benehmen beibringen sollte: wie man sich kleidet, wie man einen Tisch für verschiedene Anlässe deckt, wer zuerst begrüßt wird, wie man in elegantem Stil Treppen hinunterläuft oder mit kurzem Rock aus einem Auto aussteigt …

Beim Mittagessen saß sie immer an wechselnden Tischen und achtete auf unsere Manieren.
Bei meinen kläglichen Versuchen, elegant zu essen, schüttelte sie den Kopf und meinte: »Sabine, du wirst nie eine perfekte Dame, aber mit deinem Charme wirst du das hoffentlich gut kaschieren können.«
Das Essen war nicht immer nach meinem Geschmack. Viele Gerichte kannte ich nicht und stocherte skeptisch mit meiner Gabel darin herum. Doch jeden Freitag gab es Eis zum Nachtisch, das Lieblingsdessert der meisten Mädchen, und natürlich auch meins.
Ich bemerkte schnell, dass die Leute hier keinen starken Magen hatten. So fing ich an, kurz bevor das Essen serviert wurde, Geschichten über unsere Lieblingsspeisen im Urwald zu erzählen. Oder wie die Fayu ihre Toten in den Hütten aufbahrten, und die Körperflüssigkeiten ... Am Ende hatte ich jedenfalls meist nicht nur eine Portion Eis auf meinem Teller, sondern mehrere. Bald wollte freitags sogar niemand mehr mit mir am Tisch sitzen. Ich genoss das viele Eis, solange es ging, bis mir schließlich verboten wurde, während des Essens über den Urwald zu reden.
Doch Madame Etiquette lachte lange darüber, sie hatte viel Humor. Sie war in einem reifen Alter, hatte schon viel erlebt und viele Mädchen erzogen. Doch ich war selbst für sie ein »Einzelstück«, erzählte sie mir später.
Bei unserer dritten oder vierten Unterrichtsstunde mit ihr mussten wir ein Blatt durchlesen. Ich hatte eine Frage und hob die Hand.
»Sabine«, sagte sie, »du brauchst die Hand nicht zu heben, du kannst mich einfach ansprechen. Eine Dame hebt nämlich ihre Hand nicht.«
»Okay«, erwiderte ich und machte einen neuen Versuch: »Madame Etiquette?«, meldete ich mich laut.

Alles hörte auf zu lesen, es herrschte schockierte Stille.
»Was ist? Warum schaut ihr mich alle an?«, fragte ich verwirrt.
»Sabine«, sagte unsere Lehrerin streng, »*wie* heiße ich?«
»Madame Etiquette«, antwortete ich mit Selbstverständlichkeit.
Jetzt krümmten sich alle in ihren Stühlen vor Lachen. Ich schaute verdutzt um mich; selbst die gute Madame hatte Mühe, ernst zu bleiben.
»Nein, Sabine, so heiße ich definitiv *nicht*«, korrigierte sie mich. Und da wurde mir erst bewusst, dass die Mädchen sie nur hinter ihrem Rücken so nannten. Doch keine war auf die Idee gekommen, dass mir der alte Schülerbrauch des Spitznamens fremd war …
Madame nannte mir ihren richtigen Namen, den ich aber bald wieder vergaß. Für mich wie für alle anderen Mädchen war und blieb sie Madame Etiquette, man sagte es nur nicht laut. Das wäre schlechtes Benehmen gewesen.

In ihrer Schule im Fayu-Dorf kämpfte Mama mit anderen Problemen:

> *»Meine liebe Sabine,*
> *das Schulhaus ist jetzt fertig, und wir konnten letzte Woche umziehen! Ein paar Helfer haben einfache Bänke gezimmert, und wir haben zwei Klapptische aufgestellt, die wir von der Küste mitgebracht hatten. Papa hat sogar eine Wassertonne neben der Schule platziert, wo sich die Kinder vorher waschen können.*
> *Ich bin vom ersten Tag an streng gewesen. Die Kinder sollten begreifen, dass Lernen auch mit Disziplin zu tun hat. Du weißt ja, wie deine Mutter in dieser Beziehung eingestellt ist …*

Auf jedes Heft habe ich mit Bleistift den Namen des jeweiligen Schülers geschrieben. Die Bleistifte durften sie mitnehmen und sollten sie am nächsten Tag wieder mitbringen. Man muss sich vorstellen, dass die Kinder noch nie einen Bleistift und ein Heft besessen haben!

Der Claas Dua habe ich Malstifte gegeben, und sie mussten Kreise, Ovale und Vierecke zeichnen. Die Kleinen haben freudig mit den Stiften herumexperimentiert. Für meine großen Jungen hatte ich Glaskugeln mitgebracht und bat nun jeden, mir fünf Stück davon zu geben. Jeder der fünfzehn Schüler griff ins Glas und gab mir einfach eine Hand voll Murmeln. Sie können ja nur bis drei zählen, und danach gibt es keine Zahlwörter mehr, nur noch eine Hand oder eine Hand und ein Fuß, und so weiter. So fing ich an, ihnen die Zahlen von eins bis fünf und dann weiter bis zehn auf Indonesisch beizubringen. Ich schrieb sie in jedes Heft, und die Jungs sollten dann weiter üben. Zwei Tage später hatten sie das ganze Heft voll geschrieben! Das ging weiter so, bis ich in kürzester Zeit neue Hefte aus der Stadt bestellen musste. Ich staune nur so über den Fleiß, den sie an den Tag legen.
Ich habe jetzt auch bemerkt, dass es große Unterschiede in der Intelligenz gibt. Abusai war so langsam, dass ich

ihn in die Claas Dua einstufen wollte. Aber da kamen die anderen Jungen der Claas Tiga und bettelten mich an, das nicht zu tun. ›Na gut‹, sagte ich, ›dann helft ihm bei den Hausaufgaben.‹
Ich sah sie dann unter meinem Guavabaum sitzen und alle mit ihm üben. Der arme Junge hatte gar keine Wahl, sie ließen ihn einfach nicht weg. Und siehe da, es dauerte nicht lange, und er hatte die anderen eingeholt. Er ist noch immer ein sehr langsamer Schüler, aber ich lasse ihn in der Claas Tiga.«

Im Internat wurden nun die Stundenpläne verteilt. Das war etwas ganz Neues für mich. Ich starrte auf das Blatt Papier. Jeder Tag war anders, einmal ein Fach am Morgen, dann wieder am Nachmittag, und dazu jeden Tag eine völlig andere Kombination!
Wie einfach war es doch im Dschungel, dachte ich mir. Jeden Tag dieselben Fächer, und ich durfte immer selbst entscheiden, ob ich mit Mathe oder mit Englisch anfing. Auf der Highschool in Jayapura hatte es wohl mehrere Fächer gegeben, aber die Lehrer waren immer dieselben und hielten ihre Schäfchen beieinander. Hier musste ich mir selbst helfen. Ich bekam Angst. Wie sollte ich das alles nur wieder schaffen, mich an so viel auf einmal erinnern?
Für einen Deutschen ist es vielleicht schwer zu verstehen, dass mich ein Stundenplan in Panik versetzen konnte. Doch ich hatte bis zu diesem Zeitpunkt noch niemals exakte Zeitpläne einhalten müssen. Im Dschungel galt: Komm ich heut nicht, komm ich morgen …
In dieser Nacht hatte ich wieder einmal Albträume, träumte, dass ich meinen Stundenplan verloren hätte, von einem Zimmer zum anderen lief und verzweifelt fragte, ob ich hier richtig wäre.

Tatsächlich vergaß ich auch einmal eine Unterrichtsstunde, und gleich brach mir wieder der Schweiß aus. Ich kam zu spät, und die Lehrerin schimpfte mich aus.
Nach der Stunde nahm ich meinen Mut zusammen, entschuldigte mich bei ihr und versuchte ihr mein Problem zu erklären. Von da ab wurde sie eine meiner Lieblingslehrerinnen. Sie gab Französisch, und da ich schon mehrere Sprachen in meinem Leben gelernt hatte, war es keine große Sache, noch eine draufzusetzen. Französisch war wesentlich leichter als die Fayu-Sprache.
Und als ich dann meinen ersten Freund hatte, der nur Französisch sprach, gab es kein Halten mehr …

Leslie und Susanne arbeiteten weiter fest daran, mich zu »zivilisieren«. Es gab in Montreux eine Bar mit Billardtischen. Von Anfang an begeisterte mich dieses neue Spiel, und für eine Anfängerin war ich gut. Wir gingen öfters dorthin, aber wenn ich nicht Billard spielen konnte, hatte ich ein Problem: Die anderen unterhielten sich über Themen, von denen ich keine Ahnung hatte.
Wer um Himmels willen waren die Beatles? Wer war George Michael, oder wie hieß er noch, Elton George, nein, Elton John? Über Spielfilme wusste ich genauso wenig, kannte keine Schauspieler außer Tom Cruise. Eine Freundin, die einmal auf Besuch in Indonesien war, hatte mir damals Bilder von ihm gezeigt und geseufzt, wie sehr sie in ihn verliebt sei. Ich war verwirrt gewesen: Sie kannte ihn doch nicht persönlich, wie konnte sie sich in ihn verlieben? Ich hatte noch nie davon gehört, dass man ein »Fan« sein und aus der Ferne schwärmen konnte, und habe lange daran arbeiten müssen, um dies zu verstehen.

Und als ich in der Schweiz meine erste Einladung ins Kino bekam, fragte ich doch tatsächlich, was denn ein Kino sei! Leslie zog mich schnell zur Seite und klärte mich auf. Aber ich bekam langsam das Gefühl, dass man mich für etwas beschränkt hielt, und so schritt ich selbst zur Tat: Jeden Montag ging ich in einen kleinen Laden ganz in der Nähe der Schule und kaufte mir einen Stapel Zeitschriften. Nach einigen Wochen kannte mich die Verkäuferin schon und begrüßte mich mit Namen. Ich glaube, dass ich zu dieser Zeit ihre beste Kundin war.

Ich ging zurück auf mein Zimmer, las alles genauestens, schaute mir die Bilder an, merkte mir Namen und Gesichter. Immer wenn ich dachte, dass ich nun alle kannte, kamen neue hinzu. Es war verwirrend. Kaum hatte ich zum Beispiel die Rockstars im Griff, hieß es: »Was? Du weißt nicht, wer Boris Becker ist?!«

Ich seufzte nur leise, ging wieder zu meinem Laden und fragte nach den Sportzeitschriften. Danach kamen Politik, Musicals, Opernsänger und so weiter und so fort. Es schien niemals ein Ende zu nehmen mit dem, was man so als die westliche Kultur bezeichnet. Doch mein Wille war eisern, ich gab nicht auf.

Auch die Wunder der Kommunikationstechnik schüchterten mich eher ein, als dass sie mich begeisterten. Eines Tages, bei der Postverteilung, wurde ein Mädchen aufgerufen, das ein Fax bekommen hatte. Ein Fax? Was war das? Ich drehte mich zu Leslie, die bereits tief Luft geholt hatte, weil sie wusste, dass sie wieder einmal gefragt war ... doch diesmal glaubte ich ihr nicht. Nein, das konnte nicht sein, dass man ein Blatt durch eine Maschine schob und es auf der anderen Seite der Welt genau so wieder herauskam. Wie sollte ein Blatt durch ein Kabel gehen? Dasselbe geschah, als ich zum ersten Mal ein Handy sah.

Ich war fassungslos, es schien mir wie Magie.
In diesen Tagen wurde mir endgültig bewusst, wie anders diese Welt doch war als die, in der ich aufgewachsen war. Ein kleiner Zweifel kroch in mein wild entschlossenes Herz, ich fühlte mich verloren und überfordert. Als ich wieder einen Brief von Mama bekam, freute ich mich auf ein wenig »Normalität« …

»Meine liebe Sabine,
es gibt so viel zu erzählen! Und es ist einfach klasse, dass heute der Hubschrauber kommt und diesen Brief gleich mitnehmen kann. Hier im Fayu-Land ist es eben manchmal nicht so einfach, sich mitzuteilen …
Ich beherrsche die Fayu-Sprache immer noch nicht so gut wie dein Vater, und in der Schule gibt es dann großes Gelächter. Solange ich auf Gegenstände zeigen kann oder sie an die Tafel malen, geht es ja noch. Aber wie sollte ich ein Fayu-Wort finden für Begriffe wie Treue, Zuverlässigkeit und Ähnliches? Mit allen abstrakten Begriffen ist es schwer.
Da tun wir uns leichter mit unseren Mathematikaufgaben. Das mit den Glaskugeln klappt inzwischen gut, ob ich nun drei Stück verlange oder vier oder sechs. Ich gehe immer von einem Schüler zum anderen und wiederhole und wiederhole.
Einen Jungen, dem es sehr schwer fällt, schicke ich mit einem anderen zusammen auf die Veranda und lasse die beiden üben. Plötzlich geht es dann. Und jetzt können sie den Erwachsenen sagen: ›Heute habe ich vier Schweine gesehen!‹ Oder sie kommen aufgeregt nach Haus und erzählen: ›Apho (Papa), unser Schwein hat fünf Junge bekommen.‹ Sie nehmen die Hand ihres Vaters und zeigen ihm die fünf Finger. Die Väter sind stolz, denn ihre Söhne

und Töchter können nun etwas, was kein Erwachsener kann.
Mit den großen Jungen der Claas Tiga habe ich jetzt auch begonnen, das Alphabet zu lernen. Ich bin noch immer sprachlos, dass es nur eine Woche gedauert hat, bis sie die Buchstaben von A bis J kannten. Eigenartig ist auch, dass gerade die Jungen, die von Anfang an so große Schwierigkeiten mit dem Rechnen gehabt hatten, beim Alphabet absolut keine Probleme haben. Und als sie ihr Alphabet kannten, fing ich mit Silben an. Es dauerte tatsächlich nicht lange, da konnten die Fayu-Kinder ihre Namen lesen und schreiben ...
Die Begeisterung ist unglaublich groß. Ich bin so stolz auf meine Schüler. Papa hat vorgeschlagen, dass wir auch eine Klasse für Erwachsene gründen könnten, ich bleibe aber lieber bei den Kindern. Schließlich kenne ich die meisten schon, seit sie ganz klein waren, fast wie bei meinen eigenen Kindern, die jetzt alle in der Weltgeschichte herumgondeln. Ich hoffe so sehr, liebste Sabine, dir geht es gut und du lernst eine Menge für dein Leben ...«

»Sabine, weißt du, was ein Kondom ist?«, fragte mich meine Lehrmeisterin Leslie eines Abends.
»Kondensmilch?«, gab ich verschlafen zurück.

Leslie lachte. »Nein, nichts zum Trinken. Ein Kondom benutzt man, um Safer Sex zu haben.«
»Safer Sex? Kann man denn gefährlichen Sex haben?« Jetzt war mein Interesse geweckt.
»Komm, ich zeige es dir«, sagte sie und holte eine Banane, riss ein kleines viereckiges Päckchen auf und zog den langen, durchsichtigen Gummi darüber. Ich sah mit großen Augen zu. Dann erklärte sie mir, wozu das gut war.
Ich nahm die bekleidete Banane in die Hand. »Die ist doch viel größer als ein ... du weißt schon. Es würde doch immer abrutschen«, sagte ich.
»Sabine, wie viele nackte Männer hast du in deinem Leben schon gesehen?«, fragte Leslie geduldig.
»Oh, ganz viele«, erwiderte ich stolz und wahrheitsgemäß, »aber denen würde das hier niemals passen.«
»Na ja, dann glaub ich, dass du hier noch eine Überraschung erleben wirst ...!«, lachte sie.
Ich musste auch lachen. Die arme Banane sah einfach komisch aus.
Es war nicht das Einzige, was Leslie mir an diesem Abend über Männer und Sex erzählte. Ich lag noch lange wach in meinem Bett und konnte kaum glauben, was ich gerade gehört hatte. Mama hatte diese Dinge niemals erwähnt. Sie hatte mir nur erklärt, wie Babys entstehen.
»Ob die Fayu auch solche Sachen machen?«, fragte ich mich.

Nachdem ich nun aufgeklärt war, beschloss ich, an meinem Selbstbewusstsein zu arbeiten. Bisher hatte es mich größte Überwindung gekostet, allein irgendwo hinzugehen. Ich musste einfach mehr allein unternehmen, um meine Angst zu überwinden.
So suchte ich mir eine elegante Bar aus, die in der Nähe des Internats lag. Sie öffnete am späten Nachmittag und war um

diese Zeit fast immer noch ganz leer. Ich atmete tief durch und trat ein. Die Vorbereitungen für den Abend waren im Gange; der Barmann war dabei, neue Flaschen auf das Regal hinter sich zu stellen. Er lächelte mich an, und ich setzte mich, um einen Orangensaft zu bestellen. Mein Herz klopfte so laut, dass er es bestimmt hören musste. Ich wollte aufstehen, fliehen, doch zwang mich mit aller Kraft, sitzen zu bleiben. Vielleicht hat dieser freundliche Mann mein Herz nicht gehört, bestimmt aber spürte er meine Unsicherheit. Nachdem er mir eine Schale Erdnüsse hingestellt hatte, unterhielt er sich lange mit mir. Bald fühlte ich mich entspannter, und als ich das nächste Mal hinging, war es schon leichter. Mehrere Wochen lang frequentierte ich diese Bar, bis ich angstfrei war.
Heute weiß ich, dass die Freundlichkeit der Menschen, die ich traf, mich lange vor dem sicheren Absturz bewahrt hat.

»Geliebte Sabine,
es hat sich so viel hier im Haus verändert, es ist gar nicht mehr zu vergleichen mit unserer Hütte am Klihi-Fluss. Ich habe einen richtigen Holzofen bekommen und kann jetzt Brot backen. Papa hat Solarzellen auf dem Dach installiert, so dass wir elektrisches Licht haben. (Aber wir benutzen es kaum, weil doch nur Insekten ins Haus kommen ...)
Ich denke viel an früher. Wie sehr wir dich alle vermissen! Die Fayu fragen andauernd nach dir und wann du wohl wiederkommst. Fusai hat vor kurzem ein großes Stück Sago gebracht und erzählte mir, wie gern du Sago gegessen hast – am liebsten mit lebenden Würmern drin!, betonte sie. Dein Vater sitzt noch immer jeden Abend mit den Fayu ums Feuer und unterhält sich mit ihnen. Manchmal erzählen sie sich Geschichten, was du als Kind

alles angestellt hast. Das merke ich daran, dass sie plötzlich alle laut loslachen ...

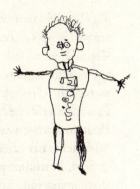

Vor kurzem sagte auch dein Vater wieder, dass er euch sehr vermisst und dass es nicht mehr so schön ist wie in den alten Zeiten, als ihr noch hier wart. Ach Sabine, ich hoffe, dass du diese Zeit im Dschungel nicht vergisst und dass du immer weißt, wie wichtig du in unserem Leben bist. ›Das Salz in der Suppe‹, so beschreibe ich dich immer gern. Ein Leben ohne dich könnte ich mir einfach nicht vorstellen.
Vergiss uns bitte nicht, denn wir haben dich alle sehr lieb.«

Als ich diesen sehnsuchtsvollen Brief meiner Mutter las, spürte ich wieder den seltsamen Schmerz, der sich in letzter Zeit häufiger meldete. Immer öfter kam der Dschungel in Gedanken zu mir, wenn ich abends allein in meinem Bett lag. Doch ich verdrängte die Gedanken und Gefühle, die es nur darauf anzulegen schienen, mir Tränen in die Augen zu treiben. Nein! Ich war jetzt hier und wollte so werden wie alle anderen. War das nicht mein Ziel gewesen? War ich nicht eine Europäerin, eine Weiße? Ich steckte den Brief weg und versuchte, nicht mehr daran zu denken.

Ein paar Wochen später dann hatte ich meinen ersten richtigen Freund. Er war Model, sah sehr gut aus und hatte eine elegante Figur. Wir trafen uns beim Billardspielen, und ich verliebte mich sofort, denn er war der schönste Mann, den ich je gesehen hatte.
Bei unserer zweiten Verabredung fragte er mich schon, ob ich

mit ihm schlafen wolle. Ich war ein wenig perplex – war das normal hier? Ich hatte den Mut, ihm zu sagen, dass es zu früh für mich war. In den nächsten Wochen trafen wir uns so viel wie möglich, gingen Bergwandern, unterhielten uns. Ich war so verliebt, dass ich meine Großmutter anrief und ihr mitteilte, dass ich diesen Mann heiraten wollte.

Er erzählte mir von seinem Traum, Schauspieler zu werden. Vor allem aber erzählte er mir, dass ich mit ihm schlafen sollte. Schließlich liebe er mich und wolle es mir zeigen. Und ich, frisch aus dem Dschungel, war extrem naiv. So bekam er eines Tages, was er wollte.

Zurück im Internat, erzählte ich Leslie voller Stolz, dass ich keine Jungfrau mehr war – doch sie reagierte unerwartet: Sie wurde wütend und erklärte mir, dass sie es schade fände, dass ich nicht auf den Richtigen gewartet hatte.

»Aber – das hab ich doch!«, gab ich verständnislos zurück. Ein paar Tage später kam eine Klassenkameradin auf mich zu und erzählte mir, dass mein Freund verheiratet sei und ein Kind habe.

Ich war so schockiert, ich glaubte ihr kein Wort. Nein! Unmöglich! Dieser Mann log doch nicht, dieser Mann hatte keinen Ehebruch begangen. Darauf stand doch ein Pfeil, das wurde mit dem Tod bestraft!

Ich rannte ins Haus und stellte mich unter die Dusche – der einzige Ort, wo man ein wenig Privatsphäre hatte – und weinte. Ich habe so geweint, dass ich nicht mehr stehen konnte. Ich setzte mich auf den Boden der Dusche und stopfte einen Waschlappen in meinen Mund, um meine Schreie zu dämpfen. »Was hab ich gemacht«, dachte ich wieder und wieder, »was habe ich nur gemacht?«

War auch ich jetzt zum Tode verdammt? Er war doch mein Mann, hatte mit mir geschlafen? So war es doch im Leben, in der Welt, in der ich aufgewachsen war. Ich verstand nichts

mehr. Ich saß dort unter der Dusche, unter dem prasselnden heißen Strahl, und fühlte mich so verloren wie nie zuvor. Und zum ersten Mal in meinem jungen Leben bekam ich richtige, schwarze Angst, jagende Panik. Ich wusste nicht, wovor, doch vielleicht dämmerte es mir in diesem Moment, dass die »perfekte« moderne Welt, die wir Kinder uns gern an Regentagen im Dschungel ausgemalt hatten, nur in unserer Fantasie existiert hatte.
Dass die Welt, in der ich mich gerade befand, eine ganz andere war, eine Welt nämlich, die mir schrecklich fremd war und immer bleiben würde. Ich fühlte mich gefangen; und erst viel später sollte ich begreifen, wie gefangen ich wirklich war. Nicht körperlich, sondern zwischen zwei Kulturen, zwei Welten, gefangen in den Klauen einer starken Fantasie, die niemals existiert hat.
Acht Jahre später sah ich diesen jungen Mann wieder. Ich wollte zum Arzt in Vevey und lief die Treppen zum Bahnhof hinauf. Bei einem Kaffee erzählte er mir, dass er jetzt geschieden sei und immer noch Schauspieler werden wolle. Zu meinem Erstaunen entschuldigte er sich dann bei mir.
»Ich habe dir schon vor langer Zeit vergeben«, antwortete ich. »Ich habe durch dich auch ziemlich viel verstanden.«
Danach sah ich ihn nie wieder.

Die Zeit war schnell vergangen, ein neues Schuljahr begann. Leslie und Susanne verließen die Schule, und ich war sehr traurig, meine Freundinnen und »Lebensberaterinnen« zu verlieren. Dafür gab es drei neue Schülerinnen im Internat, mit denen ich ein aufregendes Schuljahr verbrachte, eine Japanerin, eine Engländerin und eine Dänin.
Äußerlich fühlte ich mich nun halbwegs sicher in meiner neuen Umgebung, auch wenn der Schein trog: Es war ein geschütztes Leben im Château Beau Cèdre, ein Leben im goldenen Käfig.

Wir wurden wie Erwachsene behandelt, was ich dem Direktor und seiner Frau hoch anrechne, wir konnten uns an den Wochenenden austoben, und wer über achtzehn war wie ich, durfte sogar übers Wochenende wegbleiben. Trotzdem lebten wir in einer kontrollierten Umgebung, nach einem strengen Zeitplan, und es war uns immer klar, was wir als Nächstes zu tun hatten.
So verging das zweite Jahr, und ich verdrängte die Erinnerung an Zuhause immer mehr. Ich lebte fast wie in einem Trancezustand. Nur wenn ich die Briefe meiner Mutter bekam, spürte ich den Schmerz tief in mir. Ich schob ihn beiseite, dachte an etwas anderes und fand mich zu beschäftigt, um mich damit auseinander zu setzen.

Doch eines Nachmittags bekam ich einen ganz kurzen Brief von Papa:

> *»Meine liebe Tochter,*
> *fast jeden Abend sitzen wir vor dem Haus am Feuer.*
> *Haben eine herrliche Aussicht. Und dann sprechen die*
> *Fayu von dir. Sie erinnern sich, dass du auch einmal hier*
> *gesessen bist und mit ihnen Krokodile und Wildschwein*
> *gegessen hast. Sie möchten dich so gern wiedersehen.*
> *Tuare fragt immer, wann du endlich wieder zu deinem*
> *Fayu-Bruder zurückkehrst. Ich habe ihnen erklärt, dass*
> *du ganz weit weg bist. Wenn die Sonne hier untergeht,*
> *habe ich gesagt, geht sie bei Sabine auf, und wenn sie ihr*
> *Sago isst, dann seid ihr alle beim Schlafen.«*

Als ich diesen Brief las, bekam ich plötzlich extremes Heimweh. Ich ging auf mein Zimmer und weinte. Die Fassade der modernen jungen Frau, die ich sorgfältig aufgebaut hatte, begann zu bröckeln, und das Dschungelkind meldete sich

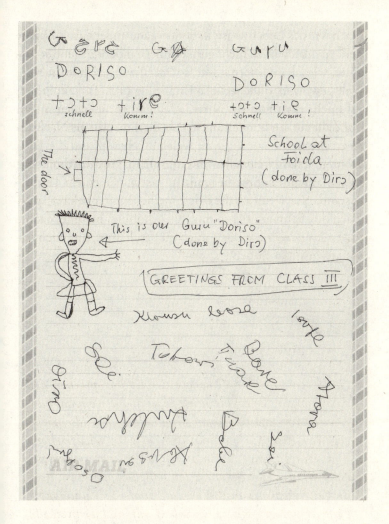

unmissverständlich zu Wort. Zum ersten Mal seit meiner Ankunft hatte ich einen klaren Gedanken: »Ich muss bald, sehr bald, wieder zurück.«

Es würde nicht mehr lange dauern, dann hatte ich meinen Schulabschluss.

Doch wie das Leben so ist, kam alles ganz anders. Es kam eine Zeit, an die ich mich nicht gern erinnern möchte. Denn so behütet, wie ich im Internat war, so brutal wurde ich in die reale Welt geworfen, ohne jegliche Erfahrung und Hilfe, komplett auf mich selbst gestellt. Niemanden gab es mehr, der mir in Ruhe alles erklärte, mich an die Hand nahm, um über die Straße zu gehen, oder mir sagte, welche Gefahren um die Ecke drohten. Ich fühlte mich hilflos und allein. Und das dunkelste Kapitel meines Lebens begann.

Allein

»*Liebe Sabine,
danke für die wunderschönen Fotos, was soll ich nur sagen? Jeden Tag schaue ich sie mir an. Baby Sophia – ich kann es kaum glauben! Einige Bilder habe ich an die Wände geklebt. Mein Lieblingsfoto ist das, wo sie im Körbchen liegt und so gelb aussieht. Papa nennt das Bild ›Shing-Shang Hai‹. Ich kann es nicht erwarten, sie zu sehen.
Auch den Fayu haben wir die Fotos von Sophia gezeigt. Sie konnten sich gar nicht beruhigen, als sie hörten, dass es dein Baby ist.
Fusai fragte, ob ein Mann dich gestohlen hat.
Ja, habe ich gesagt, im richtigen Sinne gestohlen. Und er hat uns noch nicht mal gefragt.
Das fand sie unerhört!
Nakire sagte sofort: ›Nun bin ich ja Großvater!‹
›Wieso?‹, fragte Papa. ›Ich bin der Großvater, nicht du.‹
Doch Nakire meinte darauf: ›Ich bin es auch. Sabine ist ja auch meine Tochter.‹
Darauf einigten sie sich. Nakire strahlte über das ganze Gesicht.
Du solltest dann aber bald kommen, meinte er, schließlich möchte er seine Enkeltochter auch mal sehen.*«

Kurz nachdem ich das Internat verlassen hatte, wurde ich schwanger. Ich hatte einen jungen Mann kennen gelernt.

Leslie hatte vergessen, mir zu sagen, dass ein Kondom auch reißen kann.
Für die Entbindung ging ich nach Deutschland, und da saß ich nun mit meiner Sophia und hatte keine Ahnung, was ich machen sollte. Schließlich zog ich zurück in die Schweiz und heiratete den Vater des Kindes. Ein Jahr später war ich wieder schwanger. Ich bekam einen Jungen. Dann kam die Scheidung, und eins führte zum anderen. Ich hatte das Gefühl, unaufhaltsam zu sinken, konnte nicht mehr atmen, wurde in etwas Bedrohliches hineingezogen und kam nicht mehr heraus. Heimweh nach dem Dschungel plagte mich jetzt jeden Tag, meine Albträume kamen wieder.
Der einzige Lichtblick für mich waren meine Kinder. Ich liebte sie über alles, und doch waren sie der Grund, weshalb ich nicht in den Dschungel zurückkehren konnte. Ich wollte sie nicht in der Schweiz lassen und konnte sie auch nicht mitnehmen. So blieb ich, studierte und fing an zu arbeiten.

Äußerlich versuchte ich ein perfektes Bild abzugeben, doch in meinem Inneren existierten nur Angst, Verzweiflung und das Gefühl, irgendwie nicht zu genügen, nicht richtig zu sein. Ich sprach nicht mehr über meine Kindheit und wo meine Wurzeln lagen.
Wie in einem Traum ging ich durchs Leben und versuchte mich anzupassen, doch dadurch wurde es nur noch schlimmer. Ich sank immer tiefer, alles in meinem Leben schien schief zu gehen. Ich wusste nicht mehr, wer meine Feinde und wer meine Freunde waren. Nichts war für mich klar, und anstatt weiß oder schwarz gab es nur noch grau.
Irgendwie vergingen die Jahre, und ich hatte immer mehr das Gefühl, als säße ich allein in einem kleinen Boot auf dem offenen Meer, ohne Segel oder Paddel oder Ruder. Ein gewaltiger Sturm brach los. Bösartige Dunkelheit erdrückte mich,

Blitz, Donner und riesige Wellen schlugen über mir zusammen, wieder und wieder. Ich hatte die Kontrolle verloren, hielt mich verzweifelt am Rand des Bootes fest und dachte bei jeder Welle, dies sei das Ende. Ich schrie um Hilfe, doch keiner hörte mich. Denn ich war vor Angst stumm geworden. Und sooft ich auftauchte, wurde ich wieder von einer Welle überwältigt.

Ich verlor alles – mein Zuhause, meine Familie, meine Träume, meine Freude am Leben, alles war weg. Ich kämpfte allein vor mich hin in einer Welt, die ich immer noch nicht kannte, deren Regeln und Gebräuche mir einfach nicht vertrauter werden wollten. Meine Eltern waren im Dschungel, meine Geschwister weit weg in Amerika. Es fühlte sich an, als ob mich jemand mit Gewalt aus meiner Familie gerissen hätte – und doch hätte ein Anruf genügt, um meine Eltern wiederzusehen. Warum tat ich es nicht? Ich weiß es nicht; wahrscheinlich stand ich zu sehr unter dem Schock, der später als schwerer Kulturschock erkannt wurde. Ich konnte nicht klar denken, hatte nicht die Kraft, in Aktion zu treten. Ich wusste selbst nicht, wie mir geschah.

Und dann, am Tiefpunkt, verlor ich auch noch meine Arbeit. Jetzt hatte ich wirklich nichts mehr. Noch nicht einmal etwas zu essen.

Ich kam spät nach Hause, betrat die kalte, dunkle Wohnung, und in diesem Moment brach alles auseinander. Ich fing an zu weinen, fiel kraftlos auf den Boden, hatte keinen klaren Gedanken mehr. Ich wollte nur noch den unerträglichen Schmerz herausreißen, wollte nicht mehr weiterleben. Und dann tat ich etwas, was mich heute noch tief erschüttert.

Ich krabbelte ins Bad, nahm einen Rasierer und brach die Klinge heraus. Ich spürte das kühle Metall zwischen meinen Fingern, es fühlte sich schön an, wie ein böser Befreier. Ich riss meinen Pullover herunter und hatte nur noch einen Gedanken – den Schmerz irgendwie herauszuschneiden. Wie in Trance setzte ich die Klinge auf meine weiße Haut und spürte einen kurzen stechenden Schmerz, dann sah ich, wie einer, zwei, drei, dann immer mehr Blutstropfen meinen Arm hinunterliefen.

Plötzlich fühlte ich Erleichterung: Es war so herrlich, wie der körperliche Schmerz mich von meinem inneren Schmerz ablenkte. Ich war wie in einem High, schnitt mich wieder und wieder, ein Handgelenk, dann das andere. Immer tiefer schnitt ich und hatte das Gefühl, ich würde damit alles retten: meine Kinder, meine Familie, mein Leben.

Doch dann schaute ich hoch in den Spiegel und erschrak entsetzlich. Ein Geist sah mir entgegen, kreideweiß, schwarze Wimperntusche übers ganze Gesicht verschmiert, starre, verwirrte Augen. Die Realität schlug mir ins Gesicht. Ich ließ die Klinge fallen und blickte nach unten auf meine Arme, den Boden, meine Kleidung – alles war mit rotem Blut bedeckt. Ich fing an zu schreien, drückte mir die Faust in den Mund, biss in die Hand, doch ich konnte das Schreien nicht mehr stillen.

Ich saß auf dem kalten Boden, bis das Schreien zu einem Wimmern wurde. Langsam überkam mich eine eigenartige Müdigkeit; ich wollte mich nur noch hinlegen und die Augen schließen.

Mühsam schaute ich auf und bemerkte, dass ich immer noch blutete. Alles war rot, es sah auf eine perverse Art wunderschön aus. Mein Blut, mein Leben – ich sah, wie der Schmerz aus mir entwich, wie mein Leben aus mir floss.

Und dann, als ob ich Abschied von dieser Welt nehmen wollte, betete ich zum ersten Mal seit langer Zeit. Es war das Gebet, das mich durch meine ganze Kindheit begleitet hatte: »Denn wer unter dem Schirm des Höchsten sitzt und unter dem Schatten des Allmächtigen bleibt, der spricht zu dem HERRN: Meine Zuversicht und meine Burg, mein Gott, dem ich vertraue … Es wird mir kein Übel begegnen, und keine Plage wird sich meinem Hause nähern. Denn er hat seinen Engeln befohlen, dass sie mich behüten auf all meinen Wegen.«

»Oh Gott, was habe ich getan?«, schrie es in meinem Kopf. Es war, als würde ich plötzlich hellwach. Ich riss zwei Handtücher von der Stange und wickelte sie fest um meine Handgelenke. Alles pochte, wollte nicht aufhören zu bluten. Ich presste immer fester, bis ich endlich spürte, dass das Bluten nachließ. Ich setzte mich gegen die Wand und machte die Augen zu, die blutigen Handtücher fest an meine Wunden gepresst.
Ich dachte zurück an mein bisheriges Leben. Alles, was ich gesehen und erlebt hatte, spielte sich wie ein Film vor meinen Augen ab: Nepal, die Berge, die Sterne, der Dschungel, die Fayu, Tuare, der Sonntagsfluss, die Kriege, der Hass, die Liebe, Ohris Tod, meine Eltern und schließlich meine Kinder. Ich sah die Freude und den Schmerz, dachte an die Fayu und an mein Leben hier. Vor allem dachte ich an meine Eltern, die mir die Bedeutung von Liebe nahe gebracht hatten, und an meine Kinder, die ich über alles liebte.

Plötzlich stand ich staunend vor mir selbst. Hatte ich denn nicht gelernt, in einem Dschungel zu überleben? Hatte ich es nicht geschafft, wie eine Zeitreisende innerhalb weniger Jahre den Sprung vom Steinzeitalter in die Moderne zu bewältigen? Wo war meine Stärke geblieben? Wo war mein Überlebensgeist? Wo waren meine Lebensfreude und mein Wille? Wo mein wahres Ich?
Konnte ich denn nicht lernen, auch in der zivilisierten Welt

glücklich zu sein? Alles in allem war sie doch auch nur ... eine andere Art von Dschungel?
»Bitte, Gott, hilf mir«, flüsterte ich, »ich kann nicht mehr weiter.« Ich ließ meinen Kopf auf den Boden sinken und schlief ein.
In dieser Nacht hatte ich einen Traum – ich träumte von Ohri. Doch diesmal war da keine brennende Hütte, kein um Hilfe flehender junger Fayu-Mann. Ich träumte, dass ich wieder im Dschungel war, auf dem Baumstamm vor unserem Haus saß und die Schönheit des Dschungels bewunderte. Plötzlich stand Ohri vor mir, groß und stark, mit einem warmen Lächeln auf dem Gesicht. Er setzte sich zu mir, nahm meine Hand und sagte nur einen Satz: »Ich habe dich niemals verlassen.«

Als ich am nächsten Morgen aufwachte, spürte ich eine innere Ruhe, die ich seit langem nicht mehr gekannt hatte. Ich stand auf, machte alles sauber, wischte das getrocknete Blut weg, verband meine Handgelenke, zog mich um und legte mich ins Bett. Ich fing wieder an zu weinen, doch diesmal waren es keine Tränen der Verzweiflung, sondern der Erleichterung. Denn in diesem Moment hatte ich eine Entscheidung getroffen: Ich entschied mich zu kämpfen. Wie im Dschungel, so würde ich das Überleben auch hier lernen. Würde wieder stark werden und eines Tages zurück in meine Heimat gehen. Ich wusste, dass ich keinen einfachen Weg vor mir hatte, doch ich wollte wieder glücklich werden, wollte wieder morgens aufwachen und mich am Leben freuen.
Und so begann ich, um mein Glück zu kämpfen – immer mit dem Ziel vor Augen, bewusst die Entscheidungen zu treffen, die mein Leben in die richtige Bahn lenken würden.
Bis heute kämpfe ich, aber ich habe wieder Mut und Kraft, habe ein neues Leben aufgebaut und habe gelernt, dass das

Glück nicht von außen kommt, sondern von innen. Ich bin auf einer inneren Reise, die mir mein wahres Ich zeigen soll, die Bedeutung meines Lebens und den Ort, wo ich letztendlich hingehöre. Und dort, sei es nun im Dschungel oder hier in der westlichen Welt, werde ich mein Glück und meine Freude wiederfinden.

Wieder am Anfang

Viele Jahre sind vergangen seit dem Tag, an dem ich mich entschied, mein Leben zu ändern. Nach längerer Zeit in der Schweiz und dann einem Aufenthalt in Japan bin ich vor knapp zwei Jahren nach Deutschland gezogen. Ich bin viel umhergereist, habe mein Leben mehrmals komplett umgekrempelt.

Vor einiger Zeit musste ich aufs Amt, um meinen Personalausweis abzuholen. Eine Frau legte mir Papiere vor, die ich unterschreiben sollte. Ich tat es, und sie schaute mich noch immer erwartungsvoll an. Als ich nicht reagierte, meinte sie, dass ich erst meinen alten Ausweis abgeben müsse, bevor sie mir den neuen geben könne.
»Oh, nein«, dachte ich, »nicht schon wieder.«
Ich erklärte ihr, was ich schon hundert Mal zuvor auf Ämtern erklärt hatte: dass ich noch nie einen Ausweis besessen hatte, weil ich weder in Deutschland geboren noch aufgewachsen bin. Sie wirkte verdutzt, aber dann bekam ich von ihr meinen ersten deutschen Personalausweis – mit einunddreißig Jahren.
Als ich nach Deutschland kam, habe ich mich zum ersten Mal in eine Gesellschaft integriert, ohne Ausländerin zu sein. Ich kaufte ein Auto, habe mir eine Wohnung gemietet und fing an, mich durch die deutsche Bürokratie zu kämpfen. Haftpflichtversicherung, Lebensversicherung, Altersversorgung, Mietvertrag, Steuernummer, Kabelfernsehen. Hier anmelden,

dort abmelden, dieser Schein, jenes Dokument ... es schien niemals aufzuhören. Für mich war alles eine neue Erfahrung. Und so lebe ich heute in meiner kleinen Stadt in der Nähe von Buxtehude und strebe danach, an diesem neuen Ort glücklich zu werden.

In der Fayu-Kultur aufgewachsen zu sein ist heute ein Geschenk für mich. Die Fayu fragen meinen Vater: »Wie geht es Sabine? Ist ihr Herz glücklich?« Sie fragen nicht, wie ich wohne oder wie viele Wildschweine ich besitze. Ihre Sorge um mich hat nichts mit meinem Status im Leben zu tun.
Solange es mir gelingt, darauf zu hören, was der Dschungel mir zu sagen hat, geht es mir gut. Er sagt mir, dass ich mich an den einfachen Dingen des täglichen Lebens erfreuen soll. Ich soll erkennen, dass das Leben von Taten anstatt von Konsum diktiert wird. Er sagt mir, dass Glück nicht in dem besteht, was ich besitze, sondern in meiner Fähigkeit, zufrieden zu sein mit dem, was ich habe.
Ich muss mich täglich anstrengen, diese Erkenntnisse zu leben, aber der Dschungel hat mir einen Sinn dafür gegeben – und dafür bin ich sehr dankbar.

Doch erst als ich anfing, meine Geschichte zu erzählen und all die Erinnerungen zuzulassen, habe ich wieder ein wenig Lebensglück gefunden. Während der letzten Monate durchlebte ich noch einmal meine Kindheit. Ich habe gelacht, geweint, habe die Sonnenaufgänge vor meinen Augen gesehen, bin mit dem Kanu über den Fluss gefahren und habe die Schönheit der Natur bewundert. Ich habe die alten Bilder und Filme durchgeschaut, die Tagebücher gelesen und mich mit meiner Familie über die Vergangenheit unterhalten.
Und jetzt, wo ich am Ende dieses Buches angelangt bin, habe ich eines realisiert: Ich werde immer ein Teil des Dschungels

sein, und der Dschungel wird immer ein Teil von mir sein. Ich gehöre in zwei Welten und in zwei Kulturen. Ich bin eine deutsche Staatsbürgerin und dennoch ein Dschungelkind.

»Liebe Sabine ...
dieser Brief, den dir Papa heute schreibt, ist mit großer Trauer verbunden. Häuptling Baou, der uns damals die Erlaubnis gab, bei den Fayu zu leben, ist gestorben.
Über Radio wurde mir vor kurzem mitgeteilt, dass Häuptling Baou sterbenskrank ist. Ich brach sofort auf zu ihm, doch als ich im Dorf ankam, war er schon tot. Ich war sehr traurig und weinte. Da kam Nakire zu mir und erzählte mir Folgendes:
Ein paar Tage vor seinem Tod bekam Häuptling Baou panische Angst. Er wusste, seine Zeit war gekommen. Voller Angst rief er einen Vertrauten zu sich. Drei Tage lang beichtete er ihm alles, was er getan hatte: jeden Mann, jede Frau und jedes Kind, das er ermordet hat. Wie du weißt, Sabine, war er einer der gefährlichsten und brutalsten Krieger.
Plötzlich kamen Frieden und Ruhe in Häuptling Baous Herz. Als die anderen Fayu, die sich um seine Hütte versammelten, anfingen zu weinen, sagte er ihnen: ›Warum weint ihr, freut euch doch für mich. Denn jetzt werde ich den Afou guti, den großen Vater, kennen lernen.‹
›Warte, Häuptling Baou, Klausu ist gleich hier‹, sagte Nakire.
Denn er wusste, genau in diesem Moment war ich in Kordesi gelandet.
Daraufhin antwortete ihm Häuptling Baou: ›Warum soll ich auf Klausu warten, den kenne ich doch schon. Ich möchte Afou guti endlich sehen.‹
Damit verabschiedete er sich von jedem Einzelnen, legte

seinen Kopf zurück und starb. Man sagte, dass sein Gesicht eine große Ruhe ausstrahlte. Denn endlich, kurz vor seinem Tod, hatte er den Frieden gefunden, nach dem er sich sein Leben lang sehnte.
Und Sabine, ich bete dafür, dass auch du eines Tages in deinem Leben den Frieden und die Freude findest, die du dir so wünschst. Ich denk an dich und umarme dich ganz, ganz fest ... dein Papa.«

Epilog

Es war unser erstes Familientreffen seit zehn Jahren. Judith und Christian kamen aus den USA, wo sie beide verheiratet sind, nach Hamburg. Papa war kürzlich aus dem Dschungel zurückgekehrt, und Mama war schon seit längerer Zeit hier.
Wir saßen um den gedeckten Kaffeetisch und unterhielten uns über mein geplantes Buch. Draußen hörten wir meine Kinder und Judiths Sohn, wie sie aufgeregt in einem Wirrwarr aus Deutsch, Englisch und Französisch durcheinander schnatterten.
Mama seufzte. »Eure Kinder um mich zu haben bringt so viele Erinnerungen zurück. Als ihr klein wart, konnte euch niemand verstehen, der nicht selbst Englisch, Deutsch und Indonesisch sprach.«
»Wieso als wir klein waren?« Christian zog amüsiert die Brauen hoch. »Wir reden ja zum Teil immer noch so, wenn wir zusammen sind. Und Papa ist der Schlimmste von uns allen!«
»Ich weiß noch, wie ich meinen ersten Brief von Papa bekam, als ich nach England gegangen war«, kicherte meine hochschwangere Schwester und nahm sich noch ein Stück Schokoladenkuchen. »Ich musste tagelang lachen«, fuhr sie fort, »weil der Brief in bestimmt vier verschiedenen Sprachen geschrieben war. Dass du vorhast, ein ganzes Buch auf Deutsch zu schreiben, Sabine, ist wirklich bewundernswert. Ich glaube, ich könnte das nicht mehr.«

»Wir wissen es doch alle – was Sabine sich in den Kopf setzt, das zieht sie auch durch, egal was ihr im Weg steht«, meinte Papa mit einem Schmunzeln.
»Erzählst du in deinem Buch auch, wie du mir die tote Schlange um den Hals gewickelt hast?«, fragte Judith.
»Ach ja«, sagte Christian, »und was ist mit der Geschichte, als du den Kaugummi aus Deutschland ein paar Mal um deine Haare geschlungen hast?«
»Oh ja!, und ich musste dir die ganze Haarpracht abschneiden«, fügte Mama lachend hinzu.
»Aber die Beste warst du, Mama. Weißt du noch, wie du dem Fayu-Krieger Wasser über den Kopf geschüttet hast?«, prustete ich.
»Und dann hast du ihm noch mein einziges Badetuch dazugeschenkt«, rief Papa dazwischen.
»Wisst ihr noch, wie ich Papa den Schrecken seines Lebens eingejagt habe?«, erzählte Mama. »Alle Fayu waren an diesem Tag den Hügel runtergegangen, und es war niemand mehr im Dorf, was Papa aber nicht wusste. Schließlich hörte ich ihn den Weg zu unserem Haus heraufkommen. Ich zog mich schnell splitternackt aus, und als er oben ankam, stand ich da und aß gemütlich ein Stück Sago. Wenn Papa ein Gebiss gehabt hätte, wären ihm vor moralischer Entrüstung alle Zähne herausgefallen. Ich konnte mich vor Lachen nicht mehr halten!«
Ach, und könnt ihr euch erinnern, als ….

Noch lange saßen wir im Kreise der Familie zusammen und erinnerten uns an all das Schöne, das Traurige, das Tragische und das Lustige, das wir erlebt hatten. Manchmal lachten wir, bis uns die Tränen kamen, dann wieder saßen wir still beieinander und gedachten unserer Fayu-Freunde, die gestorben waren.

Das Leben im Urwald hat uns alle tief geprägt. Wir sind heute noch dankbar und fühlen uns reich beschenkt, eine so ungewöhnliche, wundervolle Zeit gehabt zu haben. Und am meisten danken wir den Fayu, die ihr Leben mit uns teilten und uns als Stammesmitglieder aufnahmen, trotz unserer anderen Hautfarbe und Kultur.

Der Einsatz für die Fayu geht bis heute weiter. Inzwischen hat die Organisation meiner Eltern, YPPM, den Hauptteil der Entwicklungsarbeit übernommen, insbesondere die von meiner Mutter gegründete Schule, wo die jüngere Generation Lesen, Schreiben, Rechnen und die indonesische Sprache lernt. Nach dem Gesetz müssen alle Bewohner der Insel die Landessprache beherrschen.
Die Fayu sind ein friedlicher Stamm geworden, kaum wiederzuerkennen im Vergleich zu damals. Die Population wächst, die Säuglingssterblichkeit ist dramatisch gesunken, und die Lebenserwartung ist auf fünfzig Jahre angestiegen. Es ist eine Wandlung zum Besseren, die die Fayu selbst mit eisernem Willen und viel Mut vollzogen haben.
Am wichtigsten aber ist für uns, dass sie nun besser gerüstet sind, ihren Stamm und ihr Land von negativen Einflüssen zu schützen. Wir haben ihnen nahe zu bringen versucht, dass ihr Land großen Wert besitzt, dass sie, wie alle Menschen, Rechte haben und dass sie nicht jedem trauen sollten, der ihnen etwas verspricht.
Die Regierung von West-Papua unterstützt uns mit viel Engagement. Eine Delegation hat die Fayu sogar kürzlich in ihrem Gebiet besucht – eine große Ehre für uns alle.
Und trotz – oder gerade wegen – all dieser Veränderungen setzen sich meine Eltern unermüdlich dafür ein, dass die ursprüngliche und einzigartige Kultur der Fayu erhalten bleibt: dass sie weiterhin selbst Pfeil und Bogen herstellen,

ihre Steinäxte und ihre Netze, dass sie ihre Häuser im Urwald behalten und die Kunst des Überlebens im Dschungel an die junge Generation weitergeben. Niemand sonst könnte dies tun.
Sie sind wahrhaftig ein ungewöhnliches und besonderes Volk, das stolz auf sein Erbe sein kann und darauf, dass es gegen alle Widerstände zu einer blühenden Nation geworden ist.

Danksagung

Zuallererst möchte ich mich bei meiner Geschäftspartnerin Britta Marks bedanken, die mich überredet hat, dieses Buch zu schreiben, mich dabei unterstützte und mir den Stolz auf meine Kindheit zurückgab.

Meinem Agenten Lionel v. dem Knesebeck danke ich dafür, die Grundlage geschaffen zu haben, dass dieses Buch überhaupt entstehen konnte.
Ich danke dem Droemer Knaur Verlag, vor allem Dr. Hans-Peter Übleis, der seit Beginn an den Erfolg dieses Buches geglaubt hat, meiner Lektorin Carolin Graehl, die mit viel Einfühlungsvermögen meine englisch-deutsche Grammatik ins Lesbare übersetzte und dennoch meinen Stil bewahrte, Susanne Klein von der Presse, die sich mit viel Energie diesem Buch widmete, Klaus Kluge, der sich meine Meinung über sein Marketingkonzept mit Geduld und (meistens) einem Lächeln anhörte, Dominik Huber für die fantastische Website und allen anderen, die mich mit Freundlichkeit aufnahmen, mir ihre Computer im Verlag zur Verfügung stellten und mich mit Kaffee und Süßigkeiten (danke, Barbara) versorgten.

Dank gilt auch Birgit Matthies und Ariungerel Batdelger (Agi), die meine Kinder während all der Zeit liebevoll betreuten und mir so den Freiraum verschafften, dieses Buch zu schreiben.

Meiner Familie, Klaus-Peter, Doris und Christian Kuegler sowie meiner Tante Ellen, herzlichsten Dank dafür, dass sie halfen, alle noch so kleinen Details meiner Kindheit in mein Gedächtnis zurückzurufen. Und am meisten danke ich meiner Schwester Judith Webster-Kuegler, die schwanger aus den USA anreiste, um dieses Buch zusammen mit mir fertig zu stellen.

Zuletzt – und doch an erster Stelle – möchte ich allen Lesern und Leserinnen danken. Ich hoffe, dass dieses Buch Ihr Leben ein wenig bereichern wird und Ihnen Einblicke in eine andere Welt gewährt.

Verena Wermuth
Die verbotene Frau
Meine Jahre mit Scheich Khalid von Dubai

Bei einem Sprachaufenthalt in England begegnet die junge Verena dem attraktiven Studenten Khalid. Die beiden verlieben sich ineinander, doch ihre Beziehung muss ein Geheimnis bleiben. Denn Khalid entstammt einer der sieben Herrscherfamilien der Vereinigten Arabischen Emirate – eine Hochzeit mit Verena wäre unmöglich. Aber ihre Liebe ist stärker: Über Jahre hinweg treffen sich die beiden heimlich, in Dubai, Zürich und Kairo. Eines Tages beschließen sie, sich nicht länger zu verstecken und allen Widerständen zum Trotz zu ihrer Liebe zu stehen – doch das Schicksal hat anderes mit ihnen vor …

Knaur Taschenbuch Verlag

Sabine Kuegler
Ruf des Dschungels

»Ich verbrachte meine Kindheit in der Abgeschiedenheit des Verlorenen Tals, mitten im Dschungel. All die Jahre, die ich inzwischen in der westlichen Zivilisation lebe, begleitet mich das Heimweh nach West-Papua, treibt mich der Wunsch, endlich nach Hause zurückzukehren.«
Ihr Gesicht ist das einer Europäerin, doch in ihrem Herzen ist sie eine Eingeborene: Nun kehrt Sabine Kuegler zurück an den magischen Ort ihrer Kindheit. Doch Sabine Kuegler erkennt: Sie muss das Kind in sich zurücklassen, um den Ort ihrer Kindheit zu retten und die Menschen zu schützen, die ihr so viel gegeben haben.

Knaur Taschenbuch Verlag